贵州民族大学立项建设社会学博士学位授权点
西南民族地区社会管理博士人才培养项目

建设成果

社会政策学视野下的滇中多民族山区学校布局调整研究

娄世桥 著

人民出版社

序

世桥与我相识于2007年的贵州省社会学年会上，其后便时有学术上的交流互动，并从中对他的学术旨趣及其追求有所了解。因此缘分，在今年八月份他邀请我为其书稿作序时，我便欣然应允了。

该书以滇中地区的一个多民族山区为个案，基于三县四乡（镇）的深入田野调查，借助社会政策学视野，在历时性的农村学校布局调整中，探讨学校布局调整政策实践对山区基础教育发展与实现的影响，揭示撤点并校的逻辑，进而基于人的全面发展的理念，提出教育政策创新命题。

作者借助社会政策学视野、人的需要理论和反思现代性理论，在对农村学校布局调整政策实践作类型学划分的基础上，阐述了不同政策实践类型对于山区基础教育发展与实现状况的影响；在分析农村学校布局调整的理想追求与限度问题的基础上，进一步探讨了社会政策和社会福利追求的限度问题，进而反思社会政策实践背后的秩序观和发展观。作者认为，这些限度所反映出来的是山区经济社会文化体系的现实制约，因而山区基础教育发展中的常识和意义需要加以解读和揭示，并将其视为当地人应对社会问题的有效方式和可行能力。由此，相对于地方文化体系下的山区基础教育发展实践，撤点并校社会政策实践开启了新的秩序观和发展观，基于其问题建构、理想追求与限度问题的逐层解析，从某种意义上讲，它所呈现的是科学知识、思维方式的限度，是其相对应的发展观和秩序观制约了对山区基础教育发展之整体性与多样性的再认识。在分析、批判和澄清相关观念和理论预设后，作者提出了山区基础教育发展与社会政策创新性思考。例如，撤点并校政策乃现代性和理性化之结构性要求，体现着对齐一性社会秩序建构的某种要求，但要注意对多民族山区基础教育发展的多样性和特殊性。再如，作者基于社会政策学的社会生活分析理念，提出解决基础教育发展问题和创新教育社会政策的思路，即山区（或居住分散农村地区）基础教育发展切忌仅仅聚焦于经济理性、经济效率与规模经济，更要基于人的本质和教育的本质目的而展开，推进基础教育这一基本公共服务的切实、公平与可及。

这些阐述和认识，无疑都具有积极的理论意义和实践意义。当然，书稿中也还存在着这样那样的缺点和不足，但瑕不掩瑜，作者的深入调查、深刻解读和批判洞察，以及将学问写在大地上的职业理念，无疑是值得肯定的。我殷切期望作者锲而不舍地将此种理念贯穿到以后的科学研究和人才培养当中，希望世桥在社会政策、社会治理等方面推出更多的成果。

是为序。

史昭乐

2017 年 10 月 22 日

Contents

目 录

前　言

基础教育是每个适龄儿童都应该接受的最低限度的正规教育，也是在现代社会中学习、生存、发展、参与和分享所必需的最低程度的学校教育，更是参与经济活动、社会生活、发展进程、终身学习和分享经济社会发展成果所必需的基础性条件。发展普及性与更高水平的基础教育作为一项社会政策得以广泛地实施，是伴随着现代民族国家的公共行政和公共财政等能力不断增强而得以实现的，也是在不断地进行学校布局调整的过程中得以实施的。因而，农村基础教育的发展和实现状况与农村学校的适当布局调整紧密相连。多民族山区基础教育的发展与实现状况亦然。

本书以滇中地区的一个彝、苗、汉等多民族山区为个案，借助社会政策学视野，借用人的需要理论和批判现代性理论，在历时性的农村学校布局调整考察中，探讨学校布局调整实践对山区基础教育发展与实现状况的影响。通过这项研究，在为丰富农村学校布局调整历程的图像提供微观案例呈现的同时，我们也在表达着对这一历程本身的理解与解读，进而是反思批判撤点并校政策实践后面的发展观与秩序观，揭示农村撤点并校的理论逻辑，为基础教育政策创新和农村基础教育发展拓展信息基础、理论基础和实践空间。

一

对于撤点并校，学界和政界的主流观点几乎都是：如果从经济学的角度来看，通过大规模撤点并校实现了集中办学，集中办学又达到了规模经济和规模效益的双重目标诉求。从教育的层面来看，撤点并校和集中办学达到了农村教育质量提升、城乡基础教育起点公平、城乡基础教育均衡发展乃至是教育基本公共服务均等化等多重目的。就算是再保守一点，或者稍微再退后一些说，大规模的撤点并校和极力推进的集中办学，虽然不可避免地出现了这样那样的小问题，但前述的那些宏伟目标，都是很好地实现了的。

对于撤点并校，地处边远地区、多民族山区、居住分散地区的农民，则是这么评价大规模撤点并校的。“这个时代还是要多读点书才好过日子，但我们山区人上个学，难啊！是越来越难了啊！小娃娃上个学太不方便了！我们真的是难得很呐！”“过去是（受）家庭限制，（家庭）让娃娃成了文盲。现在是无力接送，八九岁还没进过学堂。” “怕是又要出文盲了！”……在这类抱怨与哀叹的后面，是农民的某种现实关切、严重担忧，抑或是某种洞察。或者正如巴尔扎克所说，“世上只有野蛮人、农夫和外乡人才会彻底地把自己的事情考虑周详；而且，当他们是思维接触到实施领域时，他们就看到了完整的事物。”[①] 然而，2011 年 8 月 27 日，某撤并校开学后仅三天，即学生寄宿学校期间发生的、我亲身经历的校园伤害事故处理过程，使我真正理解了上学难及农民的严重关切。事故经多部门的紧张调解，各方艰难达成了处理协议：中心校及教学点给予适当的现金赔偿。[②] 如果单就这次校园安全缺失、管理混乱等原因导致学童死亡事故的处理程序而言，算是一次性地了结了。但对于山区学童上学难的“总体”而言，[③] 探索山区基础教育的发展方式、发展路径、起点公平、均衡发展与提升质量等问题，还是依旧的艰难和混沌，可谓是“了未了”！

两种解释，针对的都是大规模的撤点并校和农村基础教育的实现状况这一议题，但却大异其趣！无论是从社会科学方法论的角度，还是从社会政策执行结果的角度来理解，二者不可能同时成立。因为，“如果每种解释都可以用同样的可能性被证明或反证，错误的原因就在于这些解释不是围

---

① ［法］巴尔扎克：《古物陈列所》，七星丛书，第 4 卷，第 400—401 页。转引自［法］列维-斯特劳斯：《野性的思维》，李幼蒸译，商务印书馆 1997 年版，第 3 页。

② 见附录一：大宝事件与调解片段。

③ 使用“总体”意在关注多民族山区基础教育的差异性，这受到了福柯“全面历史”、“总体历史”区分的影响和启发。全面历史关注重建某一文明的整体形式、原则、规律和意义等。而总体历史则是要确定何种关系形式在不同系列之间得到合乎情理的描述，进而确认差异或差距，建立某种“范围”，进入一个扩散的空间。见［法］福柯：《知识考古学》，谢强等译，三联书店 2003 年版，第 9、10 页。

绕同一个事物这个事实。”[①] 如果“每一种解释都有着同等的可能性，……那么，每一种解释不会揭示历史的真理。”[②] 同时，这也不能简单地解释为“政策悖论”，抑或是基于不同价值倾向之下的推理、修辞与叙事。[③] 对于这两种矛盾观点，一方面是在对“少数群众在开放社会中的困境”产生同情时，也希望藉此去获得某种“洞识”。[④] 另一方面，在“智力逼迫和道德责任”的煎熬中，[⑤] 虽然我也认可“几乎没有什么发现比那些揭示观念根源的发现更令人恼怒的了”，[⑥] 但更不希望这项研究像美国贫民一针见血地反问的那样，“你们从我们那儿博得了大堆的博士衔头和著作，但是，我们又得到些什么呢？”[⑦]

由此，我们还得回到两种解读之中，去审视各自的角度、预设和遮蔽。

关于通过大规模撤点并校来实现集中办学，集中办学又可以达到规模经济和规模效益等目标；以及大规模撤点并校和集中办学还可达到质量提升、起点公平、均衡发展乃至是基本公共服务均等化等目的。其审视问题的角度局限于经济学，其基本预设是学校规模小、运行不经济以及教育质量差。进而，基础教育的发展与实现被置换为良好的校舍、一定规模的师资，教育也就几乎等同于学校、教师加上学生，或者至多再加上宿舍和食堂。这其实是将基础教育窄化了，将家庭教育、学校教育与社区教育等合力作用和共同实现的基础教育发展与实现过程简化成为学校教育这一项实践。同时，这种预设还在自觉不自觉地将教育物化和窄化为校舍与设施。所以也就不难理解，在一些经济条件并不算好的乡镇，为此而大兴土木，努力建设所谓标准化、示范性与辐射性强的豪华校舍，似乎只要有了好的

---

① ［德］席美尔：《货币哲学》，朱桂琴译，光明日报出版社 2009 年版，第 156 页。

② ［德］韦伯：《新教伦理与资本主义精神》，于晓等译，三联书店 1987 年版，第 144 页。

③ ［美］斯通：《政策悖论：政治决策中的艺术》（修订版），顾建光译，中国人民大学出版社 2006 年版。

④ ［英］鲍曼：《现代性与矛盾性》，邵迎生译，商务印书馆 2003 年版，第 155 页。

⑤ ［英］鲍曼：《现代性与大屠杀》，杨渝东等译，译林出版社 2008 年版，第 270 页。

⑥ ［英］阿克顿勋爵：《自由史及其它论文》，第 62 页。转引自［英］哈耶克：《通往奴役之路》，王明毅等译，中国社会科学出版社 2007 年版，第 10 页。

⑦ ［英］蒂特马斯：《社会政策 10 讲》，江绍康译，商务印书馆（香港）有限公司 1991 年版，第 4 页。

校舍和设施，基础教育的水平和质量也就因之而顺理成章地上去了。这其中的遮蔽当然是明显的：首先，基础教育作为一项社会系统工程，其发展与实现不是简单通过窄化和物化就可以解决的。其次，从经济学的角度，在追求规模经济与规模效益的同时，不能否认还存在甚至是必然存在着其反面，即规模不经济和有规模无效益。最后，规模经济与规模效益还涉及到统计口径的问题，因此只要进一步追问什么样的经济与效益，谁的经济与效益，可能就会走向前述答案的反面。基于此，主流的解读，无论是从政策文本、政策制定还是政策执行角度，其预设与遮蔽都决定了其基本结论。

关于过度撤点并校导致的上学远、上学难甚至是上学贵等问题，农民最关心的是基础教育的实现状况，即在既定条件下的公平性和可及性问题。其看待问题的角度是某种常识、地方性知识及其意义，其基本预设是山区特定的社会文化脉络——他们可以掌控和适应得了的社会文化环境。进而，山区基础教育的发展与实现是被置于家庭、学校和社区等的复杂互动中得以实现的。在乡村里的学校或教学点被取消之后，首先是家校距离变远了，家庭的接送能力成了适龄学童能否正常入学的前提条件。就算家庭尽力地克服接送困难，将学童送到村委会或乡镇所在地的学校或教学点就读，在标准化和规范化入学要求之下（学前班满四五周岁，一年级满六周岁），学童的校园适应、生活适应、寄宿能力和自理能力等方面，学校的管理能力、安全保障、服务能力和辅助条件等因素，都会成为影响山区基础教育可及与公平的主要难题。换言之，农村家庭除了承受接送压力及其伴随的经济负担和相关风险之外，还要面临学童在校期间生活、安全、犯病、不适、厌学、辍学等多方面的担心与压力。由此，透过山区农民的担忧与关切，在其关切和聚焦于社会文化情境时，也遮蔽、制约或阻碍了对农村学校布局调整的必要性和必然性的积极认识和主动适应。

通过以上描述，我们对农村学校布局调整的两种解读有了一个基本的认识轮廓。为了从社会政策学的角度拓展对多民族山区学校布局调整之于基础教育发展和实现的认识，拓展信息基础、理论基础和实践空间，我们还需要进一步讨论农村学校布局调整的类型、功能与局限，以及在实践背后的秩序观与发展观，进而揭示撤点并校的理论逻辑。

二

纵观多民族山区学校布局调整实践，可以大致分为如下三种类型：扩散型，扩散与集中结合型，集中型或撤并型。

扩散型，包括了从城镇向乡村扩散和从乡村向乡村的扩散两种形式。在本书所研究的滇中多民族山区，这种学校布局调整类型，从清末废科举、兴学堂始，到中华民国时期的保国民学校，再到大跃进时期的社队办学；以及纵贯20世纪初期到中期的基督教会办学①。在学校或教学点日益向村寨渗透的过程中，均有清晰展现。在学校或教学点日益向乡村扩散的过程中，广大农村地区，尤其是像滇中彝族苗族等较为缺少“文墨”的少数民族聚居地区、居住分散山区和高寒山区的学童，接受基础教育的机会明显地增加了，基础教育的公平与可及，初步得以实现。在那个社会经济条件极为落后和农民家庭经济普遍困难的时代，在适龄学童剧增、普及任务繁重的时代，就近入学还不会太大地减少家庭的半劳动力，进而影响到农户基本生计。这对切实减轻家庭负担，增加学童就学机会和就读年限，让学童在自己熟悉的社会文化环境中接受学校教育，使农村基础教育在家庭和社区（会）的协助之下有效运作，具有积极的意义和价值。当然，在回望历史之时，有些人总会以当下的主观偏好、审美眼光和主流思维，去质疑这种分布广、规模小、投入少、质量差的简陋办学。但是，在整体社会经济条件刚性制约、教师能力普遍不足、教育教学质量偏低、升学机会极为有限的特定时代，对于先辈们的艰苦努力与社会成就，我们又怎么能肆意地否认或丑化呢？另外，在规模与质量之间，只是可能存在着某种关联，既可能是正相关，也有可能是负相关，抑或者是根本就不相关。一些小规模的农村学校，只要有了合格的负责任的人民教师，依然可以保持较高的教学质量和升学比率，因为是学生与同伴群体、家长与家庭、社区与学校、教师等一道，支持和完成了乡村的基础教育，是学校、家庭和社会

① 对于基督教会各派的办学，一方面，他们的本意并非是为了多民族山区基础教育的发展，而是为了传播基督宗教的现实需要，他们充当的也不是自觉的力量。另一方面，教会办学在侵犯着国家教育主权的同时，还在进行基督化与奴化教育、煽动民族情绪与仇恨，乃至是分裂国家的教育。

的有机结合，实现了教育的合力。而在后撤并时代，一些规模迅速扩大的农村寄宿制校点，虽然硬件设施和师资规模均有所改善，但受制于管理理念滞后，教育服务理念停滞，管理难度日益剧增，管理能力严重不足、安全保障能力缺失等难题，加之规模经济硬约束而使得相关专业人士和辅助人员无力配备，也未必就能切实提升教育质量与培养水平，促进起点公平、质量提升和均衡发展。

扩散与集中结合型。这类实践贯穿于20世纪的60年代到90年代中后期，它是在不危害坝区①基础教育需求和发展的同时，通过合理撤销少部分过于密集的坝区学校来加强山区校点，通过更为合理的配置师资力量，使少数民族聚居山区、居住分散地区和高寒山区的校点的教育质量得以提升，并使得县域内或乡（镇）范围内的基础教育得到均衡发展，为“普六”和“普九”的顺利完成奠定有利条件。这个与单向度地撤并农村校点并只向城镇地区集中办学的类型相比，其主要区别在于：撤并的依据并不只是根据一个学校的规模；撤销与加强的依据在于农村教育发展的现实需要；重视家庭、学校以及社区（会）三者的教育合力，尽量在社会文化脉络当中实现基础教育。

集中型，也可以称为撤并型，即依循规模办学的硬性要求，乡村的学校和教学点迅速地大规模地被撤销，农村学校布局调整因此也开启了从乡村向行政村或城镇的单向度集中进程。进入21世纪以来，这种趋势主导着中国广大农村的撤点并校运动。在这场声势浩大的撤并运动中，只稍微对比一下全国1999年和2009年的小学阶段的学校数量，就已从582291所减少到了280184所，减少了51.88%。② 再看地处西部山区的云南省，其2001年和2011年的小学阶段的学校数量，也从22151所减少到了13320所，减少了39.86%。③ 另外，《农村教育布局调整十年评价报告》也显示，从2000年到2010年的十年间，中国农村小学生只是减少了37.8%

① 坝区或坝子即山间盆地，是山区人对相对平坦的小面积平原的称谓。

② 数据来源：《中国统计年鉴·2010》，中国统计出版社2010年版，第752、755—757、766页。

③ 数据来源：《中国教育年鉴·2001》，人民教育出版社2001年版，第679页。《云南统计年鉴·2012》，中国统计出版社2012年版，第330—335页。

(3153.49 万人)，但农村小学阶段的学校数量却减少了 52.19%（22.94 万所)，教学点则减少了6成（11.1 万个)。[①] 伴随着撤并运动，相对于规范化、标准化和辐射性强的校舍要求，办学的硬件条件改善了，山区学童也可以享受到更好的教育设施和教学条件了。但与此同时，山区家庭及学童也不断感受到了求学中的远、难、贵、险、苦和累等方面的实际困扰。这些困扰，对于那些学前班的家长（或监护人）和学童，以及小学低年级的家长（或监护人）和学童，感受尤其地强烈。这主要是因为在硬件改善的同时，相关的软件条件难以跟进，甚至是受制于规模经济的硬约束而根本不可能跟进。也就是在农村基础教育被窄化和物化为学校教育的同时，乡村教师也日益承受着更多的工作量、安全风险和精神压力，因为之前由家庭和社区所完成的那些事情，现在必须由他们负责承担了（无论他们愿不愿意，也不管他们是觉得无能为力还是力不从心)。进而言之，在后撤并时代，要真正实现质量提升、起点公平、均衡发展乃至是教育基本公共服务均等化等目的，需要不断去加强学校的管理、服务和保障等综合能力，不断满足寄宿制学生的一些“中间需要”[②]，这样才可能为实现教育改革发展目的提供坚实保障。

在呈现山区学校布局调整实践类型后，我们接着分析其背后的秩序观与发展观。如果将秩序理解为一种被认可的事物状态，将发展理解为某种变动着的状态，那么，它们都是被社会建构出来的或者是力图建构成为的某种状态。回望农村学校布局调整实践历程，从认可、宽容并依附于地方社会文化脉络，因陋就简地多样化兴办农村教育，到逐步规范、否定乃至是超越地方性办学，抑或者说是超越“农村教育农民办”路径，迈向齐一性的教育秩序或统筹推进城乡义务教育一体化发展。这既是现代性渗透和国家能力日益提升的反映，也是农村社会变迁和经济社会改革发展的现实需要。这折射出的是权力、话语和能力的逐步变化。同时，这也是国家公共财政能力和公共行政能力已经极大提升的展现。随着农村税费改革的完成，以县为主的教育财政体制和教育行政管理体制的建立，农村基础教育

① 杨东平:《农村教育布局调整十年评价报告》,《社会科学报》2012 年 11 月 16 日。
② ［英］多亚尔、高夫:《人的需要理论》，汪淳波等译，商务印书馆 2008 年版。

的秩序建构和发展模式也开启了新的征程，进入了所谓的后撤并时代。当然，这种建构与发展也不可避免地受到多重因素的实质性制约。进而言之，如果这些规模迅速扩大了的学校不能尽快提升其管理服务和运行保障等综合能力，不能迅速创新工作方式，不能积极服务于寄宿制学生的"中间需要"，那些理想追求也就难以尽快达到。

基于发展观与秩序观的解读，我们也可以简要地概括大规模撤点并校政策实践的理论逻辑了。源于农民税费负担沉重及三农问题的恶化，开启于农村税费改革前后，从 2001 年 3 月 20 日国家教育部和财政部联合下发《关于报送中小学布局结构调整规划的通知》，要求通过合并乡村学校、整顿压缩教师队伍，重点调整农村校点；到 2012 年 9 月 6 日国务院办公厅下发《关于规范农村义务教育学校布局调整的意见》，文件要求坚决制止盲目撤并农村义务教育学校，保障农村学生就近上学需要，在必要的地方应该保留或设置村小学或者教学点（虽然基本早已被撤并殆尽，也已基本不可能得到恢复）。其间以专项资金推进规范化、标准化、辐射性和示范性乡镇中心小学建设为突破口，中国农村的教育秩序和发展模式得以迅速转型。这就是税费改革、专项资金与自证预言的复杂勾连过程。

在广大农村地区（多民族山区也不例外），一些规模较小的村小学或教学点，在官方资源和民间资源都得不到的情况下，只能勉强维系或者每况愈下，面临撤并。由于不符合中央专项资金的资助要求，校舍的建设维护和仪器设备的更新自然会出现困难，加上师资队伍迅速压缩，出现的结果也就不难理解：对那些迅速实现了集中办学和规模扩大的学校，相应的是人财物等优势的积聚；对于农村规模较小和班额较小的校点，不仅是财力物力薄弱，甚至出现借班额小不需要那么多教师为由，不给或者少给教师编制，放任或制造校点办学质量不断滑坡的"事实"。由此，"自然形成"了一体两面的农村基础教育形象与逻辑：规模小—质量差—效益低，该撤并校点；以及规模大—质量好—效益高，该集中办学。进而，在集中办学、规模效益和过度撤并之间，形成了某种逻辑关联，甚至成为了过度撤并的原动力与合法性。

但是，如果我们不轻易漠视农村教育社会问题的整体性、长期性以及复杂性，而解决"社会问题很少落入简单的手段—目标模式。每个目标只是或可能是下一个目标的手段”,“政策——任何政策，要奏效就要选定目标、并面对抉择时所遇到的困局。而要了解政策，要区分目的和手段，我们就应把它放在特定的环境中——即给定的社会与文化，以及多少具体的历史时间——之内进行考察”;[①] 那么，从某种意义上讲，多民族山区乃至是中国农村基础教育的更好发展与目的实现，也许就不是仰赖简单的撤点并校、集中办学和规模经济就能凑效的，发展与进步也许没有简单的“直接的道路”，更可能需要抉择“多产的弯路”。[②] 直言之，相较于农村基础教育发展中的均衡发展、质量提升、起点公平、基本公共服务均等化以及人的自由而全面发展等目的，阶段性、工具性与手段性的目标虽然也重要，但不能因此而遮蔽了本源目的。从这种意义上来讲，基于教育本质、教育目的和人的发展的农村基础教育社会政策的研究与创新，不仅必要，而且很是紧迫，同时也具有极大的施展空间。

三

如果说社会科学的研究都是由理论或思想来推进，由事实加以限定的。[③] 那么，我们对本书的理论视角、研究方法、文献资料和学术源流等自然也应该加以交代。

关于理论视角。本书借用了社会政策学视角，反思现代性理论和人的需要理论。

如果将社会政策视为达到一定社会目的的安排与行动的总和，并基于人类福祉（即良好生活状态）来界定作为整体性[④]、规范性与批判性于一

---

① ［英］蒂特马斯:《社会政策 10 讲》，江绍康译，商务印书馆（香港）有限公司 1991 年版，第 45、3 页。

② ［德］韦伯:《社会科学方法论》，韩水法等译，中央编译出版社 1998 年版，第 176 页。

③ ［美］米尔斯:《社会学的想象力》，陈强等译，三联书店 2005 年版，第 75 页。

④ 整体论是“与生物学中的机械论相反的理论。它强调系统的整体性，认为系统内部各部分之间的整合作用和相互联系规定系统的性质”;“整体论与还原论相反，认为高级层次不可能还原为低级层次”，而需对多种多样的人类社会进行整体性研究。整体性社会科学，即坚持整体论观点，从经济、政治、社会、文化、制度等方面综合性地考察社会现象和社会问题，而非把社会问题机械地、简单地还原为部分因素所决定。参见《中国大百科全书》(第二版)（第 28 卷），中国大百科全书出版社 2009 年版，第 238 页。以及［英］巴纳德:《人类学历史与理论》，王建民等译，华夏出版社 2008 年版，第 6—7 页。

体的综合性社会政策研究，那么，作为学术领域与实践领域、科学性与工具性合而为一的社会政策学，就是聚焦于“人类福祉所必需的社会关系以及能够增进福祉的体制”的学科。它在吸收相关理论、概念、方法和真知灼见，“理解现有思维方式得以立足的基础”时；更关注百姓心声、民心取向和人情冷暖，敏感于身边的事物，能设身处地为他者着想；关注政策执行对人的能力和福祉的影响。换言之，在一定意义上讲，社会政策“不是指为社会所做的事情，而是由社会所做的事情”，“不是由外部施加给社会的，而是由内部设计的。……内化于社会”的。这不仅是“社会政策学的社会生活分析”理念，更是希望借此而深入和广泛地考察社会生活中对福祉有影响的各个方面。[①] 基于此，社会政策学视野至少要涵盖以下四个方面。首先，要弄清楚是什么情境中的什么社会问题？其次，既有社会政策如何建构和解构社会问题？进而通过哪些社会行动、如何去解决社会问题？再次，借助社会政策解决社会问题的功能与限度何在？在何种程度上解决了社会问题？又在何种程度上制造了新的社会问题？最后，总结、反思和批判既有社会政策的实践路径、思维方式与理念根源，认清其功能与局限，为创新社会政策、解决社会问题、满足人类需要、提升人类福祉和促进社会有序，揭示或者开辟新的意识、可能、实践与路径。

人的需要理论。马克思将人的需要理解为具有社会性质的人类需要，这是由社会产生并以社会的尺度来衡量其满足状况的需要。而社会就是由生产关系总合起来而构成的社会关系，因而总是处于一定的历史发展阶段并具有独特的特征。[②] 因而，人类需要具有客观性和相对性，这为社会福利、社会政策研究提供了辩证的和方法论的指导。换言之，在社会政策学研究与争论中，如果固执于某一层面，就可能出现以下两种相互对立的观点。第一，基于其相对性而推导出“没有客观人类需要”，进而否定社会政策的必要性。第二，承认其客观性并极力“证明社会政策的合理性”，并将其与严格的计划结合起来加以实施，这可能导致“对需要的专政”。这两种取向，如果说前者是为新自由主义和政治保守主义提供合法性，损

① ［英］迪安：《社会政策学十讲》，岳经纶等译，上海人民出版社 2009 年版，第 2、1、6、11、30、7、116、99、133 页。

② 《马克思恩格斯选集》第一卷，人民出版社 1972 年版，第 368、363 页。

害人类福祉；那么，后者则以共同需要的存在为前提，从事“家长式的福利制度”实践乃至是“对需要的专政”，同样会损害人类福祉。① 换而言之，无论是“把社会政策领域视为一个专为某一或某些集团而设的封闭及分割的福利体系”，还是“视为社会工程的技术运作——即由权力精英分子在封闭的体系里决定穷人需要多少和如何获得福利”（或者是不需要福利，再或者是否认人的中间需要），都不是真正的科学研究。因为前者不会发掘出有意义的问题，后者是不能阐明问题。② 如果这样，社会福利与社会政策研究将缺乏批判性和创新性，既走不出福利国家模式的困境，也走不出新保守主义和新自由主义设置的牢笼，都不利于积极福利社会的建立。当然了，在涉及人的需要与社会政策之间的关系时，这是一种辩证关系或者说“双向的关系”——“（1）通过社会安排来扩展个人自由；（2）运用个人自由来不仅改善单个个人的生活，而且使社会安排更为恰当和富有成效。”进而言之，这里要强调的并非是借着某种狭隘的观点来说明或论证社会政策、社会支出或社会投资的正当性，进而混淆了目的与手段之间的关系。③

反思性现代性理论。如果将现代性理解为“现代这个历史概念和现代化这个社会历史过程的总体性特征”，④ 那么，在看到其积极性时，也要直面其消极性，它可以是“幸福的源泉”，也可能是“悲惨的祸根”。换言之，现代性作为“现代文明的当代状况”，如果“停止了拷问自己，不提出某些问题从而避免进入官方议事日程，问错问题而将视线从真正重大的议程中转移开来。此沉默的代价是人类受苦受难”；所以，时代需要对现代性保持批判性和反思性。⑤ 基于这种认识与忧虑，鲍曼在对大屠杀的研究中再次强调，“大屠杀是现代性所忽略、淡化或者无法解决的旧紧张同理

① ［英］多亚尔、高夫：《人的需要理论》，汪淳波等译，商务印书馆 2008 年版，第 6、4、7 页。

② ［英］蒂特马斯：《社会政策 10 讲》，江绍康译，商务印书馆（香港）有限公司 1991 年版，第 126 页。

③ ［印度］阿马帝亚·森：《以自由看待发展》，任赜等译，中国人民大学出版社 2003 年版，第 13、23、89 页。

④ 周宪、许钧：《现代性研究译丛总序》，见［英］鲍曼：《全球化：人类的后果》，郭国良等译，商务印书馆 2001 年版，第 2，3 页。

⑤ ［英］鲍曼：《全球化：人类的后果》，郭国良等译，商务印书馆 2001 年版，第 1、5 页。

性有效行为的强有力手段之间独一无二的一次遭遇，而这种手段又是现代性进程本身的产物”，而且其中的一些因素还被视为是“无所不在的并且很‘正常’”。但是，这类现象绝不应该被“简化”或者“私化”，而应视为现代“社会、文明和文化的一个问题”。[①] 另外，鲍曼将秩序、混乱和现代性结合起来解读，认为现代性不仅有设计秩序的强烈冲动，而且在否定“秩序的他者”和“根除矛盾性”方面，是其“典型的现代实践”，这体现为“现代政策、现代智力、现代生活之实体”，因而“不宽容乃是现代实践的自然倾向”，由此而形成的某种“焦躁行动”甚至成为了现代社会的某种惯性或特征。[②] 既然人类只能生活在现代，“现代性的后果比从前任何时候都更加剧烈化更加普遍化”，但“我们实际上并没有迈进一个所谓的后现代性时期”；[③] “后现代性并不是在现代性之后到来的一个阶段”，而是“现代性意识本身的自我反思”；因为“未经反思的后现代思想”可能是某种“原教旨主义”和“犬儒主义”，“未经反思的后现代性概念是幼稚的”，那么，人类也只有仰赖“经过反思（自我反思）”的现代性。[④] 进而言之，在社会文化多样性和经济发展水平参差性中，借助社会政策建构社会秩序、解决社会问题、满足人类需要和提升人类福祉，在现代性建构秩序的过程中，需要充分重视人这一根本基点。只有这样，在政策实践与秩序建构中，才能不断“扩大现代性概念”，扩充现代性的包容性。[⑤]

关于研究方法与文献资料。因为是一项个案研究，我们使用了深度访谈和参与观察两种方法收集第一手资料，同时通过查阅地方志、村史、族谱和回忆录等收集相关文献资料。本项研究的试调查始于 2011 年 3 月，在随后的 5 月、6 月和 8 月又各去了一次，每次入村都是呆两周左右。笔者每天拄着那根自制的简易拐杖（进山村防狗咬，在山坡陡峭处防滑跤跌

① ［英］鲍曼著：《现代性与大屠杀·前言》，杨渝东等译，译林出版社 2008 年版，第 10，3，5 页。

② ［英］鲍曼著：《现代性与矛盾性》，邵迎生译，商务印书馆 2003 年版，第 11，12，13，14 页。

③ ［英］吉登斯著：《现代性的后果》，田禾译，译林出版社 2011 年版，第 2，3 页。

④ ［匈］赫勒著：《现代性理论》，李瑞华译，商务印书馆 2005 年版，第 13，16，9 页。

⑤ ［美］昂格尔著：《现代社会中的法律》，吴玉章等译，译林出版社 2001 年版，第 215-216 页。

倒），在地跨三个县的四个乡（镇）的16个多民族山区村庄里走村串户找人聊天，在多数时间里，笔者都幸运地获得了零散线索和有用信息，对农村状况、乡村生活和农民家庭也日益熟悉起来。老乡们逐渐地接纳了我，与我谈及的话题也在不断增多，讲述的故事也日益变得丰富和丰满。在每次聊天或谈话后，我会尽快找合适地方做记录，把听到的故事和发现的重要线索记下来，在空闲时间里整理笔记、发现问题、标出疑问。到2011年年底，我确定了此田野点，着手准备访谈问题，选择要重点访问的村寨和村民。2012年3月22日到4月15日，第一次驻村调研，通过深入访谈，收集到了教会学校、私塾、保国民学校、冬学、夜校、大跃进办学和"四清"以后办学的基本情况。关于教会学校，我访谈了曾经就读过的学生、教会学校教师的后人以及教堂负责人等，掌握了基本情况；同时还借助地方志和村史进行了大致印证。关于私塾，我重点访谈了凤头寨私塾的情况，对曾经就读过的学生及其后人、塾师的后人等进行了多次访谈，并对照地方志和楼姓族谱进行了信息印证。对于保国民学校，我访谈了曾经就读过的多名学生，以及当时担任保甲长并主持学校运作的人及其后人，并结合地方志和族谱对相关信息进行了印证。关于夜校和冬学，我访谈了曾经的任课教师，以及就读过的部分学生，了解了相关情况。第二次驻村调查从2012年5月22日到6月15日止，我访谈了改革开放以后的山区办学情况，包括了生产队教学点被取消、大队小学发展壮大、乡村兴办基础教育、普六和普九工作、农村税费改革以及引致的大规模撤点并校。同时，也观察和访谈了不同家庭和不同族群中表现出来的上学难问题，山区被闲置、废弃和拍卖了的校舍，撤并后校点的运作状态，撤并校教师的工作压力，寄宿生的生活状态、内心情感、担忧焦虑和学习态度等等方面。本次驻村，还意外获得了龙秀良先生撰写的回忆录和王汉哲先生整理王继荣先生修订的柿花箐村史，他们提供的信息帮助我再次印证了一些重要的访谈资料。之后，我对调研资料进行了反复的阅读和整理，发现其中还有疑点，并于2012年10月和2013年3月进行了两次回访，补充和确证了相关信息。另外，笔者还查阅了寻甸、禄劝、武定、富民等四县的地方志或地名志，曲靖地区和寻甸、禄劝、富民等县的相关年鉴，曲靖、昆明、云南省以及中国教育的相关统计资料，选取了其中关于自然地理、人口状况、民族状况、宗教状况、教育发展、民族教育、教育统计等方面的相关资料。在阅读和分类的基础上，对相关资料进行分析和整理，以便写作使用。在分析整理田野资料和文献资料基础上，我结合多民族山区办学历程，在山区社会文化脉络中对基础教育发展与实现状况进行了呈现，为其后的分析阐释奠定基础。

显然，笔者是在村落中做这项研究工作，但却不是要做一项村落研究，而是要研究探讨多民族山区或者这类农村的基础教育的发展和实现问题，进而反思农村学校布局调整实践，拓展其信息基础、理论基础与实践空间。本书之所以选取了这样一个多民族山区作为个案，主要是因为其基础教育实践类型的丰富性和田野故事的丰富性。个案虽然也可以进行因果解释和理论解释，但由于任何个案都有其特殊性，或者说其代表性往往难以判断。所以，本书是希望在“理论和资料的反复碰撞”中，通过“叙事法”来阐释文化，希望“以敏锐的观察力”推进“理论和概念的创新”。[①] 同时要强调的是，个案与统计学上的样本更是不同，个案研究也不可能去奢求“代表性和普遍性问题”。[②] 换而言之，一个多民族山区的基础教育发展与实现案例也无力典型地呈现出农村教育的整体特性，笔者也不能去追求这种奢望，而只能是比较明显地呈现了某类现象的重要特征而已罢了。具体说来，在理论与资料的交织和碰撞中做个案研究，也就是做“扩展个案研究”、“建立微观社会学的宏观立场”，“立足宏观分析微观，通过微观反观宏观，并在实践中处处凸显理论的功能”。[③]

最后，任何学术研究都是有其本源的，本项研究也不敢稍有怠慢。从研究方式和表述方法来看，费孝通先生倡导从中国实际出发的社会整体性研究、社区/区域差异下的比较研究、社会研究的历史与现实相结合的方

---

① 彭玉生：《社会科学中的因果分析》，《社会学研究》2011 年第 3 期。

② 吴毅：《何以个案　为何叙述——对经典农村研究方法质疑的反思》，《探索与争鸣》2007 年第 4 期。

③ 卢晖临、李雪：《如何走出个案——从个案研究到扩展个案研究》，《中国社会科学》2007 年第 1 期。

法论，[①] 以及在社会文化多样性与整体性研究关照之下，在扎实田野工作和个案研究基础上探讨社会政策问题和有计划的社会变迁议题，费老先生早在《江村经济：中国农民的生活》和《云南三村》等研究中就已做过尝试。本书也只是继续这一类型的探索而已。

当然，我也深知本书存在的不足。在统筹推进城乡义务教育一体化改革发展的宏观背景下，与基础教育的发展与实现状况紧密相连的一个重要议题是治理问题（特别是县域教育治理和学校内部治理），再一个是后撤并时代寄宿制学生的“中间需要”满足问题，限于篇幅和时间，请容许在日后的研究中加以展现和弥补。

① 娄世桥：《费孝通先生社会研究的方法论及其现实意义》，载中国民主同盟云南省委员会、云南大学编：《费孝通与云南：费孝通诞辰一百周年纪念文集》，云南大学出版社 2011 年版，第 189—198 页。

第一章 学校布局调整与山区学生上学

本章呈现多民族山区基础教育发展与实现的历程和概况，围绕山区基础教育发展的历史而展开。首先聚焦于山区学校布局调整和基础教育发展，但由于不是每个社区都经历了相似的学校布局调整和教育发展历程，所以，在一些地方只能以面上的资料作为辅助和补充。同时，在个案资料单薄的地方，我们也将适当使用面上资料。随后，对山区学生的上学状况或不同阶段如何上学进行叙述。最后，探讨山区学生需要什么样的基础教育、能承受什么样的基础教育。

由于这些描述、分析和阐释均是基于田野点的情况才得以逐步展开，所以我们需要先对田野点做一个简要的介绍。

第一节 田野点概况

一、地理状况

本田野点位于滇中北部的多民族地区（以下简称“山区”），是一片狭长地带，属于山原[①]地貌，居住着彝、苗、汉等民族，其中柿花箐、芭蕉箐和西波田为苗族聚居村寨，万宝山和拉里为苗、彝混居村寨，新哨和白勒为彝族村寨，其他是彝、苗、汉的杂居社区。在彝族中又分为两个支系，当地人习惯上称为黑彝、白彝或甘彝。山区从西到东涉及三个县的四个乡（镇）的9个社区，共辖16个村民小组，即富民县的东村乡、寻甸

① 山原，即“山上有原”或“原上有山”的简称，即在高山之上有小平原，或在小块的平原之上又有高山的地貌。参见《禄劝彝族苗族自治县志》，云南人民出版社1995年版，第85页。

回族彝族自治县的鸡街镇、禄劝彝族苗族自治县的翠华和九龙两镇，其中东村乡与翠华和鸡街两镇相连，鸡街、翠华和九龙三镇则彼此相连，9 个社区（或村寨）分别是东村乡的柿花箐、芭蕉箐和万宝山，鸡街镇的拉里、新哨和西波田，翠华镇的怕那，以及九龙镇的小麦冲和白勒。我们的调研以怕那为中心点展开，其下辖 7 个村民组，其他社区都只有 1 个村民组。怕那社区及其下辖的 7 个村民组是本书调研和叙述的中心，其余社区的访谈主要是为了对比调查和辅助叙事的需要而进行的。

山区的北面是普渡河，河流深深切入到高原内部，形成一些落差较大的峡谷，谷深坡陡，地势悬殊、高低不平，河水水流湍急。山区的南面则是山区或坝子，山区的海拔在 2000 米左右。因其地形复杂，一个村委会下辖十六七个村民组，就可包含山原、坝子和河谷等地貌类型，还可兼具寒、温、热等三类气候特征。由于白昼日照充分，获得的热量充沛，空气稀薄、大气逆辐射强而使得夜晚散热较快，故气温的日差较大、年差较小，有“朝阳东升暖如春，烈日当空热如夏，日落西沉凉如秋，半夜五更寒如冬”的描述刻画。同时，因地形垂直变化而呈现立体气候，“旱季受干暖偏西气流，湿季受孟加拉湾西南气流和北部湾东南气流的影响，又形成冬、夏季短，春、秋季长；干、湿季分明，雨量适中，雨热同季；冬春重旱，霜期较短。全年虽有春暖、夏热、秋凉、冬冷的现象，但仍是全年温和，冬无严寒，夏无酷暑，四季如春的气候”。[①] 但从 2008 年入秋以来，连续多年干旱，不少山箐的溪流消失了，土体也变得日益干凋。

这 9 个社区距离省会昆明市都在 80 公里以上，没有公共汽车可以直达村寨，需要从昆明市的西北客运站或北部客运站搭乘城乡公交 2 到 4 个小时，到了各自所属乡镇以后，再租借摩托车或者面包车运行半小时以上，或者搭乘村民的牛车、马车两三个小时，抑或是步行三四个小时才能到达。以到达禄劝县翠华镇下辖的怕那社区来说，我于早晨 6：40 从昆明市一二一大街乘公交车到北部公交枢纽，搭乘 7：40 发往该县九龙镇的城乡公交车——中巴车，途经嵩明县和寻甸县的几个乡镇，一路蜿蜒曲折，上坡下坡，穿行在盘山公路上，经过集市和乡村，穿越田地与山林，经过河

① 参见《禄劝彝族苗族自治县志》，云南人民出版社 1995 年版，第 95 页。

谷和山峰，于10：50到达寻甸县下辖的鸡街镇，再从镇上步行3个多小时，或者是骑摩托车40余分钟才能到达。而拉里村比怕那社区要少四五十分钟的路程（步行）。若是要到小麦冲或白勒，比鸡街镇还远7.5公里，在九龙镇下车后再转15公里的车到三哨村委会，然后步行40分钟左右可以到达。而东村乡距离昆明市不足70公里，从乡里到柿花箐、芭蕉箐和万宝山的距离也都不超过12公里。

最后，再从地理条件、人口密度、城市化等方面来看一看“山区”。云南高原，西北高、东南低，大部分地区的海拔在1500—2000米；云南高原90%是山区（中山、低山和丘陵），70%以上是高原，10%为山间盆地。云南省的“地貌以山地高原为主”，其94%的国土面积是山地高原。[①] 再分别来看这三个山区县：禄劝县，版图像梨叶，东西窄但最大横距在69公里，南北长且最大纵距达105公里，在国土面积4249平方公里中，山区面积占了98.4%；坝区仅有66.93平方公里，占比1.6%。[②] 寻甸县，东西宽84.5公里，南北长75公里，国土面积3598平方公里，其中山区、高寒山区占87.5%。[③] 富民县，国土面积993平方公里，其中山区、半山区占87.9%。[④] 关于人口密度和城市化状况（据2010年末统计数字）：禄劝县，总人口472464人，乡村人口441661人，平均每平方公里111人，城镇人口仅占6.5%；[⑤] 寻甸县，总人口538998人，平均每平方公里150人，非农人口35949人，城镇人口仅占6.67%；[⑥] 富民县，总人口148290人，平均每平方公里149人，非农业人口18842人，仅占12.7%，农业人口占到了87.3%。[⑦]

二、社会历史

关于山区历史，据相关文献记载，明朝王尚用修辑、张滕编次、祝诚

---

① 参见《中国大百科全书·中国地理》，中国大百科全书出版社1993年版，第587、588、589页。

② 参见《禄劝彝族苗族自治县志》，云南人民出版社1995年版，第41页。

③ 参见《寻甸回族彝族自治县志》，云南人民出版社1999年版，第31、1页。

④ 参见《富民年鉴·2011》，德宏民族出版社2011年版，第107页。

⑤ 参见《禄劝年鉴·2011》，云南人民出版社2011年版，第135、150页。

⑥ 参见《寻甸年鉴·2011》，德宏民族出版社2011年版，第47页。

⑦ 参见《富民年鉴·2011》，德宏民族出版社2011年版，第107页。

校订的《寻甸府志》，其中只提到“西南至普渡河三百里”，没有发现与山区相关的地名。[①] 但在清光绪四年（即公元1878年），由知州郭怀礼修纂的《武定直隶州志》中，在禄劝县“疆域图”中可见普渡河南面的“头哨”、“二哨”、“三哨”；“禄劝县在州治东北十五里，东一百里，至普渡河交寻甸州界”。[②] 另外，在《楚雄彝族自治州旧方志全书·武定卷》中也清楚注明，“禄劝州，今昆明禄劝县，元为禄劝州，清为禄劝县，属武定府（州），民国初属云南滇中道”；在“禄劝州疆域图”中，普渡河的南面清晰标明了“头哨”、“二哨”、“三哨”。[③] 而“三哨”离我的驻村调研点怕那社区约10公里远。[④]

关于山区历史，当地村民的说法有二。这里以三种观点为基础，最后进行推理总结。第一种传说认为，这一带历史比较悠久，少说都有大好几百年了，而且，这里曾经还有过大户人家。比如，怕那原来并不叫怕拿，而是叫作“新村”，据彝语音译为“卡黑”。怕拿只是县团保局[⑤]给起的绰号，因为民风彪悍，有团结对外的传统和特点，只要有本地人受到外地的欺负，大家都会帮忙，给予还击。较有文化的村民还补充说，认为我们野蛮顽伴、缺少王化，其实是因为在老山区，与县城和乡镇都隔得太远，城治

---

① 参见林超民主编：《中国西南文献丛书》（总第022册），兰州大学出版社2003年版，第18页。

② 参见林超民主编：《中国西南文献丛书》（总第028册），兰州大学出版社2003年版，第369、407页。

③ 参见杨成彪主编：《楚雄彝族自治州旧方志全书·武定卷》，云南人民出版社2005年版，第12、23页。

④ 这里没有查阅富民县的地方志，是因为“东村”在1949年以前属寻甸管辖，1963年因水利设施建设才划归富民县。参见富民县人民政府编：《云南省富民县地名志》，1985年12月。“哨卡”是由于交通条件限制而依靠驿道，但驿道“多盘旋迂回于崇山峻岭之间”。“为保障商旅安全，在主干驿道上设有‘保商队’，在危险路段设立‘哨卡’，保护商旅过境。如禄甸驿道上有头哨、二哨、三哨等哨卡。”参见《禄劝彝族苗族自治县志》，云南人民出版社1995年版，第326页。

⑤ 经查阅地方志，“1899年6月，开办团防事务，每乡举团长1人，团正数人”；以及“1902年，设县团保局，各乡设团队”；“1906年，裁撤县团保局，改设县警察事务所，次年改称警察局”。据此推断，该村的历史并不长。同时，村民对一些名词的使用也不准确，抑或是继续称警察局为团保局。如一些人继续称呼学校为学堂就是一个例证。参见《禄劝彝族苗族自治县志》，云南人民出版社1995年版，第17页。

和乡镇都在坝子都（里），各种好处也先集中在那点儿，我们咋沾得着呢！[①]第二种，若以迁入较早的彝族杨姓来推算，到现在也就是五六代人，以一代30年来算，还不到200年时间。并且，迁入的人户，多为避祸、逃难、逃兵、流落、躲病等而来。由于这里交通闭塞，树木繁茂，烧炭、解板很是方便，并且可以相对容易地勉强谋生度日，而不太依赖于土地生活。而土地多是人民公社以后开垦出来的，随着时代变化、人口增加，靠集体化力量大力开荒、改地弄出来的。水利条件也是在人民公社时期才得到改善的，除修建了几座水坝外，冬春季节还积极修缮水渠。所以，有几百年甚至上千年的猜测基本不可靠，一是没有历史遗迹可以佐证，二是从土地开发情况、社会交往、教育发展和市场活动等方面都不足以证实。第三种，从文字记载的情况看，据楼姓族谱记载，"令公于民国十七年，方在第七区一段二甲凤头村，安居落业"，[②] 即1928年。据令公之三子（生于1935年）讲述，他家并不是来得最晚的，比他家早的也不过三代人。以此推算，怕那社区较早也就源于19世纪30年代左右。另据《柿花箐村史》[③]记载，该地原是一片茂密森林，村落约从1873年始，至今仅140年的历史。

三、生产生活

山区农民的生产生活或生计经济，这里分为新中国成立前、新中国成立后和集体化时代、包产到户到20世纪90年代中期、20世纪90年代中期以来四个阶段进行叙述。

新中国成立前这段时间的生产生活，山区森林繁茂，气温偏低，庄稼

---

① 这几个山区县，县城和乡镇确实基本上都是建立在坝区，山区村寨离乡镇所在地距离较近的也是数里到十余里，远的则达数十里；与县城的距离则在大几十里到百余里不等。加上山高坡陡、峡谷众多、地形复杂、交通不便，这种远不仅仅是空间和距离层面上的"孤立和隔膜"，而是人与人之间、乃至一定社会集团在空间和时间上的孤立和隔膜。这不仅影响着接收信息的数量，还切实地影响着生存机会和生活质量。参见费孝通：《乡土中国：生育制度》，北京大学出版社1998年版，第8、9、18、19、20等页。

② 参见《楼姓族谱》。

③ 参见王有道之子王汉哲1990年3月10日整理，王继荣2008年10月复核打印的《柿花箐村史》。

收成较低。同时，由于人口较少，村民主要依靠解板、烧炭来维持生活，过生活或混日子。也就是说，农业生产不能满足食物需要，当时各家各户的牲畜也很少，有些家庭甚至就没有牲畜，种庄稼就是耒叶子沤肥、烧土灰种苞谷、种水稻、种麦子、排洋芋，勤快又靠水的地方理理水、挖个小坝塘储水去浇一下，没有条件的就靠天吃饭了。虽然农民很辛苦，小块土地的周围尽是些大树林子，日照时间较短，所以收成不好。唯一收成稍好的就是火地荞，砍火地撒荞子，但秋天雨水多、刮风大，“荞倒一包糠”，所以收成也不稳定。一户人家一年的收成也就两三斗麦子，两三石苞谷，而且成熟也不好，五黄六月就只有吃麻洋芋充饥，到了互助组时期也基本还是这个产量。所以，主要还得靠出卖木板和木炭以换回口粮。村民把木板、木炭肩挑或背驮到鸡街、东村或昆明去卖，再买回粮食养家糊口。解板，即解镶板，有一寸改四块的，还有改三分板的，长度是四尺八寸；后来兴起解八分板和寸板。当然，解板需要一定工具和一些技术，比如要有墨斗、尺子、斧子、挖锛和锯子，要会挝桐子、会解。如果没有这些工具又不会做解板活计，就只有去烧炭了，这出炭、装窑相当热，而亮炭还要用泥巴和灰粉混合来焐成，无论黑炭、白炭都容易闷着人。

新中国成立后和集体化时代的生产生活。新中国成立以后，随着土地改革的完成、互助组的建立，村民们相互帮助着干生产，没有生产垫本还可以借款，整体的农业生产能力有了一些提高。随着初级社向高级社的过渡，生产资料完全归公，伙食团仅仅办了几个月，但集体劳动和靠工分过日子则持续到了包产到户以前。在集体化时代，劳动力多的家庭在分配上占有优势，而妇女和小孩多的家庭则处于劣势。集体化没有明显改善生活水平和生活质量，但耕地面积显著增加、水利条件明显改善、生产条件也进一步改善。同时，由于山区特殊的地形地貌，耕地和居住都比较分散，集体化劳动其实难以有效组织和监管，所以不断出现包产到户单干的诉求。在 1981 年春，全部实现了包产到户。

包产到户至 20 世纪 90 年代中期的生产生活。包产到户以后，随着家庭联产承包责任制的实施，农民的劳动积极性迅速被调动起来；同时，随着 20 世纪 90 年代以后新品种、农药和化肥的广泛使用，农业生产能力显著提升，农民的种植和养殖品种日益增多，粮食收成和货币收入也较快地增加，生活水平得到了明显改善。

20世纪90年代中期以来的生产生活。随着种植和养殖日益依赖于新品种，山区农民对化肥、良种、农药和饲料的使用量在增加，对市场的依赖更加明显，货币需求量也日益增加了，甚至农民说的市场化、货币化和符号化生存也日益加剧。随着20世纪90年代以后烤烟种植面积的日益扩大，农民收入在稳步提升，但随着1996年、1997年的烟叶难卖——农民辛苦大半年生产的烟叶要么积压在家，要么扔进粪堆，或者抛进河流，农民不仅经历了连续几年的经济困难，也日益感受到了市场经济的渗透。随着种植经济作物的风险加大，一些农民转而从事养殖，但随着市场行情的剧烈波动，风险依旧。在农产品价格下跌的情况下，良种、农药、柴油、化肥和饲料等工业品的价格并不会明显下降，甚至是在不断涨价。在市场经济和现代农业的日益渗透之中，山区农民日益感觉到了农民不好当、当不住。① 因为市场化时代的农民生产和农民生活，已经发生了非常显著的变化，农业生产日益依赖于工业产品，生活也日益以货币交换作为媒介，即不再只是比较"直接物理关系"，比如谁生产的粮食多、牲畜多，而是要更多地化约为量，实现"价值的符号化"②。适应市场经济进程中的农民，成功和有出息的标准也最终由实现货币化的结果来衡量，因为这不只是市场化生存的要求，还是具体的投入产出硬约束，成本收益对过日子的切实制约，否则媳妇会偷偷地跟着别人跑掉，或者是根本就找不到媳妇而成为光棍。如果在农村不能借助货币化而获得更好生活和成功评价，辛勤劳动、踏实肯干和老实巴交等美德也就变成了没有出息、没有社会地位。所以，农民的生活日益变得流动起来，不再是束缚在土地上，而是越发地需要接受更多的学校教育、获得更多知识，以适应城市和乡村两种生活，从而获取一种能进能退的生活，即农民当不住时可进城谋生，城市混不走时还能回家务农。在一些少数民族聚居社区，甚至还出现了怀念集体化的情绪，这其实是个体化小农在市场经济条件下的某种反应。正如潘维所

---

① 这种感受始于20世纪90年代初期，20世纪90年代中期以后不断加剧。而随着2008年以来气候持续干旱，多民族山区的农民当不住和不好当，除市场波动原因之外，还增加了气候异常导致的生存困境。

② ［德］席美尔：《货币哲学》，朱桂琴译，光明日报出版社2009年版，第19、28页。

说，“对小农而言，变幻莫测的市场价格并不比国家计划更友善。小农自身的生存在瞬息万变的市场中岌岌可危”。[①]

第二节　私塾、教会学校与国民学校

一、从私塾到学校

普通教育在禄劝县的开端，可以追溯到明代，查阅地方志，可以看到如下记载，“建立学校，以广王化。学校未立，故彝习莫改”；“禄劝州汉少彝多，旧无学，明崇祯庚午间，生员仅三二人，知州陈所养始建庙，聚诸生训迪之，生员统于府学。”[②] 这是官立学校源起的较早记载。亦即 1642 年，“州城始建学宫”，1689 年建立“尊经阁义学”，1698 年设立“明伦堂义学”，1719 年设立乡村义学，1761 年官立秀屏书院建立，1780 年县境内涌现出第一个举人，1896 年废止义学。随着废科举，兴学堂，书院停办并于 1907 年创办高等小学堂，1908 年附设师范传习所，1912 年改称为学校。义学经费由知府、知县购置学田，以租谷支应所需。随着义学有名无实，其租谷等划归书院管理使用。[③] 私塾，出现于明代以后，主要是由家庭、宗族或塾师设立，到清末民初有私塾学馆 300 余个，每馆有 1 名塾师坐馆，学童数人至十余人不等。私塾经费，或由师生协商支付、宗族摊派，或从宗族公产中提取应支。[④] 但受制于社会经济等条件，这些教育机构主要是设在县城、乡镇和少部分条件较好的农村，对于广大的贫困山区、多民族山区，甚至是到了民国以后，私塾才刚刚起步，例如怕那社区是 1928 年才创办起私塾。而在一些更为缺乏笔墨的社区，没有能力创办私塾，是教会学校填补了学校的空白。

普通教育在寻甸县的发展，据记载，明、清时期出现了私塾，一般由官宦人家设馆，请先生施教；也有落榜文人在家设馆招童，童生基本从四

---

① 潘维：《农民与市场：中国基层政权与乡镇企业》，商务印书馆 2003 年版，第 7 页。

② 杨成彪主编：《楚雄彝族自治州旧方志全书 · 武定卷》，云南人民出版社 2005 年版，第 269、106 页。

③ 参见《禄劝彝族苗族自治县志》，云南人民出版社 1995 年版，第 15、16、17、18、679 页。

④ 参见《禄劝彝族苗族自治县志》，云南人民出版社 1995 年版，第 644、678 页。

五人到十余人不等，所教授的课程以《三字经》、《百家姓》、“四书”、“五经”为教材。1904 年寻甸县改风梧书院为官立高等小学堂，1905 年设官立初等小学堂。但乡下生员仍在私塾就读，有些地方还沿袭至民国以后。而极端的个案，如民国初期在寻甸的“倘甸里尚有龙池社学”存在；[①] 再如 1924 年柿花箐才创办起私塾，而在一些彝族和苗族社区，则是先建立起教堂，之后才逐渐办起了教会学校。

二、教会学校

基督宗教（Christianity）最早传入中国，是在唐朝贞观年间，当时称“景教”。到元朝，因元世祖宽容宗教，使其得以再度传入，并在云南也有传播。但下面述及的教会及其办学，均为基督新教的团体所为。[②] 虽在明朝后期，西洋文化就开始借助宗教和商业而输入，因天主教受到新教的挑战而陷于危机，亟须拓展“市场”，故在进入中国的初期并不反对“中国敬天拜神的旧俗”，而是去迎合它。但随着发展，其高傲的文化中心主义面目露出了真容，罗马教皇“下令禁止教徒崇拜祖先，引起中国人士的愤激”，致使传教事业与文化交往的中断。直到 1842 年鸦片战争结束、《南京条约》签订，欧美的新旧教才又再度涌入通商口岸；随着 1858 年战败和《天津条约》签订，以及 1860 年的《北京条约》，洋教士得以深入内地传播宗教、开办学校和设立医院，吸引社会下层参与和进入其中。因而，“中国现代班级制的学校创立”也始于此。由此，帝国主义以坚船利炮为后盾，借助“一手圣经，一手商品”的手段，对中国的文化和经济侵略日益加剧。[③] 为实现侵略和控制中国的野心，在认识到仅仅依靠军事手段蛮干达不到目的之后，帝国主义列强积极利用起了教会和文化教育手段。为吸引和征服中国下层民众，教会及其学校在最初几十年里是通过“提供食宿与零花钱的小恩小惠吸引若干贫苦学生”的加入。[④] 在宏观层面，教会主要通过创办从初级到高等的教会学校，培养“高级知识干部”，推进

① 参见《寻甸回族彝族自治县志》，云南人民出版社 1999 年版，第 719、720 页。

② 参见肖耀辉、刘鼎寅：《云南基督教史》，云南大学出版社 2007 年版，第 4、7、8 页。

③ 参见周予同：《中国现代教育史》，福建教育出版社 2007 年版，第 8、9 页。

④ 参见李华兴主编：《民国教育史》，上海教育出版社 1997 年版，第 810 页。

“以华治华”的侵略政策。[①] 基于此，教会或者是通过教育传教、以苗传苗方式，突破民族文化的心理防线，让熟悉本民族的知识分子向本民族的民众传教；或者是在教育过程中淡化国家与民族观念，强化教会意识，宣扬西方文化优越，挑动民族分离情绪等，借助西化与奴化教育进而达到文化侵略之目的。[②] 但辩证地看，在压迫和奴役的另一面，是教徒的反抗和解放诉求。如果往欧洲历史中看去，1534 年创建于巴黎，旨在维护天主教权威、逆历史潮流而动的耶稣会，虽然竭力创办优质的教会学校，力图以充足的资金建设整齐适用的校舍、完善精良的设施设备，提供幽雅的学习环境，甚至是免收学费，以期培养忠实、盲目服从的信徒，并极力争取民众，甚至还不择手段地建立、恢复和巩固教会统治。但事与愿违，18 世纪的“启蒙运动家、唯物论者、资产阶级革命领袖等，几乎都是出自耶稣会学院，正是他们给予耶稣会及其教育”以极大的打击和讽刺。[③] 而后面将要提到的中国基督教自立会反对内地会的斗争，亦然。

新教在云南的传播，从 19 世纪 70 年代末侵入以来，先是力图驻足于城镇，主要向城市贫民而非广大农村传教，在四处碰壁后，“内地会才率先考虑到对非汉人地区传教，从而开始渗入少数民族聚居地区的广大农村”。内地会，是一个“跨宗派的国际性差会”，是英国人戴德生（Tailor James Hudson）于 1865 年在伦敦创建的由各教派志愿人员所组成的传教团体——中国内地会（China Inland Mission），但它并不是基督教的一个宗派，而是一波推崇教士自由组织的传教团体，目的是“向中国内地山区和少数民族地区派遣传教士进行所谓‘拓荒’活动”。其线路分为西、东两条，西线从缅甸八莫→保山、云南→重庆；东线从杭州、上海、镇江→重庆→贵州→云南。内地会于 1882 年“在昆明设立总堂一所”，“至 1920 年成立‘三一圣堂’，以昆明为中心，积极向滇中苗、彝地区扩散”。[④]

---

① 参见陈景磐：《中国近代教育史》，吕达等修订，人民教育出版社 2004 年版，第 305 页。

② 参见钱宁主编：《基督教与少数民族社会文化变迁》，云南大学出版社 1998 年版，第 131、140、141 页。

③ 参见袁锐锷：《外国教育史新编》，广东高等教育出版社 2002 年版，第 49、56、55、57 页。

④ 肖耀辉、刘鼎寅：《云南基督教史》，云南大学出版社 2007 年版，第 14、15、16、20、17 页。

另外，因寻甸县、禄劝县的基督教传播与武定县洒普山教会有着直接关系，这里需要做一个简要交代。1906 年，因洒普山苗民到贵州安顺找洋大夫治疗麻风病，在询问和了解了苗族民众的生活状况之后，党居仁介绍老人去昭通找柏格里牧师，三个月以后，柏格里带着几个苗民经富民县到了武定州近城区的洒普山，一个星期后柏格里返回昭通，任命郭秀峰到洒普山传教，1907 年建成教堂，1908—1909 年请王树木等人来布道，三年后培养出传道员，1911 年创立“基督教洒普山私立恩光小学”，还培养了一批教员，分派到各分堂创建小学，学校除文化课外，还学习《新约全书》。同时，还在滇东北苗、彝地区发展教徒，并于 1916 年在禄劝县撒老乌建立彝族教堂，到 1917 年，加上寻甸县新哨总堂，共有 6 所教堂。①

基督教会在禄劝县的传教和办学。1905 年，基督教由寻甸县新哨传入禄劝县的九龙、转龙一带，1916 年 10 月英籍传教士张尔昌夫妇受武定洒普山教会指派，到撒老乌一带彝族地区设点传教，并于 1918 年 7 月建起教堂。张尔昌夫妇及其子女不仅定居在撒老乌，还在衣食住行方面与当地彝民一致，利用当地医疗条件较差的特点，从上海购买医疗书籍和相关药品，边学习边为当地人治病（为境内西医治病的先河）。同时，张尔昌还利用通晓英、汉、彝、苗等语言的便利，为传教需要而开办了初级和高级小学的教育班，以及圣经短训班。他还于 1928 年左右成立了撒老乌教会，下设 5 个分堂及其小学。在每年的冬季，各分堂师生都到本堂聚会、做礼拜和开运动会（为境内最早的学校体育竞技活动）。1944 年内地会教派在武定县洒普山召开“滇北六族联合会”，撒老乌会长李发献等人在外国传教士的授意下，决定创建“撒老乌基督教内地会西南神学院”，学院于 1947 年 2 月正式开学，设立神学、初中和小学等部。而 19 世纪 40 年代产生于美国的基督复临安息日会，在 20 世纪初在上海设立远东总会后，于 1928 年传入昆明，1934 年传入禄劝县的大松园苗族聚居区，至 1949 年底，大松园分会设立了 7 个支会及小学。②

① 参见《武定县志》，天津人民出版社 1990 年版，第 355 页。
② 参见《禄劝彝族苗族自治县志》，云南人民出版社 1995 年版，第 792、793、794 页。

基督教会在寻甸县的传教和办学。教会有效利用了山区教育落后和文化渴求的客观条件，在经济贫困和医疗条件较差的山区展开传教活动，其主要对象是白彝群体和苗族民众。1906 年，内地会在今寻甸县鸡街镇的新哨白彝地区设立教堂，1918 年又在该镇的大水井苗族地区设立教堂。1917 年循道公会利用教徒所捐 300 两白银，在县城建造福音堂，到 1925 年在农村彝区建立了 13 个教堂，在苗族地区建立了 6 个。因为教徒不识字不利于教义的传播，所以，“基督教在建立教堂的同时开办小学校，大部分教堂也就是学校。星期日学校不上课，便是基督教徒‘做礼拜’的时间。学校课本是政府统一教材。传教人员中，也有兼任教师或医生的，在办学、行医中收费较轻，故基督教很快在彝、苗族中传播。原来信鬼、自然物、祖先的，被信基督所代替；酗酒、性自由的陋习也因‘遵守教规’而得到纠正；世代与文字无缘的人家，也有了知文识字的人”。从 1925 年到 1948 年间，基督教会在寻甸县的活动范围逐步扩大，其经费一部分来自教徒捐款，主要部分则在国外募集，内地会建立的分支教堂为 18 所，借助办学和行医的外壳，重点是开展传教和基督化活动。内地会还推崇神秘体验，搞过“升天”、“悔罪”等活动。复临安息日会还于 1934 年传入仅有 30 户人家的鸡街乡西波田苗族村，它属于保守教派，严禁烟酒，不仅对食物有禁忌，教徒也不和非教徒通婚。中华基督教会自立会（简称自立会），1933 年以王有道和韩杰为首的大水井教堂从内地会中分立出来，加入到自立会，主张自立、自传和自养，以摆脱外国的资助和支配。1941 年自立会的许中南到柿花箐传教、设教堂、办学校，王弘道做传道员兼教师。从 1934 年起，基督教的循道公会、内地会和安息日会，先后在彝族和苗族聚居地区建立了 15 所初级小学。1936 年，由地方发起、教会拨款、循道公会教徒出力，在朵马戛创建“私立光明高级小学”，以招收 12 所教会小学的毕业生；同时（1936 年）内地会也在新哨创办了高级小学。[①] 另外，据《柿花箐村史》记载，王有道于 1940 年在该村创办了“私立民乐小学”，呈报县教育局并在省教育厅备案，学校实行民主管理，并组建了 11 人的学校董事会，其中禄劝县、寻甸县、富民县、嵩明县和昆明市各 2 名董事，武定

① 参见《寻甸回族彝族自治县志》，云南人民出版社 1999 年版，第 140、721 页。

县1名董事。校长每学年召集一次董事会，报告办学情况、商议校内重要事宜。1942年因办学有功而获赠“有功文教”牌匾一块，1942年的高小毕业生中，有9人被选送到昭通国立师范，3人被选送到寻甸县中学，3名进禄劝县立简易师范，1人进省立昆华师范等。① 另据柿花箐村史和1941年进入该校学生龙秀良的回忆②，该校虽只是初、高两级的完小，但也开设初中、高中的补习课程。1942年，自立会建立了5个支会，现禄劝县九龙镇下辖的白勒社区即为其中之一，因实行“校教合一”，故其教堂和学校也建于此时。李光第任堂董，教师和布道员由柿花箐民乐小学和堂会统一委任，但所派教师须在各县教育局备案。同时，因王有道事先与省教育厅龚自知商妥，其小学毕业生可安排到非从属分校的其他学校任教，只需在各县教育局备案即可，如1943年怕那小学聘请龙秀良任教即此情形。而且，毕业证书也要经由柿花箐小学签发，才被认可为合格学历。

关于教会传教与办学，概而言之，通过行医治病、创制民族文字和开办学校教育等活动，借助“救命”和“救心”等形式，以图实现其利益与目标。③

三、国民学校

中华民国建立后，对义务教育较为重视，如果说在1915年以前为讨论阶段，那在1916年后基本进入了筹备和实施阶段。④ 回到我们调研的山区县，禄劝县于1930年开始分期推广国民教育，各乡镇逐步建立初级小学。据1938年统计，有13所是乡镇中心学校，161所为保立学校，在校学生共10224人，教职员工423人；平均下来，每校学生不足59人，教师不到2.5人。1941年开始的国民教育5年计划，各乡镇或新建或增设教育班，同时“还根据地域辽阔，学生分散的特点，在边远村寨增设中心分校”

① 参见《柿花箐村史》。

② 参见龙秀良：《留给后人》，2005年6月12日定稿，第124、127页。

③ 参见钱宁：《基督教在云南少数民族社会中的传播与影响》，《世界宗教研究》2000年第3期。

④ 参见李华兴主编：《民国教育史》，上海教育出版社1997年版，第114、118、121、122、137页。

（怕那小学虽于1943年春初创并招生19人，但不属此范畴）。1944年12月滇中督学王启瑞视学禄劝县后向省教育厅呈报，“此现象为他县所未有，应该传令嘉奖，以资鼓励”。到1946年，国民学校共计149所，学生9151人，教师368人。1948年共计158所，学生减为7785人。究其原因，是农民家庭贫困和教育经费缺乏共同所致。虽然在1916年2月以后据教育厅《街村教育行政组织大纲》，从公款、公产中提取教育经费，征收捐税补助办学。1930年后还为实施义务教育而裁撤兵员以补教育经费的不足。但是，1941年以后推行的国民教育，乡镇国民学校经费仍然是由学田租谷、街捐、斗捐、船渡捐及临时捐等支取；保国民学校办学经费则主要是摊派到农户头上。中央和省级财政的补助寥寥，以1944年为例，全县学校累计支出经费为租谷430石、学款21.35万，但是中央仅仅补助了2000元，省级财政也仅拨付1500元。①

在经费缺乏严重制约学校规模扩张的同时，多民族山区的自然地理条件和经济社会条件也实质性地制约着儿童接受学校教育。山区幅员辽阔，地广人稀，当时一个山区保的管辖范围大约相当于现在两到三个村委会的面积，仅靠保国民学校其实很难满足儿童入学需要；农民家庭经济的普遍贫困更是无力支持儿童住校就读。换言之，如果说人口分布的稀密由食物生产能力决定，“食物生产能力对于中国人口分布确实起着主要的制约作用，而这种生产能力又是多种自然的和经济的因素的一个综合性反映”；对于山地和丘陵占比达到总面积71%的国家来说，丘陵地区的人均粮食产量要比平原低1/10，山区则低至1/3，而工业化和城镇化又几乎还没有开始。② 所以，在社会生产能力很低、经济极度贫困的时代，大多数农民在不能就近入学又无力去住校或寄宿就读的情况下，只有选择不上学，如村民所说的“甘当瞎眼汉”，大多数的山区农民是“斗大的字也不识一升”。在勉强过日子或简单糊口时代，这对于本来就水准很低的生活的影响其实并不大，就算获得了较低层次的文化知识，在主要是倚靠自给自足过日子的生活状态下，也没有实质性的意义；因为，凭此既不能走出大山、跳出

① 参见《禄劝彝族苗族自治县志》，云南人民出版社1995年版，第648、649、679页。
② 参见张善余：《人口地理学概论》，华东师范大学出版社2004年版，第293、296页。

农门，也不能真正地改善个体或家庭的生活素质。这种情形，就正如年长村民对笔者所说的那样：

“笔墨嘛，不是哪个时代都（需）要，（也）不是每个人都（同样地需）要，只要村子里有几个人会，其他人嘛，需要的时候请请他们，也就行了！”①

寻甸县于1913年设立劝学所，1929年改为教育局，1945年改称教育科。在民国时期，以督学制管理学校，县督学委员每学期到各校督查，并负有罢免和奖惩教员，处罚旷课学生的权力和职责。办学经费主要靠“学田租、房租、籽行捐、水碾捐、自治协助费、视学费、基金息、学务罚款以及街场升斗捐、街捐，政府补助甚少”。以1949年的办学经费为例，政府补助的金圆券7840万，自筹4亿，但还是因货币急剧贬值而入不敷出。从学校的建立与数量上看，在1912年以后，在乡下创办的学校逐步增加，如鲁冲村1912年创办起了初等小学，招收回民子弟入学，1915年成为两级小学；其余乡村也陆续创办初级小学。1922年创办县立女子小学，1929年创办高级女子小学。从1930年起，实施国民义务教育，学龄儿童总数是9402人，占到总人口的8.6%，实际就学者3465人。而为完成国民教育任务，学校和教学班实行分期增设。第一期增设初小47所47班，高级小学1所1班，在原校增加初小12班；第二期（1931年），增设初小32所32班，在原校增加初小10班。同时，将县立女子初级小学和女子高级小学合并为县立女子两级小学。也就是说，1930、1931两年，初级小学增加了79所，教学班增加了101个。1942年，经省教育厅允许、地方自筹资金，在记戛哨创办了中心学校（但运行不到两年，即因经费困难而关闭）。1948年，改各初级小学为保国民小学校。据1949年的统计数据，14所是乡中心学校，192所是保国民小学校，4所为私立学校，共计210所。在校学生8070人，校均不足39人；教师275人，校均师资1.3人。换言之，其中有不少是一师一校。关于校舍，只是极少数学校有校舍，其余大多数都是利用寺庙或祠堂作为校舍；学校的正规课桌也不多，并且只是那些规模较

① 2012年3月29日下午在怕那社区凤头寨与行康老人的谈话，以及5月25日与成方、26日与光明的谈话。

大的少数几所中心学校有脚踏风琴和毛算盘这类教具。到1949年，大部分学校都因经费拮据而停办了。[①]

四、1949年以前的山区学生上学

以怕那社区为例，学生就读私塾，可分为两种情况：在本社区的风头寨私塾和社区之外的撒姑爷地主家办的私塾。本地私塾是1928年才开办的，几代人以来，一直想着办个学校，但由于社区内没有识字的人，没有先生教学，又因经济困难而无力到外地去延请先生教学，故而多次筹划均是无果而终。直到1928年楼令公[②]落脚于此，才使私塾建立起来。就读学生先后共十余人；所学课目为三字经、百家姓、千字文、中庸、论语、大学、历史；上下课没有手表和时钟，只能使用日晷计时[③]，请石匠做一块圆形石头并均分为几个时辰，在正中央树立一根木棍，看其影子指向何处，定时地上下课。1940年令公离开后，私塾也就停办了，仅有两人又去了离小麦冲不远的撒姑爷上私塾。此为李姓地主延聘先生在家教学，入学自然少不了束脩，而且还要住别人的房子，自己开伙。由于家庭经济并不富裕，没上两年就回来了。正如几位老人所说，在那种贫困的年代，还是

① 参见《寻甸回族彝族自治县志》，云南人民出版社1999年版，第713、716、717、721页。

② 楼令公，字源辅，号集贤，四川省会理县人氏，生于前清光绪十五年己丑（1889）冬月初六日卯时，卒于1969年腊月十五日丑时。1902年母亡。据其家谱记载，“习读数春，大事弗能，舌耕一生，前半之节，诗书未精，劳心劳力，又是四春，后经习透，享福一生”。据前后文推断，读私塾亦为四春，他们的子女也说令公读过四年私塾，后来因为母亲去世而辍学，之后又拜了四位师傅学习星象、地理和命理。光绪丙午年（1906）正月十二日移迁至易门县山后韩所营，“年将十八春，设馆训徒兼挨星地理命理”，娶妻任氏。1922年欲回故里省亲，但因川滇边界战乱，未能成行，故从金沙江转出禄劝县。“民国癸亥岁（1923），住禄劝县开馆，替圣人传道六载，方在第七区一段二甲凤头村（1928），安居落业”。年四旬（1929）娶寻甸县也拦里六甲新村杨氏为妾，1939年腊月初二日杨氏亡故，于1940年初返回易门县，1942年再度回到凤头寨居住，并于冬月十四日娶妾袁氏。参见《楼姓族谱》。

③ 在访谈中，当地老人都说：“老先生，真是太聪明了”，在那种时代能想出那么个好办法。但这也可帮助理解山区是多么的落后！其实“日晷或日圭（也称日规）就是日影钟，可能是人类第一个人造的计时装置”；“日晷由一个立着的杆和若干刻度组成，计时直观而又方便。但在夜里和看不见日头的白天，这个装置就没有用了”。参见吴国盛：《时间的观念》，中国社会科学出版社1996年版，第21页。

在自家地方上学更为经济、方便和可行。①

山区学生就读教会学校。就读该类学校的学生首先要自备制服——中山装，方便参加教会或总堂的活动。远道的学生得自带口粮，学校基本上不收取学费，只是帮老师和自己种植田地、菜地。日常花销主要用于购买教材和笔墨纸砚。但受制于家庭经济状况，能远道来此求学的学生依然不多。据《柿花箐村史》记载，1906 年后，基督教传入寻甸县大水井苗族村并建立起了教会②，不久又派苗族教师韩杰建立教会学校。王有道（1899—1955）于 1912 年求学于大水井教会学校，1915 年到武定县洒普山教会学校念高级小学；一年后，因读书店买来的“课外知识读物”被澳大利亚牧师郭秀峰所不容，因郭某视之为“魔鬼之书”而斥责王有道，双方互不相让，王被开除学籍、赶出校门，并被威胁将派巡捕抓起治罪。王被迫前往昆明市帮人，但在昆明圆通街遇到同县人、基督教内地会牧师谢洪珍。③ 随后，王有道被谢某收为帮工，但活计不多。王渴求知识，每天做完活就到书店看书，逐步积累文化知识。1920 年，王有道去大水井教会学校任教，1924 年在柿花箐创办私塾，1926 年柿花箐自立会成立，王任会长，仅有 5 名学生。1926 年至 1939 年间，王有道受聘到寻甸县、武定县、禄劝县、嵩明县等地任教，于 1940 年回乡创办柿花箐私立“民乐小学”。学生除周围村寨的外，家校距离都是一到三天不等的路程（步行）。另外，据毕业于该校的龙秀良回忆，学校补习初中、高中课程，学习数学、语文、地理、历史、诗经、三民主义、建国方略、建国大纲、古文释义、国

---

① 以上内容来自与怕那社区四位老人的谈话。2012 年 3 月 29 日与令公第三子行康（生于 1935 年）谈话，他没有进过学堂，是令公在家里一手教出来的，能写能说，出口成章，条理清晰，逻辑严密，话语得体。他曾做过小管理区的文书，后因父亲被批斗而受牵连，回到生产队做队长到包产到户。2012 年 5 月 24、25 日与成方（生于 1927 年）老人谈话，他新中国成立前任过副保长，新中国成立初期在五安乡任乡长，精神状况较好，尚能走三四里路打酒喝，还能喝酒吃茶，记忆清晰，只是牙齿基本掉光了，说话时不太关风，所以要重复问几遍才能完全听个明白。5 月 24 日与光德老人以及 26 日与光明老人的交谈。

② 但另一种记载则称，“1906 年，基督教内地会在今鸡街乡新哨（白彝）地区设教堂。1918 年又在该乡大水井（苗族）地区设教堂”。见《寻甸回族彝族自治县志》，云南人民出版社 1999 年版，第 140 页。

③ 谢洪珍，寻甸县洛朗人氏，原是国民党军官，退役后自立教会并任牧师。参见《柿花箐村史》。

学概论、作文类别，以及自然、化学、物理、英语、军事、国际音标、苗文改革等。①

山区学生在保国民学校就读。怕那校筹划于1942年，开学于1943年春，没有正式校舍，首任教师是龙秀良（苗族，嵩明县牧羊人氏），其后是李宗正（彝族，寻甸县托姑哨人氏）、王汉中（彝族，禄劝县万宝山人氏）、潘熙荣（苗族，禄劝县长岭岗人氏）、李世湘（彝族，禄劝县撒贼嘎人氏）和杨国强（彝族，禄劝县麻已卡人氏）等，② 教师流动性比较大。但怕那社区保国民学校的建立也纯属偶然。③ 对于学生的上学情况，据德华、光良和光德说，④ 他们属于国民学校的第一波学生。当时农户和学校都没有钟表，学生吃了午饭就去上学，吃饭一般是在十点来钟，但各家各户的吃饭时间又是七前八后的，上五六节课后就放学回家。民国35年，学校正式建成，（阴历）二月开学，是三间大茅草房，使用墙抬梁，用墙板舂成的墙体，屋顶盖些茅草，共三间，一间供老师住宿，两间作教室，可以容纳二十来个学生上课。学校建成还有校歌一首，"民国三十五年才初立，地势高处才诞生，附势若为才诞生……"，是分段唱的，后面的已经记不清楚了。德华老人说，学的课程好像是到街市上去买的教材，当时读三部书：语文、算术、图画，再加体育总共是四门课，体育课就是在外面随便跑跑跳跳。光德老人说：当时墨水和纸张都相当缺乏，学生自制墨水，写的字也不怎个明。写字是用草纸做的字本，就是农村用的那种土纸，裁齐

---

① 参见龙秀良：《留给后人》，2005年6月12日定稿，第115、118、123、127页。

② 从国民学校教师的民族状况中，也反映出当时多民族山区的苗族、彝族受教育状况强于汉族，而这又主要与基督教传播和教会学校在少数民族聚居山区的渗透直接相连。

③ 怕那村是禄劝县第七区一保下面的甲，分上下两片共42户，不是保公所驻地，没有创办保国民学校的条件。学校是保公所才有，由各甲合力建盖，各甲抬木头、献茅草、出工出力去建盖。但1942年的意外，使得怕那决意要自己建立学校。"当时干活很累，息工后自己找碗筷吃饭，但不知道何故，只剩下了一副碗筷，干活的一伙人都很生气，就邀约着、饿着肚子赌气回家来了。其中七三（成华的三叔）忘记拿带去做活的家什，返回去拿时吃了点残羹冷炙。在赌气回来的路上，大家就商量建设自己的学校这个事情，所以就从成华家的小耳房（牛圈）开始了怕那的办学。时间是1942年左右。1943年就开课了。""学堂的教师，一起商量好了以后，派人去请教课的老师。由柿花箐的王有道、王宏道兄弟选择、确定人选派谁来教学。确定了人选和开学的日期后，到了临近开学时，怕那再派人去接老师，帮老师或是老师的家属背被窝、衣物或其他的行李。到学期结束放假的时候，村里再派人把老师送回去。""学董安排村民凑米、油、盐和肉给老师作为工资。"见2012年5月24日与光德老人、5月26日与光明老人的谈话。

④ 2012年5月24日与光德，5月30日与德华、光良等人的谈话。

后用针线缝订而成。德华老人还补充道，当时写的是毛笔字，用的是草纸和共窗纸，纸是四十张一刀，自己裁剪装订成作业本；从后面往前面写，是竖着写字。草纸有两种，细白纸才好写，粗糙的不好写、还伤笔。当时课本的纸张也不好，印的书都不明。说到上学读书，当时的农民生活主要是靠解板、烧炭维持生活，上课时间也不固定，有时候是上完早课回来吃饭，再去上下午的课。有时候是吃了午饭才去上课。学生要自己抬板凳、桌子去。当时村里没有木匠，家里是使用簸箕吃饭，没有桌椅就钉木桩子支木板当课桌。上课是大大小小挤在一个班，八九岁十来岁的都在一个班里一起教。① 这其实就是复式教学法。② 光良还说，上学也没有个请假不请假的说道，都是听从父母的安排，父母叫放牛去，今天就不读书了。去学校的（学生），（老师）就三三两两地教。德华和光德说，我们上课是规规矩矩的；打架是要被打戒尺的。被打戒尺的时候，如果主动伸手拍戒尺，就可以减少疼痛，追着戒尺上就不疼了。与之前的私塾相比，随着教会学校和保国民学校进入村庄，现代班级制授课也进入了乡村，入学学生人数也有所增加，学校周围村寨的入学率提升较快。

第三节　1950 年以后的山区学校与学生上学

一、禄劝县的办学情况

到 1949 年，一些学校因经费缺乏而停办，一些因没有老师教课而停办。1949 年底到 1950 年初，县乡党委、政府致力于政权的巩固和建设，抽调了一部分教师参加专项工作。因为多数学校都是一师校，一旦教师被抽走，就没有老师教课了。到 1950 年全县只有 85 所、130 名教师、160 个教学班，7000 余小学生。1951 年开始了学校整顿改造，并陆续兴建了一些

① 怕那社区当时共有 42 户，国民学校招收的第一波学生共 19 人，他们是：龙道、龙春、明剑、明公、光德、成文、冬英、存秀、正林、天寿、正财、天良、光良、德米、成富、德华、光文、光昌、文慧。

② 复式教学，在集中办学、经济效率和规模效益的语境下，这似乎是不合时宜的教学方式。但事实上，它与提高资源利用效率没有矛盾，是整合和节约资源的一种方式；甚至可以说，从人类较早时期的教育实践到当下的办学中，它一直存在着。它还可以解决人文关怀、就近入学等问题。参见张素蓉：《论复式教学在基础教育规模布局调整中的作用》，《教育学报》2005 年第 2 期。

学校，到1956年增加到了162所，学生增加了一倍多，达到15975人；教职工增加了两倍多，达到416人。经过1958年的教育革命和教育“大跃进”，1959年的小学校达到了283所。1960年因生活困难而停办了一些，小学校数也减为201所。[①] 随着“四清”运动，农村学校的数量再度增加；从新中国成立初期到“文革”前，由于人民群众有着实际的教育需要，加上社会政治运动促动[②]，教育管理权大力下放和教育投资主体下移，使农村基础教育形成了低重心、低投入、广分布的学校分布格局。如果坚持一分为二地看，这种布局方式一方面为推行普及初等义务教育、消除文盲起到了非常大的促进作用，也为后来的两基攻坚打下了良好的基础；但在另一方面，也给农村教育教学质量提高和基础教育均衡发展带来了一些困难。而这种办学格局具有的优势和面临的困难，可以从领导人在不同时期的谈话当中看出，如毛泽东同志1957年《在普通教育工作座谈会上的讲话》中提出：“办戴帽中学（在小学增设的初中班）还是一种好办法。中学办在农村是先进经验，农民子弟可以就近上学，毕业后可以回家生产。……如果说办学质量差……在农村，教育要强调普及，不要强调提高，不要过分强调质量。课程也可以简单些，有语文、数学、历史、地理、物理、化学、农业生产知识、政治等八九科就可以了，其他的今后还可以自学。……戴帽中学这个帽子不要摘掉，有条件的要多戴一点，学校应该分散在农村里头，摘掉是不好的。”再如邓小平同志1978年《在全国教育工作会议上的讲话》提出：“要在科学技术上赶超世界先进水平，不但要提高高等教育的质量，而且首先要提高中小学教育的质量，按照中小学生所能接受的程度，用先进的科学知识来充实中小学的教育内容。”同时，“为了加速造就人才和带动整个教育水平的提高，必须考虑集中力量加强重点大学和重点中小学的建设，尽快提高它们的教学水平和教学质量。”[③]

以怕那小学为例，其再度建立即在“四清”时期。曾在该校任教近三

① 参见《禄劝彝族苗族自治县志》，云南人民出版社1995年版，第649页。

② 例如《农村社会主义教育运动中目前提出的一些问题》第十六条，“四清”要落在建设上面。参见刘鲁风等主编：《中华人民共和国要事录（1949—1989）》，山东人民出版社1989年版，第318—319页。

③ 《毛泽东邓小平江泽民论教育》，中央文献出版社2002年版，第67—68、140、144页。

十年的杨光学老师是这么说的："当时工作队进村搞'四清'，工作队里有一位来自云南民族学院的同志，他很支持民族地区兴办教育事业，所以积极支持我们这里恢复办学的努力。校舍就建在国民党时期留下来的三间大茅草房旁边。1965到1966年学校重新建盖，又盖了三间教室，两间作文化室，一间是教师宿舍，是土坯墙体的瓦房，和以往一样还是使用的墙抬梁，总共是六间房子。1965年，新学校开始第一批招生，但因校舍建设没有结束，应该说是才刚刚开始，教学是在彝族村生产队的集体公房里进行，学生有明筑、石湘、学文、有清等十多个（人），现在都是将近60岁的人了。"①

据1965年统计，全日制公办、民办小学分别是254和151所，在校生分别是16069人和4129人。同时，为解决高山、山区和分散地区的学童入学，还开办了巡回小学27所，定点小学33所，解决了1369名学生的入学问题。但巡回或定点小学校均不足23人。1964年的适龄儿童入学率达到了80%。进入20世纪80年代，开始实施两免政策，即免除杂费和书费。与此同时，为了加速山区、边远少数民族地区普及初等教育，还对苗族、冷凉山区少数民族学生实行学费、杂费和书费全免。到1990年，全县小学校共666所，其中完小180所，一师一校303所，教学班1958个，在校生达55326人；当年招生9598名，毕业7380名，入学率、巩固率、毕业率和普及率分别达到了97.9%、98.6%、94.8%和97.1%。②

20世纪50年代以来，虽然经费由财政统一供给，但办学条件依然艰苦。1950年后的学校，破损严重者是靠迁入地主庭院上课；同时依靠群众办学，群众投工献料，政府适当补助，修缮、新建了一些校舍。到了1980年，除了县一中、机关幼儿园等少数学校是部分砖混建筑外，各地中小学校舍大多还是土木结构建筑。从20世纪50年代初到70年代中期，虽然初等教育迅速发展并逐步普及起来，但多数乡村学校的课桌依然紧缺，不少学校还是以垒木基搭木板的方法来解决。③ 同时，为加强少数民族教育，从1981年起在县一、二、三中招收初中、高中民族班，每年招收学生300

① 2012年3月24日，在怕那彝族村与杨老师的谈话。
② 参见《禄劝彝族苗族自治县志》，云南人民出版社1995年版，第649、650页。
③ 参见《禄劝彝族苗族自治县志》，云南人民出版社1995年版，第679、681、682页。

名左右，并给予一定的补助。[①] 1995 年创办县民族中学，随着学校建成，1999 年 9 月后，原先的民族班停止招生、自然消失。到 20 世纪 90 年代，进入了普及义务教育阶段，采取先“普六”再“普九”的步骤。1991 年到 1995 年，全县 18 个乡镇实行“普六”义务教育，但因 1995 年 10 月 24 日地震导致校舍受损而延缓到 1996 年完成。1997 年到 1999 年，普及工作按计划基本实现。[②] 从中可以看到，为完成“两基”和“普九”任务，在十年间小学校只是减少了 6 所，即地方政府基本不敢擅自撤点并校。在 2000 年基本完成“普九”以后，小学校共 606 所。随着农村税费改革的完成，以及集中办学、规模效益、提高质量和均衡发展等口号，多民山区学校先是变成了教学点，只能招收一到三年级学生，三五年后则被撤销，怕那、白勒等小学校即在其行列之中；到 2009 年全县小学校数锐减为 300 所，2011 年为 225 所，2012 年再度减为 160 所，13 年间减少了 73. 6%。但在校生从 1990 年的 55326 人到 2012 年的 37187 人，23 年间只减少了 32. 8%。[③]

2012 年《国务院办公厅关于规范农村义务教育学校布局调整的意见》要求：“坚决制止盲目撤并农村义务教育学校”，保留和恢复必要校点，采取措施改善办学条件、提高教学质量、提高生均公用经费标准，以保证其运行发展。以我们所调研的县份及其多民族山区或少数民族聚居地区，由于极为突出的上学远、上学难、上学贵、上学险等问题，虽然一些村寨的村民一直在积极争取恢复校点，但直到 2013 年底，这些山区校点是否恢复、哪些恢复、如何恢复、恢复到几年级、何时恢复等，依然存在一系列的困难。

---

① 参见马有良：《云南教育大观》，广西民族出版社 1997 年版，第 1538 页。

② 参见《禄劝年鉴（1991—1998）》，内部资料，1999 年，第 209、210 页。

③ 数据来源：《昆明年鉴 · 1990》，新华出版社 1990 年版，第 435 页。《昆明年鉴 · 2000》，云南科技出版社 2000 年版，第 441 页。《禄劝年鉴 · 2007》，云南人民出版社 2007 年版，第 259 页。《禄劝年鉴 · 2008》，云南人民出版社 2008 年版，第 253 页。《禄劝年鉴 · 2009》，云南人民出版社 2009 年版，第 279 页。《禄劝年鉴 · 2010》，云南人民出版社 2010 年版，第 257 页。《禄劝年鉴 · 2011》，云南人民出版社 2011 年版，第 267 页。《禄劝年鉴 · 2012》，云南人民出版社 2012 年版，第 257 页。

二、寻甸县的办学情况

到1949年，因为经费困难，寻甸县内的大部分学校都被迫停办了。1950年3月恢复学校143所，录用教师229名，在校学生4406人。由于采取合并、暂停等措施，到9月29日又并停学校44所，实际运行学校为99所，教师人数为134名，校均师资不到1.4人。到1951年，学生有所增加，达4709人，少数小学生的年龄竟到了十七八岁。1952年把土改中没收的一部分地主房屋，经维修后作校舍使用，将春凳充为学生课桌，并新增了一部分桌椅。1953年，小学校发展到165所346个班，同时还根据少数民族聚居特点，定了9所回族小学、19所彝族小学、4所苗族小学。为了改善民族小学的办学条件，县政府不仅给予经费照顾，还拨出专款作为人民助学金，补助少数民族学生和贫困家庭学生上学。在教学设备方面，中心学校由文教科配发风琴、地球仪和算盘，其余学校靠师生自己制作简单教具。1954年，整顿和改进小学教育，学校调整为161所，其中，完小12所，三师校18所，二师校51所，一师一校80所，还新定了一些少数民族学校，使之增加至37所。在校学生12709人，13岁以上的超龄学生6430人，超龄学生占比达到50.59%。1958年贯彻“两条腿走路”的办学方针，公办学校和民办学校齐头并进，快速发展基本是在“学校不出公社，学生不脱离家庭”的口号下大力兴办农村基础教育。到1959年初，民办学校达89所，公办学校中还增设了185个民办班，因此出现了“坝区民办学校少、社队负担轻，山区民办学校多、社队负担重的现象”。随着生活困难和办学经费紧张，1961年本着“调整、巩固、充实、提高”的原则，不少民办学校归并到公办学校，民办学校锐减为11所，还调整和归并了部分班级。从1962年起，为了充实贫困山区办学、方便山区学生上学，对学校布点进行调整，撤并了坝区的2所完小、6所初小。1963年又增设了6所民办小学、2所民办公助小学和3所公办小学，使贫下中农子女上学更为方便。1964年，在办学中贯彻“全日制和半耕半读两种教育制度并存”的形式，加之东川市的阿旺区划归寻甸县管辖，耕读小学达546所（班），7所不分年龄和年级的一揽子学校，5所巡回小学，3所半日制小学，早晚班达373个。到1965年，全县的耕读小学达到1206所（班），学生达19205人。1966年“文革”开始后，学校连续停课达两年。1968年春季复课，随后耕读学校一部分改为全日制民办学校，另一部分停办。1972年开始加大力度普及小学教育，到1976年小学校的数量增加到1041所，其中307所是一师一校，但在校学生减少了5.9%，比上一年减少2573人。1978年，教育系统拨乱反正以后，办学逐步走向正轨。1979年，本着“加强山区、民族地区教育和集中力量办好‘文化大革命’前老完小”的原则，调整教育结构，相应集中人力、财力，当年入学率90.1%。从1980年到1982年，中心学校和子弟学校办学条件明显改善，安全校舍建设、班级教室配备、教学仪器和体育器材等都有了改善。1984年，根据“普及小学教育规划”，在村落分散山区、彝族苗族聚居地区创办“简易小学”，新增了28个教学点，把山区和少数民族地区的五、六年级改为“半寄宿制”，对每校每年给予7000元经费补助。同时，还把部分小学改为民族小学（161所，占23.92%，全县共673所）。1985年到1988年，大力推进普及初等教育计划，按照“一无两有”的文件精神（校校无危房，班班有教室，学生人人有课桌。1981年由中共中央和国务院提出），通过集资办学，大力改善办学条件，共有119所完小实现“六配套”（教室、宿舍、厨房、校门、围墙、厕所）。1988年基本配齐了村公所（办事处、村委会）一级完小的地球仪等。1988年12月，通过了曲靖地区“普及初等教育检查组”的验收，入学率、巩固率、毕业率和普及率分别达98.3%、99.1%、98.7%和97.1%。1988年的小学校总数是638所，① 到2000年是448所，12年间减少了29.78%。到2007年减少到347所，2009年为249所，2010年为181所，2012年为128所，完全取消了一师校，12年间减少了71.42%。②

新中国成立初期的多民族山区办学，如柿花箐小学③于1955年恢复初小，1982年后成为完小，教师保持在3到4人，到2005年停办，校舍卖

---

① 《寻甸回族彝族自治县志》，云南人民出版社1999年版，第721—724页。

② 数据来源：《昆明年鉴·2000》，云南科技出版社2000年版，第446页。《寻甸年鉴·2011》，德宏民族出版社2011年版，第255页。《寻甸年鉴·2012》，德宏民族出版社2012年版，第208页。

③ 见《柿花箐村史》。

给了村民。再如新哨小学，新中国成立后经整顿改造，继续运作，也是在2000年以后的撤并风潮中消失了。拉里小学，创办于1969年，也于撤并风潮中停办了，先是合并到村委会所在地——坝塘。随着坝塘小学的撤销，拉里社区的苗族、彝族学童从学前班就要到镇里去寄宿学校就读了。

三、1950年以后的山区学生上学

在1949年，或因经费拮据，或因没有教师教课，大部分山区学校都停止了运行，经过整顿和调整，1950年新哨小学较早恢复了招生和教学。柿花箐小学于1953年停办，原因是校长兼教师王宏道[①]被调到县政府工作，1955年才又恢复办学。其他一些学校则是到"大跃进"或20世纪60年代中期以后，才恢复或开始办学。对于没有了学校的村寨，1950年后的就近入学就只有冬学和夜校，主要满足认字和识数的基本需要。上正规小学则只能去外地了，杨老师是这样讲述他的求学经历的：[②]

我是1950年，满11岁才去新哨读书的，1954年我初小毕业回乡。当时新哨的学校是土木结构的二层土坯瓦房，楼下是学生上课用的教室，楼上是学生寝室。右边是老师的伙房，前边的面房是学生的伙房。新哨在山上，冬天刮大风，天气冷得很，睡在楼板上又不可以拢堆火烤烤。学生也基本上是没有什么厚衣裳的，大多数学生只穿得起单衣，也没有厚被子，至多有个羊皮褂子。所以，需要毅力、忍耐力和恒心才能读几年书、识几

① 王宏道（1917—1977），苗族，寻甸县款庄柿花箐（1963年后属富民县）村人，是民国时期寻甸苗族中文化较高、唯一进入政界的人士，在鸡街镇、柯渡镇一带苗族中有一定威望，对本民族的历史、文化也有所研究。早年毕业于武定县立师范学校，后在云南省立英语专科学校修业。1937年，在昆明中国国民党云南省党部受训后成为省党部宣传科助理干事，曾被派往罗次、武定、禄劝、嵩明、寻甸、安宁、弥勒等八县的苗族村寨宣传、发展国民党党员；曾先后任过中国国民党广南、寻甸县党部筹备委员。1939年以后，先后担任款庄柿花箐中华基督教自立会传道员、主席，边族民乐联合学校（小学）校长，同时兼任国民党柿花箐分区分部书记。1951年，中华基督教自立会在昆明西坝教堂任命他做牧师。在1952年土改中，王因诬告土改工作队，被人民政府拘留过。1955年后，调入政界工作。参见《寻甸回族彝族自治县志》，云南人民出版社1999年版，第862，863页。

② 2012年3月23、24日的谈话。杨老师，生于1939年，属兔，时年73岁。他是怕那社区的第一位退休教师，也是新中国成立后在本村执教时间最长的老师，除了在头哨和翠华大约八年的时间外，其余时间全部在怕那小学教书。他在1958年"大跃进"办学中成为教师，学校停办后到了初途小管理区的小学继续教书。1964年以后回怕那社区恢复小学。从教40年，于1998年退休。

个字。当时去新哨读书要自己解决伙食问题，还要住校学习。起先我是背饭去吃，因为限制大，饭容易变质腐败！后来是改背苞谷面和炊具去学校，自己做来吃。当时出完早操，再正式上两节课，到 10 点钟左右下课，学生自己去做饭吃，单独做或者合伙做饭吃，都是可以的。下午是上四节课，大约是从 12 点到 16 点，放学后又自己煮饭吃。晚上还要求上晚自习，一般都是天黑了才上晚自习的，因为没有电灯，所以每个学生都要用墨水瓶点菜油灯照明。当时一个礼拜上 6 天课，星期六下午两点放学，星期天完整休息一天。新哨小学虽然只是一个山区学校，一所在彝族村子里的完小，但它的教学质量远远地（不论是初小，还是高小）高于大成殿（现寻甸县鸡街镇所在地）。教师都是国民党时代过来的老教师，对学生都是高标准严要求的。星期六、星期天，除了回家背东西外，就是由老师带领着去山林里背木柴，背来以后堆好、码好，大伙共同使用。回家背东西，有时候是隔上一两个星期才回家背一趟。如果我要回家背东西的话，星期六下午放学之后就得立即启程赶路，半大小伙子都要不怎么休息地硬走①五六个小时才走得到家来。新哨的饮用水也比较紧缺，吃水要靠自己去背。我们去背水，近处也要几分钟，远处要半把个小时。说到吃菜，主要是从家里背去的腌菜、酱菜和腐乳，除了热天有瓜豆，冷天有萝卜以外，基本上是没有蔬菜吃的！事实上，那个时代不像现在，天天都要有几个菜来下饭，当年只要有饭吃，能吃饱也就行了。

由于 1950 年到 1957 年的怕那社区没有了小学，彝族学生到新哨去念书的比较多，而不会说彝话的汉族学生主要是选择去寻甸县鸡街乡下辖的耻格社区念小学。天德是这样说的：

我们一起去的有四个人，我属蛇，年纪稍小，是 1941 年生的，但懂事比较早一点儿。另外三个（同学），大的是属牛的，1937 年生，小一点儿的也比我大两三岁，我们都是没有正式读过第一册，1956 年下半年过去（耻格小学）直接插读的第二册，入学时我都已经 15 岁了，1957 年念了第三和第四两册书，1958 年念了五册的几课，随后就回家参加生产队上

① “硬走”有两层意思，一是没有交通工具，只能靠步行；二是为了赶路而尽快地迈开双腿行走，沿途几乎不作休息，只是在爬坡实在太累而走不动时，才稍微休息一会儿，停下来喘几口气后，接着再走。

的劳动了。比如光昌，他属牛，1937 年生的，都快 20 岁了才去上小学。所以，1958 年我们辍学回来，他就领着媳妇回家来。他的妻子还在怕那“大跃进”所办的新学校里面教过书。但因为伙食团办不下去，小学也就解散掉了。①

而随着新办学校停办或归并，超龄学生不允许继续上学，只有到其他地方再找学校上。行昌是这么说的：②

年龄大、不符合要求的就不准读了，大概就是十三四岁吧，就不让继续读了。我回家来以后，天天都去放羊。后来，我三哥行康得知在新哨还可以继续读书，因为那是个少数民族村子，政策执行相对要宽松一点儿。所以，他 1960 年上半年就送我去了新哨小学。我是去直接插读第六册，第六册读完就直接跳级上了高小。进入高小以后，除了偶尔在星期六会回家背点儿吃的东西以外，我们还和老师一起上山砍柴、挑柴、背柴；有时候是下地种苦荞，收成都还比较好。但还是要自己做饭吃。

进入 20 世纪 60 年代中期以后，多民族山区的小学校又开始增多起来，学童基本上都可以在自己的村寨就近入学，以怕那社区为例，1964 年给文教局递交了复校申请后，仍然在原址办学。1965 年获得了批复，并于秋季学期开始招收第一班小学生。对此，杨老师是这么说的：③

大约是在 1964 年，“四清”工作队进村搞清查，有一位来自云南民族学院的同志，他很支持民族地区兴办教育事业，支持我们恢复学校。有了这种支持，我就给县文教局写了一个报告。1965 年，新学校招收第一届学生，因为校舍建设还没有结束，教学活动是在彝族村生产队的集体公房里进行的，学生有明筑、石湘、学文、有清等十多人，现在都是将近 60 岁的人了。因为村里已经较长时间没有学校，之后的两年都是连续招生，从 1967 年起才实行隔年招生。学校就只有两个老师，称为“大学校”，负责四五年级的教学。其他的（学生），还只能在各个生产队里教学。1981 年

① 2012 年 3 月 25 日在老田村与天关的谈话。

② 2012 年 5 月 25 日在凤头寨与楼令公第五子行昌的谈话。行昌，1947 年生，属猪，时年 65 岁，已退休数年。1963 年从倘甸马街中学辍学回家务农，1964 年“四清”中做过生产队会计，1965 年入伍，1969 年转业，1970 年后在县城工作。

③ 2012 年 3 月 23、24 日与杨老师的谈话。

春季包产到户以后，各个生产队的教学点被取消，学生全部集中到了大学校，还是采取隔年招生的方式，开办一到五六年级，规模经常保持在三个教学班，即年级处在一三五或者二四六这样的三个班，学生人数经常稳定在70余人到90余人之间，基本就是这样徘徊的。教师经常是保持在三名，后来出现了四名，是因为我年纪大了，学区给我们三点五个名额，实际安排四名教师。

改革开放以后，还盖起了砖柱瓦房，依然使用墙抬梁，但与以前的建筑物有所不同，新校舍使用了多根木头组合而成的长过江，木头接合部靠一些钢筋和螺丝固定起来，不仅使房子进深变大，也使教室更加宽敞。在南、北两面的墙上还安装了四道窗户，采光条件明显改善。与20世纪60年代建设的文化室相比较，墙体内外都是用石灰浆粉刷过的，光滑而明亮。① 在2000年前后，为了达标验收、学校升级和迎接检查，村两委发动村民每人捐款185元，② 加上政府投入，拆除了原来的两间文化室，新建了二层洋房，共四个教室，配置设备接收远程教育，待小厨房竣工后拆除了原来的所有教室，并建起了围墙和铁门。从2007年以后，怕那小学变成了教学点，只招收三年级以下的学生。到2011年8月中旬，在撤并风潮中，取消怕那教学点，大门紧锁，校舍闲置。关于学校的撤并，虽在之前好几年就听说了，但一直没有实施。2011年8月中旬，武老师突然召集学生家长开会，宣布学校撤销，学生可以选择到邻县、邻乡或邻村就学，只要学校开具个条子，家长自己去接洽，学校不做统一安排。此时的怕那教学点，就只有一、三年级的学生，共三十多人。因为考虑到安全和接送，家庭分化成了三类：有条件投靠的，让学童去靠近学校的亲戚朋友家，除了上学，其他时间都住在亲戚朋友家里，烦劳亲戚朋友照顾。没有投靠

---

① 2012年5月26日与明芳、宇富的谈话。

② 按照人头收取185元的建校费，七个村民组将近700人，合计应该收到13万元左右。据说建设学校总的费用是30多万元，其间还多次出现资金管理混乱、账目不清等问题。我的访谈还确认了以下五点：当时收取集资款是由学校老师和村委会干部一起到各家各户去收的，交了款但没有开收据。多数村民都交了钱，只有极少数村民未交，他们或因临时的经济困难确实无力上交，或因不满于村委会的工作而故意不交。收款过程中发生过一些争吵和争执，有村干部还威胁说，不交款的家庭，以后孩子不能上这个学校。本来说按人头平均收取185元，但有的生产队并没有收这么多。最后，这么一座建筑物，就是以2012年的物价水平计算，也同样可以建设起来。

处，但上学愿望强烈，只有冒险送去中心校或教学点，寄宿学校就读，除了在学期间，由家长接回家里。家庭无力接送，就先待在家里，等孩子再大一些，能够自己独立地往返于家校之间，再去上学。[①] 但第三类，容易形成“大学生”,[②] 也会导致更高的辍学率。关于“大学生”，在本地社区学校，虽然也会被师生取笑，但可能压力并不算太大，因为一天就只有短短的时间在学校里，其他时间可以回家，该干什么干什么，压力可以由亲朋好友来缓解。即“白天，读书。晚上，回来见爹妈。读书也有兴趣。我们山区的娃娃，独立性不算太强，按以往的经验，十一二岁都还会想（爹妈）呢，何况这哈才五六岁的娃娃啊!”[③] 但随着从学前班就要到离家比较远的外地就读，以及规范化入学的逐步实施，山区“大学生”往往比同班同学个头要高、年龄要大，但他的同伴又总是比他要小，这使得他们更加害羞，因为这么大的人老是与比自己更小一些的在一起。他们所受的心理压力其实是比较大的。在他的同龄高年级学生眼中，他是笨蛋，整天与小孩玩；而在同班同学眼中，他是傻大个儿。这样，心理压力和辍学可能性就会增大。[④]

在调研中，一名女儿辍学的家长是这么说的：[⑤]

---

① 2012 年 4 月 3 日与天关的谈话，5 月 28 日与尚书的谈话，6 月 8 日与先锋的谈话，以及 2011 年 8 月 27、28、29 日的谈话。

② 在我调研的这片山区，真正的大学生是极少的，新中国成立前属于凤毛麟角。新中国成立以后也屈指可数，最早的一个于 1997 年上了“211”院校；之后才又陆续出了几个专科生和本科生。这里的“大学生”，只是用于指称那些年龄偏大的小学生。山区小学，至多就是培养一到五六年级的学生，小学校里哪来“大学生”呢？因小学里面年龄差距大，“大学生”就成了贬斥成绩差又年龄偏大的小学生的标签或污名。这种话语暴力经常使得成绩不好的学生不大好意思继续上学，或者直接就辍学回家务农、结婚生子。而山区学童，一般是七到九岁才上一年级，因为家庭经济困难和劳动力缺乏等原因，儿童如果是错过了两次招生（因为是实行隔年招生），比如他本应该是 7 岁去上学，但因为某些缘故没有去成，到下一届招生时就变为 9 岁了。若还是没有去读，再下一次就变成了 11 岁。所以，这类“大学生”，一般是因为十一二岁才来上一年级，所以十六七岁还没有小学毕业。当然，这个称谓或污名也是与多民族山区的教育目的、培养目标紧密相关，即主流的农村教育，还是培养生活面向向内的农民，即务农、结婚、生子的简单社会再生产。

③ 2012 年 5 月 30 日与谢大娘的谈话。事实上，家庭不仅是父母、儿童的避风港湾，还是本体性安全和社会信任的基础，也是祛除烦恼，释放在学校里的委屈、不顺心和伤害的地方。回来睡上一觉，明天什么事都没有了，又可以安安心心地去上学了。所以，在村小，多数的大学生也基本可以完成小学学业。

④ 2012 年 5 月 28 日与尚书等人的谈话，以及 5 月 29 日在长岭杆苗族村与志林的谈话。

⑤ 2012 年 4 月 5 日在三哨村委会以他地村民组的访谈。

我们娘俩是从彝族村来到这道些的，姑娘才来时候还不习惯说汉话。姑娘在村子都（里）上了学前班和一年级以后，去了公路边的那个学校读二年级。但是，还没有去几天，她就跑掉了，不是直接跑回家里来，而是去了隔这里还相当远的她外公家。领回来以后，学校不敢再要她了。但是，我又觉得孩子不应该不上学，所以还是要求她继续读书。很快，她又跑掉了。老师也很快打了电话过来。找回来以后，我才知道：要是再逼她，她要远远地离我们（而）去了。没有办法，我也不敢逼她上学了。在家里闲了一年，我又再送去。这回，她不再跑了。……我原来一直想不通，娃娃在家都（里）胆子小得很呢，天一黑，什么地方都不敢去，上个厕所都要大人陪着去，为什么到学校里她就敢连夜跑掉了，敢走那么远的夜路去她外公家。后来我才明白，在家里都是跟妈妈睡，或者跟外公外婆睡，到学校以后，她要一个人睡觉，自己会很害怕，感到有黑黢黢的东西压着她，不敢睡觉，睡也睡不着。所以，就只有千方百计地想办法逃跑了。她因为害怕而睡不着，但又不好意思哭，[①] 也就只有咬紧牙关，不管怕还是不怕了，一心想回家找个靠山，减少那种莫名其妙的害怕，但又不敢回到家里来。

换言之，在撤点并校以后，多民族山区学生从学前班开始就得到村委会或乡镇所在地的学校寄宿就读，学童要逐步学会打理和安排生活、自我照顾和自我保护，也就是自理、自立和自律。但这对10岁以前的学童，似乎还是有不少的困难。因为这些规模变大的学校在运作和管理模式方面，与原来的路径差异不大。而且受制于经费、编制等，宿管负责人、心理辅导老师和专业学校社会工作者等，其实也无法配备，都还由教师轮流负责，且不说他们在专业能力方面是否胜任，但就工作量而言，也使得他们

---

① 因为社会生活赋予了某种羞耻感或尴尬感，为了避免这些，哭也就只能是偷偷摸摸的了。一是，在睡觉时哭泣会影响其他同学，也会被老师训斥；二是，哭泣还会被同学所耻笑。这会掩盖老师去发现这类问题，更难说去重视和认识学生的这类需要。而2012年6月7日在怕那社区与四年级学生祖梅等的谈话，让我更加理解了学生的那种心境。“想家！我虽然读四年级了，才去（中心校）的时候还是想家得很。想家时每天晚上都要哭好几次才到天亮。有时候想家、想一些家里的事情，睡也睡不着，但又不能说话，也不敢哭大掉。但是嘛，被子是整潮掉了，第二天就换另一头，还是接着盖。在家嘛，还有我老爹（爷爷）。在宿舍嘛，没有人可以帮我。……连着几天睡不着，也就没有精神和兴趣学习了。我都想去做小工了，但听人家说，太小了没有人敢要！但我也不知道这是不是真的。”

无暇顾及。所以，社区和学童家长对我说起上学难，用的主要是六个字：远、难、贵、险、苦、累。远，作为社区、家长和学童的感受，基本体现了物理距离、心理距离和文化距离。难，主要是接送孩子的困难，在雨热同期的生产季节，道路经常湿滑泥泞，骑摩托车有时根本就不可能，所以只能靠步行，在农民一年中最忙碌的季节，也是接送孩子最费时间的季节。而对于那些无力接送的家庭，当然就只有让孩子在家里先等等再说了。险，包括了接送的交通风险，学生住校的安全风险，食品安全风险，学生能力不足导致的身心健康的风险。苦，家长和低龄段学生都有这种感觉，家长和学童感觉到往返家校的劳累与辛苦。累，家长除了农活的劳累，又新增了接送孩子的奔波劳累，以及精神上的担忧与疲惫。刚刚合并时，是完全跟城市一样，一周两趟来回，随后改为 10 天一大周，减少了每学期接送的总次数。学生的累，一是走泥泞山路的劳累，二是在范围狭小的学校里闲得累。因为教学点的学生还包括了周围村庄走读的学生，所以每天九点钟才上课，下午两三点放学，在剩下十七八个小时里，学生除了做一点儿作业外，其实没有什么事情可干。这在学前教育和小学低年级更是如此。贵，主要是学童家庭的经济支出明显增加了。这里可以举个例子作为说明。交通费用，单边五到六元不等，以每学期 5 个月，150 天，10 个大周来计算，将近 15 趟，共 15×5×2＝150 元。再就是零花钱，以平均每大周 30 元计，30×10＝300 元。每年总共 150×2+300×2＝900 元。由于乘车并不能直接到家，只能是到公路沿线，家长每月的摩托车油费和维护费用也在 30—50 元不等。家庭看病的花销也有所增加——住校小学生更容易生病，虽然没有固定的数字，从头疼脑热到闹肚子等，都是要花钱的事儿。

对于一垡巴一垡的多民族山区农民（或者其中的多数家庭），营生所能依靠的依然是种植和养殖，就是说他们基本上还是处于养家糊口地过日子状态，虽然也生活在市场经济条件下，但他们主要是依靠农产品而参与市场活动，是依赖工业品而进行农业生产，也经常是被动地参与市场活动。进而言之，“市场经济主要是工业产品的市场，而非农业市场，更不是小农三五天一次的村镇集市”。[①] 所以，在没有现金收入来源的季节里，这

① 潘维：《农民与市场》，商务印书馆 2003 年版，第 51 页。

些农民家庭要来一分钱都是很困难的事情；因而，在撤点并校后突然增加的现金支出，对于有孩子上学的家庭来说，确实是一种切实而紧迫的经济负担与现金支出压力。而这，也就提出了山区农民所需要和能承受什么样的基础教育的问题。

第四节　山区学生所需要和能承受的基础教育

在呈现了彝苗汉山区学校布局调整、山区基础教育的发展与实现，以及山区学生的上学状况之后，进一步反映出来的问题是：山区学生需要什么样的基础教育？山区社会实际上能承受什么样的基础教育？而所需要和所能承受这两者共同决定了山区基础教育的实现状况和多民族山区学生的受教育状况。质言之，知识需要和接受教育的程度，服从于山区农民的过日子需要，首先，每个家庭要有相对稳定的社会生产和经济活动，才能保证子女正常上学或上更长时间的学；其次，学生接受更多学校教育，是改变自身的前提，甚至还是改善这个家庭未来状况的前提。

一、山区学生所需要的基础教育

不可否认，多民族山区基础教育具有某种多样性，也存在着某些难以消灭的差异性。但是，为了避免边缘化并有效地参与到主流社会生活中来，获得生产生活与社会交往的基本能力和相应机会，分享社会经济发展成果，多民族山区的基础教育，无论是新中国成立前的办学尝试，还是新中国成立后的一系列办学实践，乃至当下以县为主的基础教育财政体制和行政管理体制下的办学。在理想的层面上，无论是什么类型的学校和办学，都应该满足时代对学校教育和人才培养的基本要求，通过提供一定数量与质量、一定形式与内容的基础教育教学，实现培养人才的目的。甚至也可以说，随着现代民族国家的发展和巩固，通过普及基础教育来实现社会控制、提高国民文化素质，进而为科技文化、经济发展和社会有序提供积极的智力支持，是现代性的某种反映。由此，逐步普及初等、中等教育，借助教育社会政策提供教育基本公共服务，也就日益成为国家或政府的义务和责任；而公民接受一定程度的基础教育服务，也因之而日益成为公民的一种社会权利，甚至是一种极为重要并需要切实实现的社会权利。

回到多民族山区社会的语境中来，山区学校提供的是基础教育，即山区学童都应该接受的最低限度的学校教育，是在社会中生存所必需的最低限度的教育，也是为进一步的学习和深造奠定基础、能力和习惯的教育。无论这是被称为基础教育、义务教育还是国民教育，其实都可以理解为同一个层面上的事儿，只是具体叫法上的不同而已，但其所要完成的目标和任务是基本一致的，即政府或官方所要求的人才培养标准、质量和目标。具体到山区学校和教育教学中来，就是要从人这一基点和教育的基本问题出发，进而贯彻落实教育社会政策的原则和目的，为着人的全面发展，围绕教育教学目标来调整、改革和创新政策细节，使之积极为教育教学理念和方式方法的创新服务，为人的全面发展奠基和服务。进而言之，在我们所调研的多民族山区，从早期的教会学校、国民学校，再到 1949 年以后的一系列办学，其实都是为了在乡村实现基础教育发展目标，在民间层面和教育政策目标层面，并没有直接的冲突；双方对现代国民教育的追求是基本一致的。只是受制于经济社会发展水平、师资条件等，基础教育在多民族山区社会的实现，与城镇有一定的区别，比如课程开设的完整情况，教育教学质量的差异等方面。

关于人的发展，首先是追求人的全面发展，而非片面发展和异化发展；更不是成为单向度的人。基础教育是借助教育教学活动让学童获得一定的文化、知识、技术、能力、习惯和智慧，为幸福人生和持续发展奠定某种基础，进而能够不断获取资源、采取行动，应对社会挑战和社会压力，甚至是在社会生活中自我成长和自我认知，进而扩展生存空间、增进生活机会，获取更好的生活状态，为可持续的全面发展创造基本条件；使人成其为人、面向未来的人，即真正成为“有意识的存在物”“对象性的存在物”，[①] 以及“对自己的存在不断进行自我认识、自我探究的存在物”。[②] 基于此，在应然的层面上说，回答多民族山区学生需要什么样的教育，其实与各个时代的国民教育（或基础教育）发展目标是一致的，也就

① 参见《马克思恩格斯全集》第 42 卷，人民出版社 1971 年版，第 96、126、168、169 页。
② 夏甄陶：《人是什么》，商务印书馆 2000 年版，第 1 页。

是获得在社会中生存所必需的、最低限度的基础教育。从本质上讲，山区学童与生活在平原地带和城镇里的学生一样，都需要获得一定程度的基础教育服务，即符合一定的数量和质量、形式与内容所要求的基础教育。也就是说，在我们调研的个案中，多民族山区在基础教育的目标追求方面并没有实质性差异，其发展程度和实现状况的差异也并非主流文化与地方文化的差异而导致，而主要是办学条件的差距所导致。

二、山区学生能承受的基础教育

在现实的社会生活和具体的受教育实践中，多民族山区社会、农民家庭和学生的承受能力更是不可忽视的议题，所以，需要探讨山区学生能承受什么样的基础教育。因为，这种承受能力上的差异在较大程度上决定了山区学生受教育程度的差异，如果说社会经济条件是影响山区学生受教育程度的基础性因素，那么，在撤点并校时代，除了家庭经济能力之外，教育基本公共服务是否能够公平地可及，也成了重要的决定性因素。换言之，“尽管金钱一般不能直接购买到权利的额外帮助，但在事实上，它能买到各种服务，这种服务可以产生更多、更好的权利”。[①] 同时，社会政策规范下的教育基本公共服务提供，也影响着不同群体权利实现的实际状况。这里将根据山区社会经济生活的主导形态，以 20 世纪 90 年代中期作为分水岭，将其划分为自给自足时代和市场经济时代，并分别探讨各自时代的山区社会和山区学生能承受什么样的基础教育。

自给自足时代的山区学生所能承受的教育。回顾新中国成立前的私塾、教会学校、国民学校，以及新中国成立后到 20 世纪 90 年代中期的学生上学情况。对于必须到社区之外并寄宿学校的学生而言，就算是学费基本上可以不交，学生的主要支出只是书本、口粮、笔墨和纸张，但对于大多数的山区家庭与儿童而言，依然是一个难以承受的负担。尽管山区社会十分缺乏笔墨，家长也希望子女能够识文断字，甚至是希望通过子女的教育来改变一下生活状况，但是依然没有条件实现愿望。所以，一直到 20 世纪 20 年代以后，随着一些社区逐步建立起了私塾、教会学校和国民学校，

① 奥肯：《平等与效率》，王奔洲等译，华夏出版社 2010 年版，第 25—26 页。

接受教育的山区儿童才有所增多。而这些学校的初小或高小毕业生，在新中国成立后的一段时间里，有的在社区冬学和夜校里任教，有的在乡级政权机构任职，有的在社队做干部，还有的参军入伍或被招工进了工厂。20世纪60年代中期以后，随着山区社队学校的增多和广泛分布，山区小学生基本实现了就近入学。虽然在教学质量和培养水平方面也存在着这样那样的不足，但这大大地方便了山区少年儿童接受基础教育，为更多的山区学生升入中学学习创造了条件。而这些中学毕业生，有的进入了城镇工作，有的成了之后的村组干部。山区学校广泛分布的状况，其实一直持续到了2000年左右，甚至可以说，这种格局也为"普六"和"普九"的顺利实施做出了积极的贡献。当然，在更多的山区学生有机会进入中学学习的另一面，是山区中学生的高辍学率，辍学原因主要还是家庭无力供给学生的伙食费；所以，在20世纪60年代几乎没有山区学生顺利地从初中毕业，进入20世纪70年代中期以后，也只是较少的学生能够从初中毕业，进入高中、中专或技校的就更少了。这种因为无力提供伙食而辍学的状况，我们以60年代的个案为例加以说明。

我是跳级读的小学，初小只上了两年半，高小读了两年。高小毕业考初中，是来鸡街乡参加升初中的考试，考上了就去马街读初中。我当时顺利地考到倘甸马街读书。我们在新哨小学的时候，还没有专门的食堂呢，天天都要自己做饭吃。但到中学就有了，学生也不用再像小学那样自己背面粉去做了吃。中学还有了正规的宿舍，一个宿舍是住五六个学生。宿舍虽然不算宽敞，但比小学时候暖和得多，不用再睡在楼板上吹大风了。当时吃饭是一角五分钱一餐，一个月要9块钱。我的成绩和表现都还不错，学校解决了6元的助学金，但就是被剩下的3块钱给难住了，入学还不满一个学期，因为家庭困难、无法解决生活，所以我就回家了。我后来经常在回想，要尽力解决也是可以的，但我的父亲却不愿意。我的班主任是个四川人，名叫欧阳瑞，是个相当关心学生的好老师，大约是三十六七岁的模样，她不忍心我退学回家，从学校走了一天的山路，到了我们家里来，因为不认识山路，一路上都是边走边问着来的，大约80多里路啊！来就是为了做通我父母的思想工作，但就是做不通。第二天，我送了欧阳老师很长一段路才舍得返回家里来。据我的老师说，还有寻甸县东村[①]这边的学生也是因为经济困难而上不起学的，老师也是步行去家里的！我现在都还会感叹，辍学的都是些品学兼优的学生，但迫于家庭经济条件而退学！要有经济和家庭条件作支持，都是很会读书的人。光龙和成贵也是考上了中学的，也仅仅上了一小段时间，还是因为家里经济困难而回来了。[②]

市场经济时代的山区学生所能承受的基础教育。我们得先交代一下市场经济[③]之于多民族山区农民社会生活的主要影响。进入 20 世纪 90 年代以后，山区社会开始真正步入了市场经济时代，农户的种植和养殖逐步从为生存而生产转向了为销售而生产。而社会经济活动中的重要的标志性事件是 1996 年及其之后的烟叶等农产品价格剧烈波动，也就是在农产品价格上涨与跌落的过程中，山区农民在尝到了市场的好处的同时，也日益认识到了市场经济规律的厉害。换言之，在包产到户以后，随着薄膜、化肥、农药和良种的推广和使用，农业种植的产量逐步增加，养殖品种的变化带来收入的增加，农民的物质生活水平也逐步提高。进入 90 年代以后，随着“逼民致富”或“诱民致富”的烤烟种植等项目的推广，山区农民的收入也在增加，在烟叶价格持续偏高的那几年里，一些农民似乎看到了发家致富的曙光，开始尝试迈向经济人[④]，在自家的承包地上大量地种植烟叶，追求更多的货币收入。但是，随着物价的波动，看起来足够多的现金，其实也不能真正过上安稳的生活。[⑤] 如果是烟叶价格大幅下滑，根本就卖不出去，那么除去薄膜、化肥、农药等费用以后，收入所剩无多，甚至亏

---

① 寻甸县东村，即今富民县东村，地处县城东北方向 36 公里，距昆明市 68 公里。1963 年以前属寻甸县管辖，1963 年后，为方便兴修水利而划归富民县管辖。参见《云南省富民县地名志》，1985 年 12 月，第 25 页。

② 2012 年 5 月 25 日在凤头寨与楼令公第五子行昌的谈话。

③ 市场经济，即市场机制在社会主义国家的宏观调控下对资源配置起基础性作用的国民经济。在这种经济组织方式中，社会生产主要是由价格机制和供求关系来引导。

④ 即以最小的经济代价或劳动作为付出，去追求效用最大化。

⑤ 由于多民族山区市场不发达，农民参与市场经济的能力也很有限，一些紧缺物品的价格在一定时段会波动很大，所以，农民认为手持现金其实并没有拥有物品那么可靠。用农民的话说就是，“算起来有，但还是不有得。在农村，还是要一样整一点儿嘛才更加稳当一些，虽然这个时代的年轻人不喜欢什么都要触触，他们更喜欢单整一种。但实际上，要安稳地过日子，就得什么都整上一点，这样才可以减少日常生活的花销。”参见 2012 年 6 月 5 日与德民、德华和光良三位老人的谈话。

本。如果农户把绝大多数土地都种植了烟叶，那么粮食收成自然也就不多，这不仅影响到生活质量，也不能进行其他养殖活动。在参与市场经济的过程中，虽然无组织的个体小农或孤立农户没有任何的能力来掌控市场，但他们却明白了一个浅显的道理：任何农产品，无论是种植的还是养殖的，只要数量多了，自然就会不值钱。而对于这个产品的数量，农民们根本无从知晓，只能靠碰运气。[①] 所以，在反复的价格波动中，从事种植和养殖活动的山区农民，也迅速地从追求更多货币的经济人，回归到了稳定生计的个体小农或生存小农，在安全过日子的前提下进行生产，即依赖于安全第一的生存经济，以基本实现生活的平稳延续。也是在这个过程中，山区农民日益认识到了可进可退的生活的重要性，在农民实在当不住时可以出门去打打工，而打工不合适时还可以回家种地过日子，但这更加依赖于接受更多的学校教育，增进知识和能力的准备，积累更多的人际关系和社会资本。也就是说，在现代农业[②]渗透并日益依赖市场经济和现金收支来生活的多民族山区农民，除需要相应的农业和农村生活知识外，更需要一些城市生活方面的知识，这样才可以更好地过上相对体面的生活。所以，对市场经济条件下的多民族山区农民而言，所能承受的教育也在发生着变化。在包产到户以后的一段时间里，通过农业生产获得相对更好的生活水平，选择过一种相对安稳的农村生活，似乎是必然不错的选择，所以，在上学条件改善的情况下反而出现了辍学率反弹的现象。因为，在这个阶段，年轻人是否多读几年书，甚至是读书与否，对于他们的婚姻和日常生活影响不大。而随着农业生产收入在某段时间的稳步增加，读书无用

① 马克思理论也认为“每个以商品生产为基础的社会都有一个特点：这里的生产者丧失了对他们自己的社会关系的支配权。每个人都用自己偶然拥有的生产资料并为自己的特殊的交换需要而各自进行生产。谁也不知道，他的那种商品出现在市场上的会有多少，究竟需要多少；谁也不知道，他的个人产品是否真正为人所需要，是否能收回它的成本，或者是否能卖出去。社会生产的无政府状态占统治地位。”而这也使政府宏观调控和社会保障变得必需。参见《马克思恩格斯选集》第三卷，人民出版社 1972 年版，第 312 页。

② 现代农业，即日益依赖于科技、知识、化肥、良种、农药、机械和市场经济的农业产业。但因劳动力缺乏状况的不同，现代农业也大致可以分为机械化程度极高的大规模种植和机械化程度相对较低经营规模有限的种植。参见［日］速水佑次郎、神门善久：《发展经济学》，李周译，社会科学文献出版社 2009 年版，第 78—79 页；蔡昉：《穷人的经济学：农业依然是基础》，社会科学文献出版社 2009 年版，第 13 页；以及［美］舒尔茨：《改造传统农业》，梁小民译，商务印书馆 2006 年版。

论还曾经喧嚣一时，对于学生考上大学、高中、中专或技校，村民基本是嗤之以鼻的，理由是反正也找不到工作，读了也白读。但随着市场经济和现代农业的渗透，多数农民开始体会到了“读书无用论”乃彻头彻尾的假话，甚至是某种短视与无知。进入21世纪以后，多民族山区农民又重新谈起了人间有“三苦”：赶马、读书和磨豆腐，以及“吃得苦中苦，方为人上人”等老话。他们也真正地意识到：社会生活是不断发展的，现代社会生活对人的知识和能力要求也是不断变化的。因而，学生也是不能轻易辍学的，作为家长应该竭尽全力支持儿女上学，以免耽误了孩子的前程。多民族山区农民也只有更好地实现那种可进可退的生活，才可以使相对平稳的生活愿望变成可能与理想。虽然进城未必就能或者就要在城市落地生根，多数人甚至还只能成为城市的廉价劳动力，甚或是繁华都市的漂泊者。但人生经历的丰富和社会见识的拓宽，其实有利于认识生活，甚至是改善生活，因为这可以对生产生活产生积极帮助。虽然走出大山、跳出农门的农村人，毕竟只是属于那些数量极少的成功者。但如果根本就不拥有进城的能力，只有被迫地束缚在土地；如果因为气候、疫情或者物价波动等导致农民无法获得一定数量的货币，那么，不仅是日常生计的紧张和窘迫，青年农民还会被污名为“憨、傻”，甚至是婚姻没有着落，或者变得不稳定。原来意义上的农业生产能手，一心一意固着于土地上的传统好农民，在这种变迁中日益处于劣势。相反，那些不太善于农业生产却有一定专长，能在城乡之间游刃有余地行走的农民，成了新时代的好农民和成功者。这里以两个事例加以说明。

安×，中学毕业后在省城做了多年合同工，掌握了木工和泥水匠等手艺，生活是农业生产和非农业生产相结合，家道殷实，女儿在某大学念书，儿子在县城念高中。①

先×，属蛇，1965年生，6岁入学，共念了5年小学和2年“戴帽”中学，13岁初中毕业，因家庭拖累而没能继续念高中。随后考取了村小代课老师，但没有去任教。在家里干了两年农活，但因打小就是在学校里度过的，从事农业生产较少，不太会做农活。1980年开始到昆明市打工，在

① 2012年6月7日在怕那彝族村的谈话。

打工过程中学会了开拖拉机、修理柴油机，后来又学会了修理汽车。1986年开了一辆拖拉机回家过年，准备在家娶妻生子，但因为不太会做农活，影响过日子，不到两年就离婚了。没有法子，只得再去打工，在打工中又结了婚。现在是村里第一个盖起钢筋混凝土砖房的农民。为方便周末接送孩子回家，选择在离家比较近的九龙镇开挖掘机和装载机，妻子则在家里从事种植和养殖，也方便周末在家里陪伴孩子。谈话中，先×感叹道："这个时代不同于大集体时代了，也不能只靠种植和养殖了，要家里收入和外面的收入结合才行，才能更好地过日子。年轻人嘛，还是要学点技术才行，技术到手了才靠谱。无论是出远门打工，还是在附近找点事情做，都还是方便一些，也比一般人要好过点呢。"①

在经济社会变迁中，知识与过日子的关系也在发生着变化，这甚至还导致了山区农民接受尽可能多的学校教育的现实需要，因为山区社会已经发生了很大变化，已经日益从原来依靠少数农民或村社集体在极为有限的空间范围参与市场活动，从维持简单养家糊口的状态转变到市场经济条件下日益加重的符号化与货币化媒介生活状态。在市场经济条件下，小农过日子，已不仅是活动与交往空间的极大拓展，而是日益被卷入到复杂的市场经济活动当中。在"过日子"发生较大变化的过程中，多民族山区社会、农民家庭和学生能承受的教育也有了一定程度的提高。就是说，随着市场经济和现代农业的渗透，对市场规律有所了解，参与市场的能力也有了一定程度的提高，山区农民的现金收入也有所增加，经济状况也有了逐步改善，这导致了农民支持子女上学的能力和意愿都在相应地提升。② 但是，随着农村大规模撤点并校而来的，不仅是有孩子上学的家庭的经济压力、接送困难以及安全担忧等问题，还有日益凸显的寄宿学生低龄化导致的住校能力不足、身心健康成长和厌学辍学等问题，这其中还凸显着族群差异。下面将结合调研中的事例对上述状况加以说明。

事例一：

我儿子1997年考上了重点大学，收到录取通知书，全家都很高兴，但

---

① 2012年6月8日在怕那彝族村的谈话。

② 过日子，是一种具有社会性质和社会尺度的需要和享受实现状态。参见《马克思恩格斯选集》第一卷，人民出版社1972年版，第25、270、368页。

也担心凑不齐那几千块的报到费用和以后几年的钱。有人也说大学生、中专生都不好找工作了。我既没有后台又没有钱，以后找工作可如何是好！但儿子还是不动摇，坚持要去试试看。他进校后获得了奖学金员助，靠打工挣钱补贴生活。毕业后，靠自己实力直接留在了省城工作！①

事例二：

我孙子1997年小学毕业，到公社上了三年学，毕业后考上了省里的建设学校。开学我送他去县城搭车，在路上遇到几个赶集的，就好心好意地劝我们：现在读书找工作难得很，大学生都难找啊，不要说个中专了，听说前两年毕业回来的大学生，都还有没找到工作的呢。要有钱，要有关系，还要送礼才能找到工作。我孙子说：我家没有钱，也没有什么人，但我还是想去读书。经过四年学习，毕业后他考了一个什么造价师资格证，到了一家市政工程公司搞招标、投标工作。后来又通过自己的努力取得了哪个交通大学的本科文凭，现在房子也买了，回来看我都是开车来的。②

事例三：

我家是四代文盲，从父亲、祖父、曾祖父都是大字不识，到我这里已经有四代人了。我原来一直想让儿子多读点书，但老大只上了一小段时间的初中，不好好读，调皮得很。小女儿老四，是1999年小学毕业，成绩优秀，考到县民族中学读书，2002年毕业，还考取了市卫校。当时，我就对她说："我都进60岁了，身体也不好，苦也苦不动了，不想让你去读了。"当时主要是觉得读个中专不一定找得到事情做。但小姑娘坚持要去，我也就勉强地供她读了。2003年读完了，还有点事情做，自己找到了一碗饭吃，问题也不大。在县都（里）工作几年后去了武定县的另一家医院上班了。我高兴啊！四代人都不识字，到了她这里，上了个中专，基本成了个文化人。她回家来，可以带着这些孙子出去看看，开开眼界。她说的话孙子孙女们也愿意听，容易听进去。我这几年身体越发不好，腰椎间盘突出，疼时候相当厉害。自己不识字，出门不方便，去医院不知道怎么去弄。现在看病她可以带我去。乡亲和亲戚朋友也可以找她帮忙。我现在算

① 2012年3月24日在凤头寨的谈话。

② 2012年6月12日与行康老人的谈话。

是弄明白了，人家说读书没有什么用处，是因为人家已经读到了很高的文凭了，是因为人家不缺文凭了。而我们农民说读书没有用处，是在鹦鹉学舌，连书都还没有读过，怎么会知道有用、没用呢？……无论哪个时候，农民还是要读书的；不读书啊，终究还是没有出路……多读点书，可能路子也会比较多一点儿。①

事例四：

我家两个孩子，一个读高中，一个读中专，不管有用没用，出去看看也好。我的"憨想法"是，有一技之长总比只会种庄稼要强。只要他们愿意读，再难也要供上学。②

事例五：

2012 年 3 月 31 日下午两点多，笔者从老田村天关家出来，准备前往长岭杆苗族村去做访谈，由于不认识路而在龙窝地东面的小溪旁边休息。不一会，一个老奶奶驼着背向笔者走来，身后带着两个孩子，篮子里还背着 10 斤左右的蚕豆角。笔者和她寒暄了几句之后，得知她们也是去苗族村，正好与笔者同路，就邀请她们也歇一会儿，好一起走，篮子笔者负责帮忙背。交谈中老人说："我今年已经 81 岁了，这是幺儿家九岁的姑娘和七岁多的儿子，这两个孩子的父母都在外省打工，收入也不高，没有办法带孩子一起去上学读书。在学校撤销以前，他们可以自己去村子都（怕那小学校）上学，怕狗可以绕路（道）走，不穿过新田村子就可以了，早上走路去学校，中午在学校吃饭，下午放学了自己回来，平常呢还帮我做点活计。现在就算是去比较近的普渡河（村委会所在地）嘛，也太远了，要接来送去呢，我没有本事接送，我们也没有合适的亲戚可以投靠，所以就让他们在家里了。"在聊天中，老人提到了接送孩子困难的不仅仅是像她这种老人，还有不会骑摩托车的家庭，没有钱买摩托车的家庭。而在雨水多的季节，所有家庭都一样，只有靠两条腿走山路、泥巴路，其实大家都

---

① 2012 年 3 月 26 日与正清老人谈话。他 1942 年生，虽不识字，但心灵手巧，是个很能做细活的快木匠，在身体好的时候，依靠斧子、凿子、推刨和锯子，用毛板和毛方，一天能装起一扇门。

② 2012 年 3 月 31 日在龙窝地与龚四哥的谈话。龚四哥，四十岁刚出头，勤劳节俭，种植养殖均做，现有六七十只山羊，还有几头牛马，在本地属家道殷实之户。

很难![1]

而以下两个事例，在上学难问题上，还进一步凸显出了族群差异。

事例六：

我们拉里是民族村，全村五十多户人家，300来人，主要是苗族，还有几家是彝族，三五户十来户集中住在一起，与周围汉族村子相隔比较远，来往也少。学校是一师一校，在大多数时间，都只有一个教师，只能教到二年级，三年级以后就要到富民县的万宝山或者（寻甸县）鸡街（镇）的文昌宫读。2009年以后，教学点取消，学生被并到村委会学习。没两年，坝塘小学也停了，撤并到鸡街（镇）了，从学前班就要住校。我们苗族一般都是住在山区，不怎么和其他民族混住，也不通婚，媳妇要到很远的地方去娶；所以，投亲靠友也不大可能，我们的学校撤了，他们的学校也撤了。再一个，娃娃从小都是在小地方长大，突然出去不容易习惯外地生活。在村子里基本还是说我们民族话（村民彝、苗话都会讲），虽然汉话也会说，但说不好。我们这里的学生去乡上读书，不光光是经济有压力，还有生活不适应问题。所以，这里（办学）几十年了，还是才出了几个初中生。现在嘛（撤点并校以后），有些娃娃怕是读个小学毕业都难了![2]

事例七：

撤并以后，家长的作用几乎完全散失掉了。我们苗族的小娃娃，长在封闭的村子里面，胆子比较小，多问又怕被（老师）骂。原来在村子都上学，每天晚上回家，不懂的内容我还可以辅导解决，现在10天才回来一趟，要是总跟不上，10天以后就都跟不上了，也不想学习了，慢慢地也就只有回家来了（辍学）。[3]

三、小结

回顾多民族山区农民能承受什么样的基础教育，如果说山区学生在20世纪90年代中期以前，主要是因为家庭经济贫困而不能提供学生住校就读

① 2012年3月31日与张大娘的邂逅和交谈。
② 2012年5月31日在拉里苗族彝族杂居村庄与汉强等人的谈话。
③ 2012年5月29日在长岭杆苗族村与志林的谈话。

的生活费用等经费问题，从而导致了大量的辍学。那么，随着市场经济和现代农业的渗透，在货币收入有所增加之后，在经费困难随之而有所缓解之后，多民族山区农民支持子女上学的意愿在出现了短暂的波动之后，在交往空间扩展、知识需求明显增加和现实生活压力等因素的共同作用下，重视学校教育并努力支持子女接受更多年限的教育，又重新恢复和高涨了起来。也就是说，虽然乡村社会和山区农民一直有着重视学校教育或羡慕读书人的传统，但真正地重视并支持子女接受尽可能更多的学校教育，不再因偶尔或临时的经济困难而轻易地让子女辍学，是在市场经济条件和货币媒介生活的某种逼迫之下而真正形成和稳固的。换言之，这其实也就是在经过了20世纪90年代"读书无用论"的短暂流行之后，多民族山区农民重新审视并明白了读书、知识和过日子的复杂关联，在具有了一定经济能力与家庭条件下，对轻易让子女辍学的做法开始了比较深刻的认识与反思，通过对比身边的反面个案和成功事例，他们才真正清醒而深刻地认可了接受更多学校教育的重要性。从而，绝大多数的山区家庭只要有可能，甚至是在较为困难的经济条件下，都会支持子女去上学；若子女不尽力学习，一些父母会极度地愤怒。这些新情况，与以前对比，确有很大不同。

然而，随着集中办学、规模经济主导之下的大规模撤点并校，在学生承受教育所面临的问题中，最为凸显的问题开始转向，并集中于学生寄宿能力不足、家庭接送能力的差异、投亲靠友机会的差异、学校管理服务能力缺失和学生身心健康成长等方面遇到的新问题。对于那些无力接送学童上下学的家庭而言，接送困难成了最为难解的问题。这与原来的困难相比，可以说是一种全新的情况和挑战。而这些情况，不仅是多民族山区的农民与家庭无力有效应对，合并后的校点也因为多种因素的限制而无能为力。换言之，力图通过推进集中办学、促使教育资源新配置、完成新的"齐一性"的教育秩序建构,① 由此导致了"发展本身或是暂时地或是永久地排除了某些选择。如果只关系到单独一种逻辑，随着时间的推移而呈现

① 基于"人的独特性"和理解人类与社会所面临着的"文化之路"，如果"要理解人类文化生活形式的丰富性和多样性，理性是一个不充分的名称"，进而追求"理想世界的基本统一性的探求"，也就不可能"把这种统一性和单一性混为一谈"。参见［德］卡西尔:《人论》，李琛译，光明日报出版社2009年版，第25、222页。

出来的潜在可能性就较少，动力的展开就更加狭窄，从发展进程上说也更加线性化”。[①] 但是，在山区学校撤并后，其实也没有资源和能力建立起城乡基础教育均衡发展的某种标准化的线性发展模型。换言之，企图以实现规模经济、规模效益与教育教学质量提升的多重目标，其实难以有效兼顾，从而引致了后撤并时代的上学难问题和教育社会问题。所以，我们需要明确指出的是，对于提升人类福祉，无论是否定“社会工程设计和现代国家野心的独特联系”，还是“西方国家趋向于撤销先前对社会生活诸多领域的直接管理控制，趋向于多元化和市场导向的社会生活结构”，即以自由市场经济和公民支付能力解决社会问题，其实都存在严重的局限性。[②]

回到个案中来，由于多民族山区的边远性、边缘性和弱势性，他们的声音和诉求可能难以有效发出和表达。由此，关于这类社会问题和人类需要，在宏观的教育社会政策层面上也还没有引起足够的重视，甚至还存在着对问题的认识不足与不清，进而使得相关的应对措施和工作机制几乎还处于空白状态。然而，并不是所有类型的山区学校布局调整都会导致基础教育发展和有效实现方面的问题，所以，这里需要根据不同的布局调整实践类型进行具体问题具体分析，对具体实践类型的功能与局限进行认识。

① ［匈］赫勒:《现代性理论》，李瑞华译，商务印书馆 2005 年版，第 97—98 页。
② 参见［英］鲍曼:《现代性与大屠杀》，杨渝东等译，译林出版社 2008 年版，第 109 页。

第二章 山区学校布局调整的类型、功能与局限

本章着力分析山区社会的学校布局调整之于基础教育发展和实现的功能与局限。首先探析学校布局调整的目标，概略呈现国内学校布局调整的历程，在简要回顾学校布局调整类型的观点之后，进而分析阐述山区学校布局调整过程中的三种实践类型及其社会功能，为探究多民族山区学校布局调整的相关议题做铺垫。最后，阐述撤点并校的理想追求及其限度问题，进而分析社会政策与社会福利追求的限度问题。

第一节 学校布局调整及其类型

一、学校布局调整的目标

在汉语里，布局调整是由布局与调整两个词语合成的复合词。布局一词，既可以指文章和书画的结构层次，也可以指称象棋的开局和围棋的开始阶段，都含有对事物进行谋划、规划和安排的意思。调整，则是为了适应新情况和新要求而作出新的安排或调配。① 所以，这两个词都有为了一定的目的而进行重新安排的含义。布局调整一词在社会科学研究领域中的使用比较广泛，涉及对生产力、经济结构、产业结构、国有资产、生态建设、煤炭、城市、居住、种植、养殖、农业、工业、学校等方面的某种新安排。布局调整在教育领域中的使用，例如对高等教育、中等职业教育的学校、学科和专业结构所进行的重新调整。

① 参见《辞海》（1989 年缩印本），上海辞书出版社 1990 年版，第 177、453 页。

就基础教育阶段的中小学而言，布局调整表现为学校或教学点的增设、撤并、取消或恢复，其直接结果体现为学校或教学点数量的增加或减少，从而导致一些学生上学距离变近或变远，一些学童求学变得方便或者不便。因之而来的是，教育基本公共服务对所有公民是可以公平地获得，或者对特定时空里的国民来说比较难以企及等。换言之，针对中小学校点所做的布局调整，可以是在原来没有学校的地方创建学校，也可以是取缔已有的学校，抑或是恢复曾被撤销了的校点。就中国来说，自晚清筹划兴建学堂一直到2000年前后基本实现“普九”计划的一百多年时间里，一个总体的趋势是，中小学校从大中城市逐步向县、乡、村扩散，乡村学童接受基础教育的机会不断增加，就近入学逐步得以实现，农村义务教育逐步实现了普及化。在农村税费改革完成以后，在以县为主的农村基础教育管理体制和财政体制之下，农村学校布局调整发生了向上收缩的逆转态势，主要是通过撤点并校手段来扩大校点规模、推进集中办学、极力追求规模经济和经济效率。或者另外表述为，通过优化基础教育资源配置、提升教育教学质量、实现城乡教育均衡发展和促进基础教育的起点公平等诉求。但其直接结果，都是一定空间内学校数量的增加或减少。①

在英语里，使用consolidation来表示布局调整，其具有合并、联合、加强和巩固等意思。② 由于各国基础教育管理体制的差异，一些国家还形成了地方学区具体负责设立和管理学校的办学传统（如英、美、日等国）。所以，农村学校布局调整，包括了两个层面上的调整，即针对学校或学区所进行的合并、重组与调整，或者是同时对某些学校和学区都进行重新安排或调整。英语中使用的词汇分别是School Consolidation（学校合并）和District Consolidation（学习合并），即通过学校合并和学区合并等政策与行政手段，实现布局调整的计划与目标。当然在工业化、城市化和现代化的经济社会进程之中，被撤并的对象主要是农村地区的规模较小的学校和学区。若从发生学的意义上，可以将其分为自然型调整和制度型调整两种类

① 城镇的学校数量增加，村寨的校点日益减少。

② 参见《朗文十万词词典》，外语教学与研究出版社2001年版，第213页。

型,[①] 即由地方学校或学区之间自发进行的能动调整；以及在国家立法、政府改革、宏观教育政策、宏观财政政策等推动之下的布局调整。当然，自然型调整是相对于宏观的合并或撤并政策的出台和实施与否而言的。自然型调整也并不等同于自由、自发调整，依然是在既定宏观政策之下的某种程度上的变通与调整。

在《美国教育研究百科全书》(Encyclopedia of Educational Research) 中，农村学校布局调整被界定为:“将两个或两个以上分别设立的学区或学校进行合并重组”。[②] 这种理解和诠释方式，虽然十分简明和直观；但是，对于认识这类复杂的社会现象却是远远不够的。如果仅仅满足于这种皮相的描述性理解，或者认为基础教育发展过程中的学校布局调整就大概地是这么个样子了；那么将会把基础教育的领导体制变革、管理权限调整、财权事权划分、管理主体与职责变更等内容视而不见，不利于对其进行全面的深入的认识。所以，只有结合各国在具体的学校布局调整实践过程中首先要实现的目标来进行考察，才可以把问题看得更加清楚一些。有的是要实现教育管理权的变更或者上收，即从教会手中夺取教育管理权，或者是从基层社会上收教育管理权，以更好地干预、管理和发展相对规范化和统一性的基础教育，以适应工业经济发展和人民对更好基础教育的需要。有的则是为了实现教会与教育的分离，实现教育的世俗化和普及化目标，以推进基础教育的健康发展。有的则可能是受到某些利益集团的逐利需要推动，进行布局调整。还有的是受到“新自由主义”或“华盛顿共识”的诱导和逼迫,[③] 为了减少或节约社会支出，实现所谓的规模经济效益，而被

① 雷万鹏:《义务教育学校布局：影响因素与政策选择》,《华中师范大学学报(人文社会科学版)》2010 年第 5 期。

② 王强:《20 世纪美国农村“学校合并”运动述评》,《外国中小学教育》2007 年第 8 期。

③ 新自由主义 (Neo-liberalism)，是 19 世纪自由主义理论在 20 世纪中后期的复兴，强调自由市场经济的调节功能，限制政府对经济、社会和生活的积极干预，与资本主义市场经济、资本自由化等一道，形成了其理论教条。华盛顿共识 (Washington Consensus)，由经济学家约翰·威廉姆斯首创的概念，是指 20 世纪 80 年代以来以华盛顿为基地的国际金融机构强制实行的一系列新自由主义政策。尤其是国际货币基金组织，把推行这些政策作为向债务缠身的发展中国家提供财政援助的前提条件。这些政策包括贸易自由化、民营化、财政紧缩。见［英］哈尔、［美］梅志里:《发展型社会政策·术语表》，罗敏等译，社会科学文献出版社 2006 年版，第 4、8 页。

动地进行“结构调整”。①

所以，虽然农村学校布局调整表现为对学校、学区或校点进行新的谋划和安排。但学校布局调整所要达到的根本目的，却远非学校、学区和校点数量的增减，而是基础教育的发展本身。从农村学校布局调整历程来看，如果说这是世界各国在工业化、城市化和现代化等经济社会进程中，都面临着的基础教育发展议题之一，是适应经济社会发展、教育发展和人才培养需要而进行的积极调整和能动变革；那么，从本质性目标来说，这是对教育秩序的一种新的建构，从而促进基础教育的发展和实现。当然，在追求基础教育发展与实现的过程中，可能会发生目标错位或目标漂移等现象，如果促进发展的原则和目的是既定的、明确的，就应该不断创新政策细节和执行方式，以更好地实现既定目的；而如果是政策目标模糊，与基础教育发展相悖，那就应该明晰和创新教育政策。

二、中国农村学校布局调整历程概略

1898 年的《奏定京师大学堂章程》，规定学堂分为三级，下谕各地改革书院，在州县设小学堂，是对学校体系通盘计划的开端。② 随着 1905 年废科举、兴学堂、设学部专司学校教育，可视为开始采纳西方近现代学校制度。在省会设提学使司，厅州县设劝学所，是推广学务的体现。1911 年定四年为义务教育年限，是义务教育谋划之始。民国以后，教育制度在不断探索中，学制几经修改而在 1922 年基本定型。到 1933 年，各项教育法规和法令基本完备。中华人民共和国成立后，农村基础教育获得了伟大的发展，普及程度日益提高，到 1993 年基本普及小学教育，2000 年底基本

① 结构调整（Structural adjustment）本义是“通过撤销国家农产品营销上的垄断并提高农产品收购价格来帮助小农生产者，同时也刺激出口性农作物的生产”。其华盛顿共识预设是：广大贫困地区的农业问题是由于“资本化程度不高、缺乏国际竞争、地区资源匮乏、资源分配不公以及制度失灵”，而遮蔽或故意回避了这些地区农业生产的主要目的是满足生计需要而非参与国际竞争，赚取更多的货币。后来，结构调整日益通过降低税收、削减公共支出和社会投资、取消一些公共服务、推进民营化，这不仅加剧了贫困和不平等，还导致人民群众生活水平下降，而实业家、富人和政治精英等的实际利益增加，其后果是人民受难、政治不稳定和社会冲突增加。见［英］哈尔、［美］梅志里：《发展型社会政策》，罗敏等译，社会科学文献出版社 2006 年版，第 133、106、107、108、17 等页。

② 周予同：《中国现代教育史》，福建教育出版社 2007 年版，第 54、55 页。

普及九年义务教育，2007 年中国政府承诺义务教育阶段全部免除学杂费。纵观一百多年来农村学校的布局调整和基础教育发展，一方面是学校日益向下扩张、延伸，从大都市逐步向城镇，城镇逐步向乡村扩展，这从晚清一直到民国，再到新中国成立后的人民公社时期，某些地区甚至直到 2000 年左右，基本上是这种大趋势。另一方面，收缩上移（抛开前述大趋势中的某些特殊阶段不谈），在改革开放以后，小学校数量整体上在减少。农村税费改革以后则是单向度地向城镇集中。

以我们所调研的三个多民族山区县为例，寻甸县，1980 年的小学学校数量是 838 所，到 2000 年减为 448 所，2010 年锐减到 181 所，2012 年为 128 所。禄劝县，在 1990 年是 666 所，2000 年变为 606 所，2009 年减到 300 所，2011 年再减少到了 225 所，2012 年再降为 160 所。[①] 富民县，在 1990 年是 169 所，到 2009 年减到了 48 所，2011 年再减少到了 36 所。[②]

如果结合宏观数据，例如云南全省的小学学校数、在校学生数和招生数的数量变化，1980 年分别是 59499 所、424. 39 万名和 111. 97 万名；1990 年分别是 53556 所、446. 86 万名和 79. 99 万名；2000 年分别是 22151 所、472. 06 万名和 70. 20 万名；2005 年分别是 18747 所、441. 23 万名和 73. 34 万名；2010 年分别是 14059 所、435. 21 万名和 66. 93 万名。[③] 这三十年间，全省小学学校的减幅达到了 76. 37%；在校生则增加了 2. 55%；招生数减幅为 40. 22%；校均规模从 71. 3 人上升为 309. 6 人，增幅达 334%。再从全国的小学学校数量来看，在 1949 年是 346800 所；1950 年恢复发展到 384000 所。经过 10 年多的发展，到 1961 年达 646000 所；又经

---

① 数据来源：《曲靖年鉴 · 1996》，云南年鉴杂志社 1996 年版，第 486—489 页。《昆明年鉴 · 2000》，云南科技出版社 2000 年版，第 446 页。《寻甸年鉴 · 2011》，德宏民族出版社 2011 年版，第 255 页。《寻甸年鉴 · 2012》，德宏民族出版社 2012 年版，第 208 页。《昆明年鉴 · 1990》，新华出版社 1990 年版，第 435 页。《昆明年鉴 · 2000》，云南科技出版社 2000 年版，第 441 页。《禄劝年鉴 · 2010》，云南人民出版社 2010 年版，第 257 页。《禄劝年鉴 · 2011》，云南人民出版社 2011 年版，第 267 页。《禄劝年鉴 · 2012》，云南人民出版社 2012 年版，第 257 页。

② 数据来源：《昆明统计年鉴 · 1990》，中国统计出版社 1990 年版，第 421 页。《昆明统计年鉴 · 2009》，中国统计出版社 2009 年版，第 458 页。《昆明统计年鉴 · 2010》，中国统计出版社 2010 年版，第 433 页。《昆明统计年鉴 · 2011》，中国统计出版社 2011 年版，第 411 页。

③ 数据来源：《云南统计年鉴 · 1988》，中国统计出版社 1988 年版，第 458—461 页。《云南统计年鉴 · 2000》，中国统计出版社 2000 年版，第 403—406 页。《云南统计年鉴 · 2012》，中国统计出版社 2012 年版，第 330—338 页。

过15年的发展，到1976年达1044274所，1980年是917316所；1985年832309所；1990年为766072所；1995年668685所；1999年582291所；2000年553622所；2005年366213所；2009年280184所。从1980年到1999年的二十年间，减少了36.52%。而从1999年到2009年的十年间，同比减少了51.88%。但对照在校学生数，1980年146270000人，1999年135480000人，2009年100715000人，分别只减少了7.38%和25.66%。再看招生人数，1980年29423000人，1999年20295000人，2009年16378000人，只是分别减少了31.02%和19.30%。这十年间，校均学生规模，则从232.6人增到了359.5人。[①]

从整体上看，学校数量的减幅远高于在校学生和招生人数减少的比率。就是说，在撤点并校运动中，[②]一是大量农村中小学在消失，二是一些学校的规模在迅速变大。相关的研究和统计数据也显示，在布局调整进程中被撤并的学校，大多数是农村地区的中小学和教学点。[③]换言之，随着农村校点的减少或消失，一些农村学生要离开自己原来的社区到更远的校点就学。而大规模的布局调整或撤点并校，在发挥功能和实现某些工具性目标的同时，也带来了一些不容忽视的问题。所以，2012年9月7日《国务院办公厅关于规范农村义务教育学校布局调整的意见》，在第三部分明确提出："坚决制止盲目撤并农村义务教育学校"，"要采取多种措施改善办学条件，着力提高教学质量。提高村小学和教学点的生均公用经费标

---

① 数据来源：《新中国五十年统计资料汇编》，中国统计出版社1999年版，第76页。《中国统计年鉴·1986》，中国统计出版社1986年版，第723页。《中国统计年鉴·1999》，中国统计出版社1999年版，第637页。《中国统计年鉴·2010》，中国统计出版社2000年版，第752页。百分比为笔者计算得出。

② 在对农村学校布局调整的研究中，明确使用"撤点并校"的有万明钢、邬志辉、崔多立以及褚卫中等人。邬志辉等人认为被撤者主要是村小和教学点；学校撤并包括的含义：一是撤销或关闭校点；二是将原来的学校变更为初小或教学点，隶属于邻近的完小或中心校。参见万明钢：《以促进教育公平和教育均衡发展的名义——我国农村"撤点并校"带来的隐忧》，《教育科学研究》2009年第10期。邬志辉：《中国农村学校布局调整标准问题探讨》，《东北师大学报（哲学社会科学版）》2010年第5期。崔多立：《应重新评估农村"撤点并校"的实效——黑龙江省农村学校布局调整后的调查》，《教育探索》2012年第3期。褚卫中、张玉慧：《农村义务教育"撤点并校"负面影响分析》，《教学与管理》2012年第3期。

③ 吴亚林：《义务教育学校布局：10年来的政策回顾与思考》，《教育与经济》2011年第2期。

准，对学生规模不足100人的村小学和教学点按100人核定公用经费，保证其正常运转”。随后，行政主导的撤点并校或撤并风潮才真正被叫停，抑或是被迫暂缓。纵观一百多年来的基础教育发展历程，晚清时期、民国时期、新中国成立以来到改革开放前，在法律制度和教育政策的推动下，义务教育学校的总数量呈增长态势（当然，抛开大趋势中的某些特殊阶段不谈）。改革开放以来到农村税费改革以前，基本可视为以地方自发调整为主。而在2000年以后，伴随着农村税费改革而来的主要是政策驱动型布局调整，其调整力度、撤并幅度，以及所影响的广度和深度也最为深刻。

三、学校布局调整的类型或方式

关于学校布局调整的类型或方式的探讨，学界主要有如下一些观点，下面，我们将分别做简要的叙述和评价。

在发生学意义上，从学校布局调整的驱动因素来看，将其分为“自然型调整”和“制度型调整”两种类型，具体分界是2001年，之前主要是地方政府的自发行为，之后则是在宏观政策或制度调整推动下的布局调整。[①] 但是，也不要就此把政策主体限定为政党、国家和政府。因为，人作为社会动物，总是生活在一定的“社群”之中，比如亲属群体、宗教组织、互助组织、工作单位、市场经济和现代政府等社群主体或社会制度之中，这些又都会对人类福祉产生影响。换言之，在人类曾经生活的很长时期里，生活状态主要是受到家庭、家族、亲属组织、宗教组织和互助组织的影响；只是随着社会结构复杂化、社会分工精细化，人类生活的中心才日益从家庭和亲属网络转向了社会组织、经济组织和政府组织，也正是在既有的社会安排逐渐应付不了工业化、城市化和现代化等经济社会进程所引致的广泛的社会需求之后，才促使公共机构不断发展和扩张开来，社会保护立法增多、社会政策领域扩张、社会福利服务提供的内容和范围，也才逐步发展起来。即在19和20世纪以后逐步扩展，并在20世纪下半叶流行开来，成为一项公共制度和国内政策的重点，从残补模式逐步迈向制度

① 参见雷万鹏:《义务教育学校布局：影响因素与政策选择》,《华中师范大学学报（人文社会科学版）》2010年第5期。

模式，成了现代社会不可或缺的安全网，甚至成为具有“正规‘第一线’功能”的基本社会制度。①

从学校布局调整目标或计划的实现方式方面，根据地方政府所使用的干预手段，可将其分为示范型、强制型、示范与强制结合型。示范型，是地方政府借助成功经验，在一定区域内推动布局调整计划的顺利进行。强制型，是地方政府主要依靠所掌控的资源来干预、控制调整目标与计划的实现。示范与强制结合型，即对顺利推进调整目标的学校施以奖励和好处（即胡萝卜政策）的同时，对不愿意或不支持调整的对象施用威胁、强制（即大棒政策）等手段。② 但是，对于一些财政压力较大的农业县份，在取消农业税费之后，在以县为主的农村基础教育财政体制和管理体制压力下，在专项资金助推下，撤并也就成了一种刚性的行政任务，其实并没有示范余地可言。

根据学校布局调整的主要特征，把方式和主体结合起来进行分类，即在手段上以撤点并校为主，在地域上则以现行的乡镇区划为基本单位，在问题解决路径上则以兴建寄宿制学校为主，在推进上则以行政力量为主导形式。③

还有学者结合了财政经济压力、地方政府甩包袱和生源变化等原因，把农村学校布局调整分为自发适应型，以及大规模、有目标、有计划、有步骤的正式调整型。虽然，在农村基础教育的发展历程中，一直都受制于财政经济的压力。但是，随着三农问题的凸显和农村税费改革的完成，为农村学校布局调整运动拉开了一道大闸门。而这二者的区别在于宏观的教育社会政策环境，即是宏观政策的出台、农村基础教育管理体制和财政体制的变革，助推了撤并运动的迅速展开。④

有学者结合了交通、饮食和住宿等三个方面的情况，将农村学校布局

---

① 参见 Gilbert、Terrell:《社会福利政策导论》，黄晨熹等译，华东理工大学出版社 2003 年版，第 4、19、64、20、21 页。

② 参见范先佐:《农村中小学布局调整的原因、动力及方式选择》，《教育与经济》2006 年第 1 期。

③ 参见容中逵:《当前我国乡村学校布局调整问题研究》，《中国教育学刊》2009 年第 8 期。

④ 参见吴宏超:《农村中小学布局调整的困境与出路》，《华中师范大学学报（人文社会科学版）》2007 年第 2 期。

调整后的实践模式分为一餐走读、校车接送、一餐走读与校车接送相结合、寄宿制等四类。一餐走读模式，学生依然和原来一样上下学，早去晚回，只是中午由学校提供就餐条件，不用回家吃饭，比之前减少了一趟奔波之苦。校车接送模式，这是在交通条件允许和教育财政能够配备充足校车的情况下的实践模式。一餐走读与校车接送相结合模式，是前两者的结合与发展。寄宿模式，是把农村地区分散的学生集中到撤并后的校点学习，食宿均在学校之内完成。① 但可能面临的现实而严峻的问题是，学校管理任务加重，教师工作压力增加，相关辅助设施与专业人员配备问题，学生寄宿的安全问题，学生寄宿能力问题，人文关怀问题，亲情和情感需求与满足问题等。

有学者从结构调整的角度，并结合了西方的学区和学校调整的观点，主张在县域内的学区间进行学区调整和学校合并。② 这有一定的现实意义。但在事实上，根据我们在滇中山区的调研经验，如果要打破学区界限的话，且不说相关的利益纠葛和矛盾冲突，也不仅仅是在某个县域之内进行即可，更可能是要在一些县域之间、乡镇之间、村委之间进行，尤其是这些县、乡、村之间交汇地带的居民，他们尤其有这种现实需求，并且需求也比较紧迫。比如相邻的县份、乡镇，一些学童到他县的村委和乡镇就读，比到本县的乡镇、村委就读都要更为方便。但是，受制于现有的管理体制、基础教育经费拨付、校舍建设规划等因素，其实很难协调一致，更别说具体而有效的实现。个别村民是以投亲靠友的方式实现了这种需要，而更多的家庭则是没有条件去投靠的。此外，我们也不能忽视一个紧要的问题，在现有的行政区划和管理体制之下，各部门都还是以自己的一亩三分地为界，只要本区域内不出大问题就行了，哪有想法去管得更宽一点。而在村委与村委之间、乡镇之间、县份之间的协调问题，首先是如何开展协调？其次则是，以谁为主进行协调？再次，依据什么来协调？如果是距离靠得比较近，但分属于不同的省份、县市区、乡镇或

① 参见白亮：《西部农村地区学校布局调整研究——基于甘肃省山丹县的调查与分析》，《教育与经济》2012 年第 1 期。

② 参见周芬芬：《地方政府在农村中小学布局调整中的执行策略——基于模糊—冲突模型的分析》，《教育与经济》2006 年第 3 期。

村委会，那又怎么协调？最后，是社会福利、社会服务与社会政策实践中的“实施数学”[①] 问题。换言之，再好的福利服务计划和社会政策理想，如果不能有效地付诸实施，并达成相应的目标，至多也只是一种理想设计而已。[②] 同样地，如果实施需要有关各方进行并达成广泛而巨量的协调、协商、合作和协议，那么社会政策目标也将会被破坏或延迟，甚至会无果而终。

对于农村学校布局调整的类型划分，还有学者根据实施方式将其分为四种。兼并式，即在相距不远的学校间，通过大的强的吃掉弱的小的，以扩大学校规模。完全合并式，废弃原来校舍及设施另建新校。交叉合并式，原有校产不动且仍然各自为政，改由一个总校长负责，一二三年级集中于甲地，四五六年级集中于乙地。集中分散式，适合于人口较为集中的地区，高年级学生集中到中心校，其他的仍在原校，对一些教学点或复式班的某些课程可采取巡回授课方式来解决。[③] 范先佐等人“在西部地区基础教育研究”和“中西部地区农村学校合理布局研究”的调研报告中所采用的布局调整方式划分，与石人炳所述一致。他们还认为，完全合并式适合于平原和交通便利地区；集中分散式，既不彻底也不符合规模效益要求，更不利于统一管理和均衡发展，但在交通不便的山区、丘陵和矛盾冲突较多的地区可以采用；兼并式，适合于村与村之间相隔不远，但办学条

① ［英］希尔：《理解社会政策》，刘升华译，商务印书馆 2003 年版，第 125 页。

② 但是，社会福利政策不是在抽象的法律形式和政策语言上承认人的权利和需要，而更是要“可能与可行”地解决社会问题、满足人的社会需要，改善人的生活状态。所以，托克维尔在一百五十多年以前的睿智提醒，在推进基本公共服务均等化的今天，依然具有警示意义。当我们“开始关心人民的命运时”，言论中最需要注意警惕的危险是：“这些话等于白说”。同时，对于社会福利政策亦然；不仅是要有良好的理性设计与理想承诺，更要切实地落实。费孝通先生曾在对少数民族地区发展和社会政策的论述中，就进一步强调说：“不仅要给优惠政策，而且要给切实的帮助”。这也就是说，在社会福利政策实践中还需要警惕，“把族群差异平凡化和具体化的肤浅的多元文化主义”，即简单地套用某种模式，去建构“他者”。参见［法］托克维尔：《旧制度与大革命》，冯棠译，商务印书馆 1997 年版，第 214、215 页；费孝通主编：《中华民族多元一体格局》（修订本），中央民族大学出版社 2003 年版，第 37 页；以及［英］迪安：《社会政策学十讲》，岳经纶等译，上海人民出版社 2009 年版，第 104 页。

③ 参见石人炳：《用科学发展观指导中小学校布局调整》，《中国教育学刊》2004 年第 7 期。

件差别较大的地区；交叉式，适合于相距较近，校舍较好且不便改用的地区。①

以上这些类型与方式的解读与划分，各自从不同的视角切入，对深化农村学校布局调整的认识起到了积极的作用。但是，在给予启示的同时，其弱点也是明显的，即在特定的社会时空条件下，什么类型是适当的；而在什么条件下，将凸显哪些社会问题，相关论述还显不足。同时，在强调撤并和集中的观点中，对社会文化多样性、族群差异、学童的精神心理需要和身心健康发展、学生寄宿能力、撤并后学校的管理问题等方面，并没有给予足够的重视。而在实践中，一些地方政府和教育行政部门在财政硬约束之下、在专项资金的助推下、在城镇化的引领下，以市场经济的效率原则、经济逻辑主导了教育逻辑，闲置、撤销、废弃规模较小的学校和教学点，把学童集中到公路边、村委所在地、乡镇或县市。② 下文将对多民族山区学校布局调整的实践类型进行一个简要阐述，并对农村学校布局调整与基础教育发展做一种语境化的解读。

四、山区学校布局调整的三种实践类型及其社会功能

多民族山区学校布局调整的类型，结合禄劝、寻甸两县的农村学校布局调整和基础教育发展历程，可以划分为以下三种实践类型：扩散型，即从城镇向乡村扩散和乡村向乡村扩散；扩散与集中结合型；从乡村向城镇集中型。③ 在这三种类型划分的基础上，我们将进一步探讨每种实践类型对山区基础教育发展的社会功能或社会影响，即在增加教育机会，提升教学质量，促进均衡发展这三个维度上的具体影响。也就是说，我们试图对

① 参见课题组：《我国农村中小学布局调整的背景、目的和成效——基于中西部地区 6 省 38 个县市 177 个乡镇的调查与分析》，《华中师范大学学报（人文社会科学版）》2008 年第 4 期。执笔人：范先佐、周芬芬、贾勇宏、郭清扬、王远伟、曾新。

② 即闲置、废弃已有校舍，在公路边新建校舍，或在村委会改建扩建校舍。在我调研的三个山区县，政府已提出或在拟制的计划是：坚持“高中集中到县城，初中集中到乡镇或逐步集中到县城，小学集中到乡镇，一至四年级分区域集中，一师一校点向完小或初小撤并”的原则，完成和实现基础教育学校的“科学布局”计划。这并不是各县的发明或者创造，而是根据省政府的统一安排（“逐步收缩农村中小学校点，扩大农村中小学办学规模，小学集中到乡镇或行政村，初中集中到县城或乡镇，高中集中到州、市或县城”）。

③ 在后面的行文中，只要提三种实践类型，均与此同。

于特定社会制度与社会政策对特定“社会系统”与“社会模式”的“社会功能”与“社会反功能”，都将给予一定的关注。但这里需要强调的是，对于“社会反功能”的理解和阐释，并非是从“道德判断的意义”出发，而是从社会政策之于“那些与人类直接相关的结果”的社会学分析出发，也就是把研究探索指向于“适当的”制度与政策制定、变迁和创新。[①]

（一）从城镇向乡村和乡村向乡村扩散

基础教育或学校教育从城镇向乡村的扩散过程。这里结合禄劝和寻甸两县的状况进行描述。从禄劝县的情况来看，虽然1642年在州城创建了学宫，1689年在州城内建立了“尊经阁义学”，1698年设立了“明伦堂义学”，1719年出现了乡村义学，1761年创建起书院，1907年建立了高等小学堂，1928年开始在县立两级小学招收初中班，1932年成立民众教育馆和乡村师范学校，1944年有了县立初中。但是，其基础教育与学校教育在乡村的快速扩展，较早却是出现在中华民国时期的20世纪三四十年代，在分期推广国民教育、义务教育计划的过程中，在乡（镇）创立了中心学校及其分校，在保一级快速建立了国民小学校。这两类学校，到1938年，分别达到了13所和161所；在1946年，分别是17所和129所，另外还有3所私立学校；1948年，全县的初级小学校数量是158所。[②] 在1949年以前的发展状况中，还有另一种向乡村扩散的情况，这就是基督宗教各派的教会办学。[③] 在进入20世纪以后，基督教不断地向彝族（甘彝）和苗族山区渗透，内地会和安息日会在山区传教、行医和办学，建立了一批初级小学和高级小学，所办学校达40余所，内地会信徒达5000余人，安息日会信徒达2500多人。新中国成立以后，随着“大跃进”办学、教育革命，以及为了方便高山地区、居住分散地区和少数民族聚居山区的儿童入学，在

① 参见［美］默顿：《社会研究与社会政策》，林聚任等译，生活·读书·新知三联书店2001年版，第97、98、101、273、304页。

② 参见《禄劝彝族苗族自治县志》，云南人民出版社1995年版，第15、16、18、19、20、22、648、649页。

③ 教会及其办学，并非是自觉地从城镇向少数民族聚居地区、山区和农村扩展的，而是在城镇受到阻碍和失败之后，才向后面这些地区发展的。所以，严格来讲，在从城镇向乡村扩展的趋势之外，虽与城市教会组织有着联系，但其主要发展方式是以某个少数民族乡村总堂为据点，再向其他少数民族聚居村寨扩展。

1965年增加了27所巡回小学、33所定点小学，学校达465所。进入20世纪80年代，为了在山区和边远少数民族地区普及初等教育，还免除了杂费和书费；对苗族地区和冷凉山区的少数民族学生，学费、杂费和书费全部都予以免除。到1990年，全县小学校达到了666所，其中303所是一师一校，完小为180所。①

再看寻甸县的情况。虽在1494年开始设立社学，1516年建立书院，1690年创立义学，在明、清两朝已有私塾出现，1904年改书院为官立高等小学堂，1905年建立官立初等小学堂。辛亥革命后改学堂为学校，1915年创立两级小学，1930年以后推行国民义务教育，1938年建立初级中学。但学校教育在乡村（尤其是在山区）的发展依然缓慢，乡下生员只能在私塾就读。在某些地区，到1914年尚有义学存在。在少数民族聚居山区，尤其是彝（甘彝）、苗族聚居山区，儿童就学机会极少，文盲众多。在某些山区，是教会学校的进入才填补了学校教育的一些空白。基督教的内地会、循道公会、复临安息日会和自立会为了传播教义的需要，把建立教堂和开办学校结合起来，以教堂为学校，使用国民政府颁行的教材，除了星期日不上课、基督徒做礼拜外，学校运作形式与普通国民学校基本相似。而经过了20世纪三四十年代的国民教育、义务教育推广计划，到1949年，在乡（镇）建立了14所中心学校，保国民学校达192所，另有4所私立学校，教会小学校40余所。新中国成立后，随着人民政府加大对少数民族基础教育的支持，1953年确定32所小学校为民族小学，改善其办学条件，给学生发放一定的补助。1958年、1959年，在贯彻“两条腿走路”的办学方针中，公办和民办学校齐头并进，民办学校增加比较快，达到了89所，在公办学校中还设立了185个民办班。由于之前山区基础教育发展较为滞后，在这个时期又增加了一些学校，导致山区社队的负担也随之加重。而在坝区，由于民办学校比较少，社队负担也比较轻。进入1962年以后，为了进一步推进贫困山区的基础教育发展，在学校布局调整实践中，撤并了坝区完小和初小共8所，以充实山区小学。同时，为了方便学生就

① 参见《禄劝彝族苗族自治县志》，云南人民出版社1995年版，第18、792、793、649、650页。

学，在一些山区还增加了公办、民办公助、民办三类小学，共11所。进入1972年后，开始普及小学教育。到1976年，在校生减少了5.9%，但学校数量却增加到了1041所，其中，一师一校达307所，山区学生就学也变得更加方便。进入1979年后，在调整教育结构、集中力量办学的同时，也还坚持着加强山区和少数民族地区基础教育的原则，进行学校布局调整。①

在学校从城镇向乡村扩散过程中，广大农村地区，尤其是少数民族聚居地区、居住分散山区和高寒山区的学童，接受基础教育的机会是明显地增加了，基础教育的公平可及，基本上得以实现。而这在社会经济条件较为落后，农民家庭经济普遍拮据的时代，在适龄学童剧增、普及小学教育任务繁重的时代，就近入学不仅不会太大地减少家庭的半劳动力；而且，对于切实地减轻农民家庭的经济负担，增加学童就学机会和就读年限，让学童在自己熟悉的社会文化环境中接受学校教育，使基础教育在家庭和社区（会）的协助之下有效运作，具有积极的现实意义和实践价值。② 同时，在社会经济条件困难和政府财政能力较为有限的情况下，通过调动各种积极因素办学，人民教育人民办的政策实践也具有极强的创新性，即“低重心、低投入、广分布”的基础教育办学模式（一直持续到了20世纪末）。③ 换言之，在农村基础教育的行政管理权和财政投入下移的同时，实行的是一种因地制宜和因时制宜的办学方式，而非齐一性、规范化和标准化的办学模式。从某种意义上讲，这也为促进广大农村的基础教育发展起到了积极的促进作用。

当然，有人会质疑这种广分布是重复布局，在方便就学和公平可及时，分散的基础教育资源投入以及一师一校的存在，制约了质量提升。可是，我们也需要提请质疑者充分注意，在整体社会经济条件刚性制约、教

---

① 参见《寻甸回族彝族自治县志》，云南人民出版社1999年版，第719、6、720、730、145、721、140、146、722、723页。

② 学校教育作为一种培育人才的社会现象，由一定的社会关系所决定，是人获得全面发展的重要手段。同时，学校教育也是一种社会文化现象，与一定的社会文化环境紧密相连，后者为学校教育目标的顺利实现提供了社会条件和无形支持。但是，这些司空见惯的常识，对于学校教育发展的积极功能，往往易于被研究者所忽视，甚至是受到漠视。当一些研究者从舶来品中受到启发，进而强调学校教育管理要形成政府、社区、学校和家长等相互结合与相互制约的先进管理模式时，后者其实是乡村教育发展与实现中的常识罢了。

③ 参见吴亚林：《义务教育学校布局：10年来的政策回顾与思考》，《教育与经济》2011年第2期。

师能力普遍不足、教育教学质量偏低、升学机会极为有限的时代，不应该也不能用当下的标准去苛责前人的艰苦努力，去否认在艰难困苦中取得的社会成就，因为这至少是解决了有学上问题。另外，在规模与质量之间，只是存在着关联，可能是正相关，也可能是负相关。一些规模较小的农村学校，只要有了合格的、负责任的人民教师，依然能够保证较高的教学质量和升学比率，因为学校、教师、学生、同伴群体、家长、社区等，一同支持和完成了农村基础教育，使学校、家庭和社会三者有机地结合，发挥了教育合力。[①] 然而，在规模迅速扩大的农村寄宿制校点，虽然硬件设备和师资规模有所改善，但存在管理理念滞后，教育服务理念停滞，管理难度剧增，管理水平不足等问题，加之规模经济约束而使专业人士和辅助人员无力配备，也未必能切实提升教学质量与水平，促进基础教育均衡发展。

（二）扩散与集中相结合

在20世纪60到90年代中后期的多民族山区基础教育发展实践中，扩散与集中相结合是农村学校布局调整的基本形式。因为“大跃进”时期农村办学的追求是“小学不出村、初中不出大队、高中不出公社”，所以在坝区兴办的学校相对就多一些，但坝区人口居住相对集中，学生的家校距离不会太远，也无须兴建寄宿制学校或是要住校才能就读。这给适当撤销坝区的部分学校、加强山区校点提供了条件。

在普及小学教育和初中教育的过程中，为了支持和加强边远地区、高寒山区、分散地区和少数民族聚居地区的基础教育发展，在学校布局调整过程中，实施了撤并坝区学校（包括完小和初小），充实和加强山区学校的情况。这就是扩散与集中相结合的多民族山区基础教育发展方式，并且产生了较好的均衡发展效果。以禄劝县的效果来看，在1990年，小学阶段

---

① 在调研中，也有学生家长和我谈到这些方面的问题。这里选择三位家长的观点，其子女都是寄宿学校就读，十天接回家一次，在家休息四天后，再送去学校读书。他们分别是上五年级、二年级和学前班。“我本来以为，娃娃在家里头是个半劳动力，课余时间主要是要帮我们做这样那样的杂活，到了学校就是吃饭、睡觉和读书学习。但为甚个成绩还是不理想，甚至还下滑了。这个读书到底要多少时间呢？”“娃娃住校以后，我们一点都管不了了，完全靠他的自觉性了！”“娃娃住校，最大的问题是想家，担惊受怕，睡不着觉，整上几天，就不想读书了！”以上分别见2012年6月6日、5月29日和5月23日的访谈。

的入学率是97.9%，巩固率为98.6%，毕业率达94.8%，普及率到了97.1%。[①] 而寻甸县则在1988年即已实现了98.3%的入学率，99.1%的巩固率，98.7%的毕业率和97.1%的普及率，基本达到12—15周岁读完初小或脱盲的普及任务。[②] 如果与2010年的全国统计数据进行一个对比，6—9岁学童的入学率是96.21%，6岁以上学生的巩固率是96.12%，这是一个较高的入学率和巩固率。[③] 而在这些社会成就的背后，似乎也在给我们以某种提示、提醒或启示，对于基础教育发展中的撤点并校、集中办学和规模效益这些议题，通过资源配置更加合理、学校办学规模日益扩大和学校服务半径日益延伸等方式，来促进基础教育均衡发展和提高办学质量的理想和实践，并非适合于所有地区。它在人口相对集中的坝区或平原地带，在最大限度减少学生寄宿学校（或者不太需要学生寄宿）的前提之下，它是适合的。而在人口密度较低的边远地区、高寒山区、少数民族聚居地区，则未必适合。在后面这些地区，在学生入学日益低龄化的时代，撤点并校不仅增加了学童家庭的经济与精神负担，还有寄宿学生的文化适应、情感缺失和人文关怀等方面的严峻问题需要解决，以及基础教育缺少了家庭教育、社区教育的支持配合等问题。[④] 换言之，正如我们一再重申的那样，学校教育作为一种社会文化现象和培育人才的社会实践活动，不光是学校、教师、学生、教室，或者再外加宿舍和食堂，而是在特定社会文化脉络中得以实现的复杂的社会实践活动。

---

① 参见《禄劝彝族苗族自治县志》，云南人民出版社1995年版，第650页。

② 参见《寻甸回族彝族自治县志》，云南人民出版社1999年版，第723、724页。

③ 据统计，6—9岁儿童总数是56149412人，其中未上过学的人数为2133288人，占比是3.79%。而6岁以上人口的受教育状况，小学生总数是34393912人，辍学人数为1335427名，占比是3.88%。基数为引用，百分比为笔者计算得出。参见《中国2010年人口普查资料》（上册），中国统计出版社2012年版，第295页。以及《中国2010年人口普查资料》（中册），中国统计出版社2012年版，第761页。

④ 如果结合“人的生命周期”来理解人在不同阶段的“生存需要”，那么，在幼年和老年两个时期，也是人最需要照顾和帮助的时期。对成长中的儿童来说，不仅高度依赖于最可信赖的人、熟悉的环境和自己信赖的监护人。他们在给儿童提供基本的生存需要、一定的教育需要的同时，也还在满足着亲情、情感、交往、智力、安全、信任、信心等方面的重要需求。无论是在家里，还是在学校，这些需要的满足对于儿童的身心健康成长，都是十分重要的。所以，作为提供基础教育这一基本公共服务的农村学校，在学校布局调整的社会政策实践中，在借助重新配置教育资源和集中办学这些手段时，规模追求的限度问题也是不可忽视的重要议题。参见［美］威廉姆：《当今世界的社会福利》，解俊杰译，法律出版社2003年版，第71—78页。

（三）从乡村向城镇集中

在我们所调研的山区县份，总体上看，从1990年到2000年左右，也就是在“普六”和“普九”计划的实施和巩固过程中，学校数量的变化幅度不大。但随着农村税费改革的完成、以县为主的农村基础教育管理体制和财政体制的确立与实施，加上城镇化的冲动，山区学校先是降格变成了教学点，只能招收学前班和三年级以下的学童；之后则是以规模不足的名义被“一刀切”地撤并掉。撤点并校对于山区学生和山区基础教育的积极意义在于，一些学生由此可以进入较好的校舍读书了。这些新校点的学生规模、教师人数、仪器设备和课程质量，可能比原来的校点有了较大的增加或改善。但是，对于边远地区、高寒山区和少数民族聚居地区来说，随着就近入学的教学点被闲置、废弃、撤销或变卖，上学难的问题急剧凸显。对那些无力投亲靠友、无力接送孩子上下学的家庭，上学真正地变得远、难、贵、险、苦和累。这个远，是社区、农民、家庭和学童新产生的感受。这不仅是在高山峡谷之间、从山巅到山脚、从高山到河谷之间穿行的物理距离。同时，还有心理距离，学校一下子远离了自己熟悉的社区和可掌控的范围，人民教师也与社区、农民脱离了原来的那种联系。在家长和学童身上，甚至还同时有文化中断、环境不适等而产生的社会文化距离，他们在彷徨中也在追问：这可怎么办？难，首先是无力接送孩子上下学的家庭感到上学的艰难。而在农忙时节，大多数家庭都感到了接送困难。在天气不好的时候，泥泞的雨天，比较寒冷的冬日，连平时能接送的家庭也觉得有困难。贵，体现为经济支出增加，货币现金支出明显地增加了。除了交通费用、饮食费用、零花钱和看病费用增加外，衣物鞋帽的费用也增加了。因为，寄宿城镇学校，毕竟不像在自家社区，衣着也要适当跟进才是；否则，孩子心里不好受，从而更加影响到学习。险，交通风险、住校风险、辍学风险和成长风险同时出现。交通风险，对于山区学童的家庭，接送方式主要是摩托车，在路况不佳的山区，骑行其实也是较为危险的出行。而学校配备的交通车，首先是成本考量问题，而且不可能接送所有的学童到离家最近的村寨；再就是路况风险太大，使交通车望而却步。苦，家长接送的辛苦，以及低龄段学生觉得寄宿很辛苦。累，家长感到接送很累，在天气不好的时候学生走长路也觉得很累，低龄段学生感到在校闲得很累，这在学前教育和小学教育的四年级以下，基本上都是如此。老师也觉得累，工作压力增大；怕出事，精神压力大增，在新校点工作，比在之前的村小教书要累。在学校撤并之后，这些山区学生只有集中到离家更远的学校寄宿学习，甚至是从学前教育就要开始离家去投亲靠友读书，或者选择住校就读（住在乡镇、村委会一级的学校或教学点宿舍）。而这首先面临的是文化改变和文化适应问题，在一种新的社会文化环境中如何建立安全感和自信心，克服不适、不安与自卑等问题。其次是亲情缺失与情感缺失问题。山区学童需要有好的校舍和教学设备，甚至按照教学计划也需要接受计算机和外语等方面的教学。但是，对于低龄段的学童而言，学习只是其中的一小部分而已。而安全感、信任感和自信心，亲人或者别的最可信赖的人，自己熟悉的环境、社区与文化，是人在幼年时期的成长过程中，须臾不可或缺的重要因素。① 也就是说，“随着儿童的意识范围、协调能力和反应能力等方面的增进，他才逐步适应了文化环境给予的教化方式，并凭借个人的和文化的特殊方式，理解人类生存的基本形态”。但是，“由于一种文化和另一种文化之间的互动方式差异较大，指示当前的行为方式也就需要适当的品质和一定的连续性，而这是指导和控制所有转变的重要因素”。而如果“他既没有能力应对外部环境，也没有能力应对内心矛盾，那么，他重新寻求满足和控制的方式就可能是退缩，或者是虚假的进步”。而“更坏的情况则是，他们梦多、不能熟睡”；甚至会出现

① 据我在山区的调研，多数村民们都说：原来那些学生虽然也背井离乡，在学校自理食宿。但主要是在农村学校，社会风气单纯，学校环境与自己成长的环境区别并不大。也就是说，与现在的学童集中在县城、乡镇和村委的校点相比，原来的模式与现在的有着比较大的区别。再者，原来的小学生，其实是些“大学生”，干活多，兄弟姐妹也多，自理能力也强，对父母的依赖也小，而且入学比较晚，都十岁左右才去上的学。多数村民们还认为：对于学生来说，家庭的重要性在不同的年龄段是有差别的。人在婴幼、儿童两个阶段对家庭和安全感的需要多一点；在之后，依赖程度就逐步变小了。伴随着学生的成长，个体的生活能力、处理问题的能力、调适能力、学习能力、自理和自律能力、注意力、集中时间学习能力等，也会逐步发展。随着对外界了解的增进、掌控外界的能力和自信心也在发展。随着安全感的逐步扩展，对家庭的依赖性也在逐步减小。也正是随着自理、自律和自立能力的提升，学习能力的发展，学习时间逐步增加，甚或填满了大部分生活，而游戏、娱乐、休闲时间，则随之逐步减少。而当地农民一般是以四年级为分界线，认为只要进入四年级以后，一般就是在十周岁或者更大一点，孩子基本上就是小少年了，不仅有了一些能力，也开始会思考和解决一些日常问题。大人也不用太担心孩子了。但是呢，随着社会风气和学校风气的变化，他们也觉得，虽然孩子的能力有所增加，但是学坏的风险也更大了！

“幻觉和记忆力减退问题”。这样，“多种因素的合成，可能会导致危机，并造成持续性的后果”,[①] 此外，在撤并校日常管理任务加重后，教师的工作压力也在增大，而且难以达到预期目标。最后，在人事编制、规模经济和财政硬约束的多重制约之下，相关的辅助设施、辅导人员和专业人员，其实根本就不可能配备。[②]

所以，在某种程度上讲，撤并后的校点也使得寄宿生公平地接受基础教育的机会也受到了某些负面影响。而提升质量，不仅需要校舍设施、师资规模、教学仪器，也需要家庭和社会的支持。至于促进城乡基础教育的均衡发展和起点公平，还有很长的路要去走。因为，教育作为培养人才的社会实践活动，是要借助身心健康成长而追求人的全面发展，是在一定社会时空、社会文化脉络中的成长过程，任何对学校教育的窄化、物化、机械化、还原化、工具化和异化理解，都不足以担当教育的根本目的和最终使命——人的全面发展。因此，如果仅仅把学校教育理解为在某地新建或改扩建一座建筑物，教育=学童+课堂+教师。这种理解也就使得教育不可能走内涵发展之路，而是较为注重或者追求器物层面的现代化，或光鲜亮丽的外表，而不注重质的提升。这可能导致的问题是，对人的中间需要和全面发展的弱化或漠视，从而在根本上有害于教育发展。在某些情况之下，甚至如学者所言，“教育是百年大计，若仅以节约资源或资源的效益最大化为出发点，毁掉的将不仅是教育，还是农村和孩子”。[③] 因为，教育的现代化，不仅需要大楼和相关器物的现代化，更应该包括办学理念、办学方向、教学内容和学校管理理念与方式的现代化。换言之，为了人的全面

① Erik H. Erikson, *Childhood and Society*, New York: Norton, 1963, pp. 69, 61, 76, 77, 37.

② 在我做对比调研的省会城市名牌小学校，不仅校舍、设备等装备精良，教师学历较高，而且配备了具有硕士学位的心理辅导老师，在辅导学生的同时，还让学生回家影响父母或监护人。这对于撤并后的校点来说，可能是太过于奢侈的想法了。在突然到来的新环境下，不仅家长不知道如何教育子女，甚至其中的不少学校也不知道该如何去有效地教育这些孩子。原来的山村小学，多数教师会在晚间或周末进行家访、动员、谈话等活动。在规模较小的学校，教师甚至知道每一个孩子的家庭状况，儿童的个性特征，从而有针对性地施加教育。结合这些，我似乎开始不赞成福柯对教区学校的“监督体制”的权力解读了，而认为这是有效的教育教学或社会规训所不可或缺的积极要素。见［法］福柯：《规训与惩罚：监狱的诞生》，刘北成等译，三联书店 2003 年版，第 197—200 页。

③ 万明钢：《以促进教育公平和教育均衡发展的名义——我国农村“撤点并校”带来的隐忧》，《教育科学研究》2009 年第 10 期。

发展，不仅要创造经济前提、社会联系以及生活方式，以超越单向度的和畸形的发展。同时也需要明晰，“人不是在某一种规定性上再生产自己，而是生产出他的全面性；不是力求停留在某种已经变成的东西上，而是处在变易的绝对运动之中”①，也就是在人的本质规定性和人类活动的多样性中，实现人的现实性的多种多样。基于此，农村基础教育不仅可以使大众获得文化，增进知识、技能和生产能力，教育还与外部环境一道持续地塑造人民“普遍解放的需要和自己实现普遍解放的能力”。② 而这些，需要不断深化对“人”的理解，对人的中间需要的认识与尊重，对人的全面发展的实质性认可，对教育目的的坚守与执着。

第二节　山区学校布局调整的理想追求与限度问题

一、农村基础教育体制的演变历程

在阐述学校布局调整政策的理想追求之前，先要回顾一下农村基础教育体制（包括财政体制和行政体制）的变化历程，再审视布局调整政策缘何演变为文字上移形式的单向度撤点并校政策实践。农村基础教育体制的演变，可以把 1950 年作为分界线，在之前，乡村教育基本上是保甲的事务，农村教育农民办，政府补助的经费很少。③

中华人民共和国成立以后，政务院于 1950 年 3 月规定，乡村小学的办学经费由征收地方附加公粮解决，县人民政府负责征收，这为统一的农村基础教育财政奠定了基础。④ 在所调研县份，如禄劝，在 1951—1952 年 6 月，教育事业所需经费是由专署的文教科划拨，从 1952 年 6 月以后由县财政供给。⑤ 从全国范围看，随着新教育财政体制的创立、1951 年的学制改革、1952 年分级管理的教育行政体制的建立，农村基础教育不仅在物质上

---

① 《马克思恩格斯全集》第 46 卷（上），人民出版社 1979 年版，第 486 页。

② 《马克思恩格斯选集》第一卷，人民出版社 1972 年版，第 14 页。

③ 参见《寻甸回族彝族自治县志》，云南人民出版社 1999 年版，第 716 页；《禄劝彝族苗族自治县志》，云南人民出版社 1995 年版，第 679 页。

④ 参见何东昌主编：《中华人民共和国重要教育文献（1949—1997）》，海南出版社 1998 年版，第 11 页。

⑤ 参见《禄劝彝族苗族自治县志》，云南人民出版社 1995 年版，第 679 页。

和行政上有了保障，也初步形成了国家包办文教事业的格局。但因经济条件和财政能力限制，政府包办农村基础教育较难实施。所以，中央于1956年1月提出打破国家包办基础教育的设想，首次提出乡村小学基本由农业生产合作社办理的要求。1957年3月18至28日，第三次全国教育行政会议则进一步提出，“小学教育的发展必须打破由国家包下来的思想，在城市，提倡街道、机关、厂矿企业办学；在农村，提倡群众集体办学，私人办学可以允许。中学设置应适当分散，改变过去规模过大、过分集中在城市的缺点。农村中学给青年以必要的知识，毕业后更好地参加生产。特别是初中发展要面向农村。农村初中在教学质量上不能强求和城市一律。”[①] 1958年3月，教育部提出“两条腿走路”的办学方针，即国家和集体办学并举，促进全民办学；从而形成了“县—乡—村”三级办学的格局，农村基础教育的办学主体开始下移。同时，为发动集体办学的积极性，扩充教育规模以吸收数量巨大的农村儿童入学，《关于教育事业管理权下放问题的决定》规定：公办全日制小学由公社直管，民办小学由大队直管。这为缓解入学压力发挥了积极作用，但也导致了教育管理计划体制再度失控。因而，开始上收教育管理权。到“文化大革命”期间，农村基础教育管理权再度全面下放，一些地方还出现了“小学不出村、初中不出大队、高中不出公社”的口号和实践。一些公办学校改为民办、教师下放等，这在一定程度上增加了地方负担、挫伤了教师积极性，对农村教育也产生了一些负面影响。[②] 但不可否认，从某种程度上来看，比如学校数量和入学人数的大幅增加，就近入学状况的逐步实现，在那个经济状况较为困难的时代，其实也助推着“农村基础教育的大普及”。[③] 随着教育战线的拨乱反正，农村基础教育行政体制再度改革，管理权限再次上移。1978年，教育部规定：全日制小学由县级教育行政部门统一领导管理，全日制中学则由县以上管理，社队办的中小学在县统一领导下由社队负责管理，这又恢复到60

① 刘海藩主编：《历史的丰碑：中华人民共和国国史全鉴》（教育卷），中央文献出版社2004年版，第65、66页。

② 参见曲铁华、樊涛：《新中国农村基础教育政策的变迁及影响因素探析》，《东北师大学报（哲学社会科学版）》2011年第1期。

③ 杨东平：《从权利平等到机会均等——新中国教育公平的轨迹》，《北京大学教育评论》2006年第2期。

年代初的统一领导、分级管理模式。①

但在1980年以后，不仅重申"两条腿走路"，还鼓励群众筹资办学，以解决普及小学或初中的紧迫任务，教育管理权也再度下行。② 但因办学经费不足，1982年教育部、财政部联合下发《全国中、小学勤工财务管理暂行办法》，1983年国务院批转《全国中小学勤工俭学暂行工作条例》。1984年年底国务院下发通知，许可乡级政府征收教育事业附加费，1985年起开征。这样，勤工俭学收入和教育事业附加费成了农村基础教育的重要经费来源。从1985年《中共中央关于教育体制改革的决定》，1986年颁布的《中华人民共和国义务教育法》，以及1987年国家教委和财政部联合下发的《关于农村基础教育管理体制改革若干问题的意见》，主基调是将基础教育作为地方事业，实行地方负责和分级管理原则，调动地方发展教育事业的积极性。1992年开始实施的《义务教育法实施细则》规定：乡级政府在支付教师工资、改善办学条件、补充学校公用经费等方面的职责，由此形成以乡为主进行管理，乡、村承担农村基础教育经费的格局。1993年的《中国教育改革和发展纲要》指出，地方负责、分级管理的农村基础教育管理体制取得了明显效果，全国已有91%的人口和地区普及了小学教育，进而提出两基发展目标。③

从20世纪80年代以来，为了大力普及农村义务教育，在低重心、低投入和广分布的发展模式下，农村基础教育的管理和投资基本上是依赖于农村集体和农民，在"普六"和"普九"过程中，不少的地方政府还欠下了一些债务（后来的化解机制主要是谁举债谁负责）。从20世纪90年代中后期以来，随着农村税费负担日显沉重，以及2000年3月开启的农村税费改革，农村基础教育改革发展中面临的新矛盾和新问题，也更加凸显，农村基础教育改革也势在必行，学校布局调整的政策和实践正呼之欲出。纵观20世纪80年代以来的农村基础教育改革发展历程，虽然改革的本意并非"国家卸包

① 参见《中华人民共和国教育大事记（1949—1982）》，教育科学出版社1983年版，第528页。

② 参见何东昌主编：《中华人民共和国重要教育文献（1949—1997）》，海南出版社1998年版，第1995页。

③ 第一，在20世纪90年代，全国基本普及九年义务教育（包括初中段职技教育）；在大城市市区和沿海经济发达地区积极普及高中教育，基本满足幼儿教育要求，在农村积极发展一年的学前教育。第二，基本上扫除青壮年文盲，降到5%以下。到2000年年底，全国85%的人口和地区基本达到"普九"义务教育初期目标。

袱，地方背包袱”，但其“非意欲的”结果、后果和代价，在之后还是可以清晰地看到。随着农村税费改革的推进和完成，之前面向农民征收的行政事业性收费被取消，而其中就包含了农村教育集资款项的取消。但是，在农村基础教育经费减少的同时，免费义务教育的政策实践却加快了步伐。由此，农村税费改革开启了农村基础教育学校布局调整（撤点并校）的序幕。[①]

为了应对农村税费改革带来的基础教育经费减少问题，2000 年 3 月下发的《中共中央、国务院关于进行农村税费改革试点工作的通知》提出：适当合并乡村学校，整顿和压缩教师队伍。这可以视为农村学校合并的动员令。2001 年 3 月《教育部、财政部关于报送中小学布局结构调整规划的通知》，强调这是农村税费改革的客观要求，要通过优化教育资源配置、提高办学效益来进行农村学校的布局调整，并把重点调整村小和教学点、积极发展乡镇示范性中心小学作为突破口。这正式启动了农村地区大规模的学校布局调整工作。2001 年 3 月《国务院关于进一步做好农村税费改革试点工作的通知》指出：农村税费改革必须相应改革农村义务教育管理体制，由过去的乡级政府和当地农民集资办学，改为由县级政府举办和管理农村义务教育，教育经费纳入县级财政，并建立和完善农村义务教育经费保障机制，加强县级政府对教师管理和教师工资发放的统筹职能，将农村中小学教师工资的管理上收到县，即以县为主体制。同时，要优化教育资源配置，合理调整农村学校布局，适当撤并规模小的校点，提高办学效益，精简和优化教师队伍，辞退代课教师和不合格教师，压缩非教学人员，清退临时工勤人员。从其中可以看到，在这极短的时间里，表述从合并、布局调整变成了撤并。质言之，农村学校布局调整或基础教育发展进入了撤点并校时代，地方政府受制于或主要出于节省财政支出的经济逻辑或规模经济追求，主导和助推着撤点并校实践。

2003 年《国务院关于进一步加强农村教育工作的决定》，强调落实在

① 导致农村税费负担沉重的原因比较复杂，有乡镇财政没有真正建立起来的问题，有乡镇机构膨胀和经费支出增多的问题，也有小城镇冲动下基础设施建设过快导致的问题，还有多种因素导致的基层政府服务能力不足问题。在我曾调研过的某些村庄，农民抵制税费主要是出于对基本公共服务提供状况的不满。而 2011 年、2012 年的调研中，一些农民开始意识到，在后税费时代，不仅原来那种以税费为纽带的交往互动关系消失了，乡、村两级组织依然无力提供基本公共服务，出现了乡、村两级组织与农民关系日益疏离的趋势。

国务院领导下，地方负责、分级管理和以县为主的农村义务教育管理体制与财政体制；提出重点支持中西部农村地区教育，逐步扩大“两免一补”范围。到2005年12月，国务院《关于深化农村义务教育经费保障机制改革的通知》强调，重点支持中西部地区农村义务教育，对农村义务教育阶段学生全面实现“两免一补”[①]，学杂费由中央和地方按八二比例分担；教科书费用由中央全额承担；补助寄宿生生活费用的资金，由地方确定对象、标准和方式，并承担全部费用。对于学校公用经费，由中央和地方按照所免学杂费资金的分担比例，共同承担。对于中小学校舍维护和改造所需资金，由中央和地方按五五比例共同分担。2006年6月颁布新修订的《中华人民共和国义务教育法》，第二条规定了义务教育免费，国家保障经费；第四十二条进一步明确由国务院和地方各级人民政府依法保障之。而2007年3月5日的《2007年政府工作报告》提出：加快乡镇机构、农村义务教育和县乡财政管理体制等改革，逐步建立政府保障的农村义务教育体制和覆盖城乡公共财政制度。至此，农村义务教育的公共财政体制算是基本确立。2007年中国共产党十七大报告中提出了促进义务教育均衡发展的目标。2008年《中共中央关于推进农村改革发展若干重大问题的决定》进一步提出促进城乡义务教育均衡发展的政策目标。2009年《教育部关于当前加强中小学管理规范办学行为的指导意见》，提出了避免简单撤点并校的要求。2010年《中共中央、国务院关于加大统筹城乡发展力度进一步夯实农业农村发展基础的若干意见》指出：农村的学校布局要符合实际，方便上学，保证安全。2010年《教育部关于贯彻科学发展观进一步推进义务教育均衡发展的意见》强调：坚持实事求是原则，避免盲目调整与简单化操作。2010年的《国家中长期教育改革和发展规划纲要（2010—2020年）》指出：适应城乡发要，合理规划校点布局，应办好必要的教学点，以方便就近入学。2010年中国共产党十七届五中全通过的《中共中央关于制定国民经济和社会发展第十二个五年规划的建议》提出：促进教育公平应将公共教育资源重点向农村、边远、贫困和民族地区倾斜，以缩小教育

① “两免一补”是免除杂费、教科书费和补助寄宿生生活费的简称，是为了减轻中西部农村地区家庭经济困难学生负担以顺利完成学业，免费发放教科书、免除家庭经济困难学生杂费，并对家庭经济困难的寄宿学生的生活提供必要的补助。

差距。2011 年《国务院关于进一步加大财政教育投入的意见》，重申教育资源应重点向农村、边远、贫困和民族地区倾斜，缩小教育差距，促进均等化水平。2012 年的《校车安全管理条例》，要求学校布局调整与就近入学、减少交通风险等相结合。2012 年 9 月 7 日，《国务院办公厅关于规范农村义务教育学校布局调整的意见》提出：坚决制止盲目撤并农村学校，撤点并校政策实施或撤并运动真正地被叫停。从文件中可以看到：在承认和正视过度撤点并校带来的问题的同时，也肯定了规模较小的农村学校在当下基础教育发展过程中，依然具有存在的必要性和合法性。所以，应积极改善其硬件条件，创新管理的体制机制，借助优惠政策和财政支持力度，加强建设和支持的力度。但是，在撤并风潮中，规模较小的农村校点此时早已被撤并完了，对于那些确有必要存在但已被撤销了的校点，是否恢复？如何恢复？何时恢复？恢复到几年级？依然还是一连串的问号！

二、关于撤点并校的度

在农村税费改革完成以后，兴办农村基础教育的主体已然发生了从乡、村两级上移到县一级的根本性转变。随着以县为主的教育管理体制和财政体制的确立与实施。在农村税费被取消的同时，免费义务教育政策的实施与扩展却在加快，中西部地区一些县级政府的教育财政压力也明显增加。所以，旨在减少教育财政支出的政策推进，主要演变为以撤点并校、辞退代课教师、精简员工、集中办学和规模经济为追求指向，甚至是成了一种简单、必然的选择。地方政府基本是通过行政主导手段推进撤并计划，以某个数字规模作为撤存标准，积极落实撤点并校的行政任务。

关于多民族山区学校撤并的度，追求集中办学可达到的程度，即追逐规模效益的限度问题。基于撤点并校的度的考察，我们才可以说撤并政策实践是适度还是过度，也才可能看到或者看清过度撤并所导致的相关问题。如果说基础教育作为一种基本公共服务，并且是一种消费性的基本公共服务，那么，发展基础教育就不仅是在国家（或政府）公共财政的层面上需要支出。而且，在个人和家庭层面上，也有着不同程度的支出或付出。换言之，现代民族国家在计划提供基础教育阶段的一定公共品与公共服务之时，与之相应的教育社会政策议题基本如下。社会政策是在“社会、群体或组织有能力促成某些变化的时候，才有意义”的，这包括了经济方面和非经济方面的多种能力。也就是说，社会政策是针对某种社会问题而采取的可能与可行的社会行动，是对“处境、制度、习惯与行为”的某种变革。但是，解决“社会问题很少落入简单的手段——目标模式。每个目标只是或可能是下一个目标的手段”。所以，在考虑经济效率问题的同时，也需要考虑非经济因素对实施社会政策的影响。① 进而言之，对于各级政府或具体行政职能部门来说，在解决一定的社会问题之时，除了要具备一定的财政经济能力和公共行政能力之外，也还需要考虑经济、行政之外的非经济的因素，即与社会政策实施相关的目标人群，以及与之相关的社会环境、文化环境或社会基础。基于此，如果在多民族山区学校布局调整政策实践的语境中来进行考量，首先要考虑的就是，基础教育作为一种最基本的“可行能力”构成要素，② 它不仅是每个人都需要和应该接受的最低限度的教育，也是对人的全面发展和社会功能有效发挥，起着重要作用的学校教育。所以，教育基本公共服务的公平可及性，也就显得极为重要。在撤点并校政策实践中，在对集中办学的追求中，需要考虑居住分散地区、高寒山区、边远地区、少数民族聚居地区的学生，是否能够较为公平地获得入学机会。也只有在公平可及或普及之后，才是提高水平与质量的问题。如果家校距离太远，是否能够提供安全、可持续的校车接送服务，就成了决定公平可及的基础性保障。如果不能，则意味着一些群体的

---

① ［英］蒂特马斯：《社会政策10讲》，江绍康译，商务印书馆（香港）有限公司1991年版，第11、12、45页。

② 阿马蒂亚·森基于发展是“扩展人们享有的真实自由的一个过程”的理念，主张自由就是扩展人的“可行能力”（capability），使其可以享受其所珍视的生活。扩展能力的方式，诸如基本的营养、健康和教育等。这又与公共政策直接相关，政策的方向、制定和实施，直接影响着这种能力的真实获得与有效扩展。虽然扩展自由与社会产品相连，但也不能就此简单地理解为提供某种产品。因为，在借助社会安排、社会政策扩展人的真实自由的同时，随之而来的不仅是生活的改善，也会使得社会安排或社会政策更为恰当和有效。也就是说，这是一种双向的互动关系。所以，在解决诸如教育、健康或收入等领域的问题时，不应当将其仅仅理解为一种工具性的手段，同时也应该作为目的本身来追求，即提升人的可行能力、实际生活状态和真实自由。基于以上分析，可行能力就可以界定为：通过扩展社会安排、社会政策而增进人的“功能性活动”（functionings），使其可能实现各种功能性活动的更好组合，从而可能获得更多的实质自由。参见［印度］阿马蒂亚·森：《以自由看待发展》，任赜等译，中国人民大学出版社2002年版，第1、13、14、23、89、62页。

公平上学机会受到了根本性的影响。如果要求学童从低龄段就必须寄宿学校学习，那么，需要充分考虑是否可以提供足够的看护、关爱、游戏活动、交往活动、情感支持，以及安全感、信任感和自信心的良好培育，使之在接受学校教育的同时，在身心健康方面也同样地获得健康成长。如果不能，则意味着这些人群的中间需要基本上得不到正视，更别提有效的满足了。而这，其实是关于社会问题的建构或解构问题（建构与解构又受到了利益集团、研究者、实践者、政治家和媒体等方面的影响），也是对“损害人类福祉的社会结构的特征”的解读问题，即对社会现实的“批判性分析，揭示问题如何产生，在社会网络中重新解读问题，揭示政策的含糊与缺失”，从而寻求对政策进行调整的问题。① 回到对山区基础教育发展问题的解读，如果偏向于关注硬件条件，而忽视软件方面，那么，追求器物的现代化主张往往会压倒其他方面的关注，从而使得对教育发展问题的理解偏向于物化，即好的校舍等同于好的教育。如果是偏好于规模经济的解读，那么最大限度地集中办学和扩大校点规模，就会在规模大与教育质量高、学校运作有效率之间，建立起紧密的相关关系。在另一面，则是对同一目标的相反表述，把分散办学和规模偏小与教育质量差、运作无效率相连。而如果把教育发展问题放在一定的社会时空之中，作为一种社会文化现象来进行解读，那么，对社会文化网络中的教育发展的解读，会对学校教育与社会和文化的关系给以更多的重视，甚至对学校氛围、家庭教育、社会教育的辅助作用，也给以更多的关注。如果是基于教育的本质性目的，即对人的全面发展或自由解放做解读，那么，教育目的而非经济目的，人的基点而非效率基点，培养人才而非产业经济的考量，将会受到更多的重视。当然，也还存在着其他的解读方式，比如学龄人口减少、税费改革助推、城市化推进、行政区划影响；再比如提升质量、均衡发展和起点公平等等。

其次，基于基础教育发展的重要性的考量，在提供或推进基础教育的发展时，需要考量民众的现实需要和承受能力之间的关系，并且是在特定的社会时空之中进行考虑。基于基础教育应该奠定“怎样的基础”的追

① 参见［英］迪安：《社会政策学十讲》，岳经纶等译，上海人民出版社 2009 年版，第 115、116 页。

问，如果说基础教育是为学生的终身发展和幸福人生奠定基础的教育，那么，除了学校教育传授基本的知识和技能之外，学生的亮丽内心世界的培育，对幸福人生的积极向往，自主学习的兴趣、愿望与能力的发展，积极应对环境的品质与能力的建立，与自我、他人、社会等相处的建设性态度，良好的学习习惯和持续学习的动力等等，也是同等重要的教育内容。[①]但是，这些并不是简单地依靠学校教育就可得以解决的问题，还需要家庭教育、社会教育、生活教育等的补充和配合。如果从提升农村基础教育的教学质量的角度来说，或者从农村学生也需要高质量的学校教育来说，这"需要与一定的时间和空间、数量与质量、形式与内容联系起来，去谈其供给与获得问题。也就是在一定的时间和空间限制下，对农民来说是可及的。所以，如果我们是居住在山区农村的适龄儿童，是不可能有效去获得乡镇、县城或省会、东部发达地区那样的数量和质量的教育物品与服务的。只可能是历史地现实地，结合本地实际去企求人才培养质量、教育教学理念的转变与提升，去看人民对学童教育的需求和期待，去提升供给和服务水平"。而非像现有的某些讨论那样，"看不到时间和空间，也分不清其所述是居民的现实需要还是未来要达到的理想，是探讨应然还是实然，是做政治舆论宣传还是凭借想象的自发主观，甚或是根本就没有真正进入过实地的社会科学研究？比如用东部省市生均拥有多少台电脑，生均享有多少建筑面积，用校舍的豪华、学生玩具的数量质量等，来比较西部农村学校和基础教育的差距。这虽能让人看清东西部的差距，但过分强调硬件，忽略内涵建设与发掘，是存在极大的片面性的。由此，均等化还应该考察动态性和可持续的问题，在现行计划生育政策和稳定的出生率下，山区孩童的数量可能还会逐步变少，而正在热衷的'小学城'也会像前些年（2000 年前后）为了达标升级而建设的山村学校那样，在不久的将来又再次被闲置浪费。既然这样，何不挖掘和利用现有资源，走内涵发展之路，真正去提升教育水平和培养质量，而不是简单的模仿和外延扩张！这固然受到很多复杂利益因素的驱使，但也反映出来对这种动态性和可持续性诉求的漠视、不负责、不了解、不重视和不理会"。[②] 再从学生寄宿能力来

① 参见肖川：《基础教育该为学生奠定怎样的基础》，《人民教育》2003 年第 24 期。

② 娄世桥：《基本公共服务均等化本质再思考：以山区基础教育为例》，《农村经济》2013 年第 7 期。

看，能力不足和相关辅助人员与专业人员缺失，不仅影响到学童的身体健康，也会影响其心理和人格健康。而家庭承受能力的不足，导致了山区儿童受教育权利实现的三六九等。如果说撤并前的村小，虽然教育教学质量有待提高，但它也较好地保障了山区学童在基础教育阶段的公平可及。但是，在前文的相关讨论当中，已经清楚地看到，山区村小教育教学质量的关键，主要是取决于合格的负责任的人民教师和有效的学校管理。那么，反推回去，山区学校的教育教学质量问题也不是一个简单的规模结构决定问题，而是教育行政管理是否到位和教师人才队伍建设是否有效的问题。这也印证了已有的研究结论，即学校规模只是一种连续比较状态，其实并没有完全固定的学校规模标准。

再次，分析基础教育这一基本公共服务，对于其社会政策实践，需要基于城乡教育目的和教育发展规律的社会问题解决方法进行反思。对比 20 世纪 90 年代中期以来的城乡基础教育发展实践，两种逻辑的反差是很明显的。亦即，在大中城市推动“小班化教育”，在乡村大力推进和实施“规模化办学”。小班化所坚持的教育理念，是“以学生为主体、因材施教的有效形式，是实现素质教育的有效途径”。它作为“一种高投资的教育模式”，其实践前提是“人力、物力和财力等方面强有力的支持”。而规模化办学所坚持的理论假设，是工业经济领域的规模经济和经济效益理论预设，是应对地方教育财政匮乏的一种解决策略或工具性手段，是财政压力倒逼之下的某种必然结果，要达到的实践目标是“规避、降低或者转嫁教育成本”。而财政困难与规模经济“合谋”的主要后果，表现在两个方面，即“农村小规模学校被忽视而自生自灭”，“超大班级与巨型学校不断涌现”。基于这种城乡教育发展状况的二元格局，有学者提出了调和性的解决对策：城市的小班化应该增加包容性；乡村的规模化应以小班精神作为指引。[①] 但是，相关研究也提示，“把不同的政治理想相互同化不但会招致混乱，而且会模糊作出选择的必要”；如果社会科学研究不是到“社会基本结构”中去整体性地理解社会问题，那么，也几乎不会自觉地“把焦点

① 参见高小强：《城乡中小学结构布局变化的比较和反思》，《中国教育学刊》2012 年第 8 期。

集中在制度和实践”之上。[①] 同时，社会政策研究不仅离不开“对社会的整体研究”，也无法“以中立的价值立场讨论社会政策”，或者是简单地进行冲突价值之间的调和性阐述。因为，“在社会福利体系之内，人们无法逃避各种价值选择”，只有透过价值抉择矛盾的深入剖析，才可以看清其对社会问题的建构思维或解构方式、社会理论根源和社会政策实践路径，为社会政策创新拓展信息基础、理论基础、实践基础或社会基础。[②] 质言之，在城乡基础教育发展的社会政策实践中，由于存在着财政状况的明显差异，以及基于各自教育目的和教育发展的理论预设，二者甚至还存在着较大的反差，这又决定了基础教育发展问题的解决思路和实践方式。

最后，是与多民族山区基础教育发展实践相关的社会正义评判问题，或者也可以说成是农村基础教育发展、城乡基础教育不均衡发展中的社会正义问题。但是，这可能会面临一系列的质疑。谈论多民族山区的基础教育发展问题，也关涉社会正义问题吗？如果认可了关涉，那社会正义关注的主要问题是什么？为何需要谈及这些社会正义问题？在具体制度、社会政策的实践过程之中，如何去推进社会公平正义状况？无疑地，多民族山区基础教育发展问题与社会正义问题直接相关。首先，社会正义关注的主题——“社会的基本结构，或更准确地说，是社会主要制度分配基本权利和义务，决定由社会合作产生的利益之划分的方式。所谓主要制度，我的理解是政治结构和主要的经济和社会安排。”基于此，一定的制度和政策的安排与实践，就不仅仅是“分配权利和义务的办法”，以及“社会合作的利益和负担的适当分配”问题，也是直接影响到社会成员所持“正义观”的问题，而这恰恰“构成了一个组织良好的人类联合体的基本条件”。所以，如果不能建立一个“有效地受着一种公开的正义观管理”的社会，或者说成是“组织良好的社会”，那么，社会生活不仅会受到利益冲突的影响，社会合作也会受到相应的损害。[③] 再者，如果把这进一步理解为“社会结构中的公众论题”或“公共事务”，就涉及到“公众感到他们所

---

① 参见［英］米勒：《社会正义原则》，应奇译，江苏人民出版社2005年版，第20、61页。

② 参见［英］蒂特马斯：《社会政策10讲》，江绍康译，商务印书馆（香港）有限公司1991年版，第3、15、122页。

③ 参见［美］罗尔斯：《正义论》，何怀宏等译，中国社会科学出版社2003年版，第7、4、5页。

珍视的某种价值受到威胁”，还可能“包含了制度安排的某个危机”，或者说“机遇的结构已经解体了。为正确地表述问题和找出可能的解决方法，我们必须考虑社会的经济和政治制度，而不仅仅是零星散布的个人处境和品行”。[①] 所以，把多民族山区基础教育发展问题放在城乡基础教育发展不均衡的视野中进行审视，讨论制度安排和社会政策实践中的社会正义问题，在具体的社会情境中，经验性和语境化地探讨社会公平正义对于福利和福祉获得的现实影响，就并非无的放矢。

结合多民族山区撤点并校政策实践，即简单按照某个数字规定的规模标准所实施的撤并运动，在没有配备安全和可持续的校车接送系统下，如果没有亲友可以投靠，山区学童也就只能是寄宿学校，而且是从学前班（即五六岁）开始。但是，受限于人事编制、财政压力和经济效率等刚性约束，寄宿制校点并没有能力配备相关辅助人员、专业人员和相应设备与设施。因而，对于寄宿校点的山区学生，其所获得的学校教育、所能享有的活动范围，就演变成了局限于学校范围之内，即教室、教师、室友、宿舍与食堂之间的简单轮回。如果说原来的村小，在学校教育之外，还有家庭教育和社区教育的相应配合，即在人文关怀、亲情需要、情感支持、安全保障、安全感、信任感和娱乐活动等方面的中间需求，还是可以得到较好满足的话，那么，多民族山区学童寄宿校点则意味着儿童的中间需要的严重缺失。对于学童家庭来说，现在不仅增加了经济支出的现实压力，在精神层面也增加了担忧、焦虑和压力。在一定程度上讲，撤并政策实践“影响不同的人们享用可获得的资源的方式”，甚至是“被剥夺充分享受 X 的权利，或者把 Y 强加于人，使得我们所关心的人们的处境变坏了”。社会政策实践也因此而“促成了社会正义和不正义”问题的凸显。而在调研和回访过程中，村民们反复提到的那个沉甸甸的诉求性问题：“城里的小娃娃，也这个小，就独自住校读书吗？”也许，多民族山区农民真的不了解大中城市里的学童的就学情况。也许，他们只是想进行一种人与人之间的某种对比。但是，仅仅从他们的身边，从他们的亲眼目睹中，他们已经看到了某种实质性的差别，一些离学校较近的学生依然可以走读，但对于他

① ［美］米尔斯：《社会学的想象力》，陈强等译，生活·读书·新知三联书店 2005 年版，第 6、7 页。

们这些身处边远、边缘、分散和少数民族聚居等山区村寨的学童，在没有条件投亲靠友又不愿辍学在家的情况下，就只有寄宿校点这一条道路可以走了。从他们的反复追问之中，村民们其实是在考量他们在政策调整中所处的利害关系，是在探究、追问抑或要求某种平等待遇。而这，其实是在清晰地提醒："正义从根本上要求我们把人们当作平等的来对待"，而不是在提升农村基础教育质量、促进城乡均衡发展和起点公平的名义之下，忽视教育作为一种社会现象的本质特性，进而"贬低需要的要求，使他们不再被视为正义的要求"。[①] 基于此，对于撤点并校这一教育社会政策实践，无论是过度偏好于简单撤并、集中办学、规模经济、经济效率的圭臬，还是极力想以市场化、产业化等方式办学的思维和做法，都需要给予应有的警惕。因而，以社会政策助推基础教育的质量提升和均衡发展的原则与目的不仅要坚守，更要根据社会时空条件，对具体实践进行实质性创新。同时，对某些似是而非的理论预设，需要进一步警惕、澄清与修正，即"一种理论，无论它多么精致和简洁，只要它不真实，就必须加以拒绝或修正；同样，某些法律和制度，不管它们如何有效率和条理，只要它们不正义，就必须加以改造或废除"。[②] 基于此，对过度撤并及其引致的相关社会问题，不仅可以看得更清楚，还有利于探索更好的解决之道。

三、理想追求与限度问题

随着农村税费改革完成，以县为主的农村基础教育财政体制和管理体制的确立与实施，在多种政策因素作用下，布局调整政策实践日益演变成了撤并运动。但是，从相关政策文件的表述之中，实现规模效益、均衡发展和质量提升，才是布局调整的理想追求或本源目的。[③] 规模效益，原本

---

① ［英］米勒：《社会正义原则》，应奇译，江苏人民出版社 2005 年版，第 13、30、108 页。

② ［美］罗尔斯：《正义论》，何怀宏等译，中国社会科学出版社 1988 年版，第 3 页。

③ 本书在关注多民族山区撤点并校和集中办学的社会功能时，对规模效益持一种谨慎、批判和反思的态度，如果集中办学真可以实现规模效益，就可以推理出在适合的广大地区可以节约出大量的资金、人力、物力，由此，若将节约出来的一部分资源转移和投入到因地理条件等制约而难以实现集中办学的地区，从而保障规模较小的农村校点正常运转。而现实是，在规模扩大和集中办学的地方，相应的是人、财和物等也在积聚；而对农村规模小和班额小的学校，不仅财力和物力偏弱，教师编制也少，师资也很弱，借口就是"农村班额小，不需要那么多人，这是什么逻辑？"参见袁桂林：《中国农村教育发展问题》，《社会科学论坛》2013 年第 3 期。

是工业经济领域的词汇，是规模经济和经济效益两层含义的叠加，所能表达的只是企业生产规模与经济效益之间的变化关系。也就是说，随着生产规模扩大，既可能提升经济效益，也可能降低经济效益。[①] 在农村税费改革推行和完成之后，随着以县为主体制和免费义务教育政策的确立与实

① 规模效益包含了规模经济和经济效益两层含义或目标的叠加。规模经济（economies of scale），指在生产技术不变的条件下，企业通过扩大产量规模而使经济效率得到提高的现象，通常表现为企业生产的平均成本随其产量规模的扩大而下降。主要可以表现为五个方面：一是企业在规模扩大后可能使用先进的生产技术和更为先进的机器设备等生产要素，而规模过小可能做不到这一点；二是随着产量规模的扩大和对更多人力与机器设备等生产要素的投入，企业内部分工可能会更为合理和更加专业化；三是较多的技术培训和规模生产经营管理，可能会导致成本节约；四是较大的产量规模可能使企业在采购原材料和推销产品方面更为有利；五是较大的生产规模可能使企业生产的产品多样化，使得一些副产品也可能得到综合利用。

但与规模经济对应的是规模不经济或内在不经济（diseconomies of scale），具体表现为四个方面：一是企业生产规模过大面临的协调和管理困难，导致经营管理缺乏效率；二是过大的企业规模，也可能对合理分工和专业化带来不利影响；三是企业过大的产量规模，也会导致生产要素价格随着需求量增加而上涨；四是产品的价格可能随着市场供给量的增加而下降。所以，规模经济与规模不经济只是反映企业规模与经济效率之间的一种相互关系，其所要说明的和强调的是：任何企业的生产经营管理都有一个适度规模议题或规模限度问题。基于此，可以做进一步的讨论：在生产技术条件不变的情况下，某个建成企业的生产经营规模从较小规模向较大规模过渡，可能实现规模经济，也可能是规模不经济，因为都会受到规模的约束。若要比较两个或多个企业的规模经济问题，则需要同等条件的建设标准、生产经营规模和管理状况，否则，可能很难进行比较。但在当前关于撤点并校的研究分析中，不少的研究只是关注了规模经济的这一面，而忽视或有意回避内在不经济的那一面。而在不同地理条件、人和社会多样性之下的农村基础教育，是否可以用办企业一样的思维来进行简单的审视和解读也还值得商榷。同时，我们不能忽视或有意遮蔽的一个基本常识是：农村里的小学校、乡镇里的中心学校、城市里的各种示范学校，它们根本就不是以相同的规模和标准进行建设的，也不是以相同的师资、设备、教辅条件和管理形式等来建立、配备和运转的。

经济效益（economic benefit），也被称为经济效果，是用来描述经济活动过程中投入和产出、消耗与成果、费用与效用之间的对比关系。其评价指标也是多种多样的，比如投入方面，就可以把活劳动消耗、各种生产资料消耗、预付资本等作为指标。而活劳动消耗可以是指劳动时间、直接生产者的人数或者企业的全部人数。各种生产资料的消耗可以是直接的消耗或直接和间接的完全消耗；预付资本可以是全部占用资金、固定资本、流动资本、各项机器设备或生产能力。如果选取产出方面作为指标，如社会总产品、国内生产总值、国民收入、最终产品、总产值、净产值、利润、各种产品、各种劳务、新增生产能力、各种效用、各种收益等。由此可知，经济效益的提高取决于多方面的因素，包括发挥社会经济条件、物质条件、自然条件、组织管理经济与科技的政策等积极因素和作用。这也就是说，只要选择了不同的统计口径，得出的将会是不同的经济效益评价。同时，提高经济效益不仅仅需要考虑个别的单位、企业和具体所处的时期，更应注重社会的、长期的经济效益，保证经济的可持续发展。而这对于片面强调集中办学和规模效益，漠视多民族山区经济社会文化等条件，过于关注节约成本而忽视山区基础教育可持续发展路径的社会政策、理论思维和具体实践，都是具有批判意义的。以上参见《中国大百科全书》（第二版）（第8卷），中国大百科全书出版社2009年版，第288、289页；《中国大百科全书》（第二版）（第12卷），中国大百科全书出版社2009年版，第94、95页。

施，各级地方政府和教育行政部门在财政压力之下，纷纷借助强有力的行政手段，把合并和撤并规模较小的校点作为了主要目标，在农村适龄儿童减少和校点规模变小的情况之下，在大力推进城市化的冲动之下，通过撤点并校、减少数量、集中办学和扩大规模，来追求资源配置优化、投资效率提升。但是，在家校距离变远之后，如果要保障边远地区学生对基础教育的公平可及性，公费配置的校车接送学生往返就尤为必要，但这将是一笔不小的、持续的财政开支，可能也有违效率优先要求。如果不能每天接送学童往返于家校之间，那么，只有让不具备走读条件的学童寄宿学校，为了尽量减少家长接送的次数，而选择在校住读十天，回家休息四天。但是，低龄段学童寄宿学校首先遇到的是，生活能力不足问题、学校安全保障问题、人文关怀和亲情情感缺失等问题，需要配备相关的辅助人员和专业人员，但这不仅与控制人事编制要求相违背，也与精简教师、员工数量相矛盾，更与规模经济的要求相矛盾。再就是，在改建、扩建与新建校舍要增加财政支出的另一面，是既有校舍的闲置和浪费，因为它们地处偏僻，拍卖出售比较困难，也不太值钱。而一些乡村校舍，原是靠着村集体、生产队和农民多代人的投入、付出和支持而建成的，根本无法达成处理意见。[①] 最后，由于基础教育低龄段学生的特殊性，以及教育活动与工业生产的本质性区别，以某个固定数字为依据或标准的撤并，简单化和一刀切的集中办学和规模经济追求，不仅给山区基础教育这一基本公共服务的公平可及性造成困难，甚至导致了一些社会弱者、少数族群承担了过高的代价和风险，导致厌学、辍学现象反弹。

均衡发展是针对非均衡状况而提出来的政策目标。不均衡状况，一般可以从城乡之间、区域之间和特定区域之内的差距上反映出来，主要表现为基本办学条件、教育教学质量和教育发展水平上的差距。究其根源，主要是由经济社会发展的不平衡所造成。基于基础教育作为一种基本公共服务的理解，其本质就是公民的社会权利问题，是具有社会成员资格的公民是否能够拥有平等的社会权利问题，以及社会权利的实际实现状况问题。

---

① 在调研中，一些校舍大门紧闭，设施闲置。在某校，镇政府、镇派出所、镇中心校曾于2011年秋季采取过联合行动，打算拉走该校的部分桌椅等设施，遭到了村民的强烈反抗，只能中途撤离。

如果从教育公平的角度来理解均衡发展问题，即从“教育权利平等与教育机会均等”两个方面进行解读，这首先是在法律法规和社会政策层面上的抽象的平等认可；其次是权利实现状况上的平等。[①] 作为公民基本权利实现的基本公共服务获得，是随着政府行政管理能力、公共财政能力和社会福利政策能力的拓展与提升，而逐步进入到公民的社会生活中的。[②] 如果进一步结合前面提到的农村学校布局调整的三种实践类型，即从城镇向乡村扩散型，扩散与集中相结合型，以及从乡村向城镇的单向度集中型（即撤点并校），对农村基础教育的均衡发展，都产生着具体而深远的影响。大致说来，学校从城镇向乡村扩散的过程，是乡村学童就近入学的机会日益增多，逐步实现基础教育公平可及的过程，也是逐步实现有学上的过程。而在20世纪六七十年代一直到“普九”基本实现的这个阶段，农村学校布局调整中出现了扩散与集中相结合的实践，通过撤并平原地区的部分学校来充实山区学校，这不仅有利于山区学童的就近入学，对促进教育均衡发展也有积极的实践意义。回望前面这两种实践模式，在特定的社会经济条件下，在政府公共财政能力和社会福利政策能力都尚存不足的时代，在公共财政投入较为短缺的时代里，紧紧依靠农村集体和农民力量举办基础教育事业，基本完成了穷国办大教育的艰巨任务，初步实现了普及目标，为均衡发展和质量提升打下了较好的基础。

而农村学校逐步向城镇集中的撤点并校过程，一方面可以视为农村税费改革的倒逼过程；另一方面也可以视为政府的公共财政能力和社会政策能力增强的过程，也是教育秩序建构能力增强的过程。从某种程度上说，这可能会给城乡基础教育的均衡发展创造一些有利条件。首先，利于校舍改善、师资规模扩大、教学仪器配置；其次，通过减少、取消一师一校和初小，增加完小和中心学校，对促进基础教育的结构优化、均衡发展和起点公平，也会产生积极的作用。最后，对于边远地区、边缘地区、高寒山区、贫困地区、居住分散地区和少数民族聚居地区的学童而言，通过离家

① 参见杨东平：《从权利平等到机会均等——新中国教育公平的轨迹》，《北京大学教育评论》2006年第2期。

② 当然，在确立和实现福利权利的同时，也在不断地强化着公民的责任和义务。参见郭忠华、刘训练主编：《公民身份与社会阶级》，江苏人民出版社2007年版，第50页。

寄宿学校，也可以获得较好的学校教育服务。但是，这只是从硬件和可能的方面进行的应然阐述。而在软件和挑战的方面，还没有给予相应的阐明。

换言之，在考察城乡基础教育发展不均衡问题，探究促进其均衡发展的对策之时，可能还需要关注区域差异性、历史过程性、社会累积性和动态持续性，以及公共性和公平可及性。在农村学校撤并过程中，平原和山区之间存在着较大的差别。在平原地区，因为人口承载能力较强，农户居住相对集中，只要有了公费配置的校车接送系统，学校规模扩大就较为容易，也更可能实现规模扩大与均衡发展的同步。但如果是在地形复杂的多民族山区，农户居住分散加上交通不便，校车接送就会比较困难，不仅是不经济的问题，还有因安全考量而使校车不敢启动的问题。在一些山区农村，甚至是根本就无力做到校车接送。同时，在山区环境之内，也还需要考虑社会文化因素、族群差异因素等的影响。既然基础教育发展的不均衡问题是长期积累的过程和后果，各方面的改变也将是一个较长的过程，既需要家庭教养方式的跟进，学校教育教学理念的跟进，学校管理水平的提升，相关专业人员的配备，辅助设施的逐渐完善，辅导水平的逐步提高。但这又可能与规模经济追求相违背。

所以，依靠行政主导的撤点并校政策手段来促进城乡基础教育均衡发展的努力，必然要有一个“度”的把握问题，而不是一蹴而就或一步到位的简单化抑或一刀切地撤并，因为，这必然存在着较大的局限性。质言之，这是需要因时制宜、因地制宜地进行撤并的公共议题，而非唯城市化导向和线性看待农村基础教育均衡发展的问题，进而是充分警惕“被均衡”、“被转移”和“被城市化”的均衡发展盲动，高度重视过度撤并所带来的“经济代价”和“精神代价”等问题，而不是极力地漠视、转移和否认代价，或者美化两极分化的“城市中心主义”。[①] 关于精神代价问题，包括了家庭和学童两个方面，但亟须关注的是低龄段寄宿学童的精神压力和心理健康议题。从心理动力学的角度看，“自我”主要是社会与文化的产

① 参见范铭、郝文武：《对农村学校布局调整三个“目的”的反思——以陕西为例》，《北京大学教育评论》2011 年第 2 期。

物，自我的发展是在与社会环境互动中，借助心智成长和行为能力提升等因素，而逐步获得发展的。当多民族山区低龄段的学童离开最可信赖的人和最为熟悉的社会文化环境，突然进入并要独处一种陌生的环境时，由于处理冲突、应对问题、对付焦虑、调整自我、处理压力和掌控环境等能力的不足，可能会产生行为退化或虚假进步等反应。尤其是虚假性的进步，他（她）仅仅是为了避免羞耻、惩罚、纪律和规范，而进行的某种“伪装”，但这进而还掩盖了某些深层危机和成长问题。而所呈现的，其实并不是学童的真实的自我——“了解环境并操弄环境”的自主的、能动的、真实的和健康的我。① 而之所以要把“羞耻”列入自我问题并放在第一位，是由于“羞耻感是‘公共性’的”，是权力、纪律与规范赋予和次生的东西，在校园这一特定的“社会生活”中，学童“维持‘前台’就是要避免羞耻感引起的种种焦虑”，从而避免“羞耻或尴尬”，做一个“自制而不失自尊”的“小大人”。② 而在后台，就是我访谈学生所告诉的真实情形：

叔叔啊，我会想家呀，虽然我都读四年级了，才去的时候还是想家得很。想家时候，睡也睡不着，还想连夜跑回家来，每天晚上，都要哭好几次才到天亮。也只敢偷偷地哭呀，生怕别人听见了。……害羞！这头被窝弄潮掉了，明晚就换那头盖。有时候想家，有时候想一些乱七八糟的事情，睡也睡不着。在宿舍，晚上，又不能说话，也没有人可以帮我解决。……连着几天睡不着（觉），也就没有精神和兴趣读书了。受欺负呢，倒是可以去找老师说哈。想家是我自己的问题，怎么找老师说呢？③

提高质量，即提升教育教学的质量与水平，这包括了多方面的因素，可能涉及学校基础设施的改善，仪器设备的配置，教辅设施和相关专业人员的配备，师资水平的提升，教育理念的创新，管理水平的提升。撤点并校政策实践，可以实现集中办学和扩大学校规模，为基础设施建设、硬件条件改善、仪器设备配置等，提供积极的促进机会。但是，限于人事编制

① 参见［英］佩恩：《当代社会工作理论：批判的导论》，周文琪等译，五南图书出版公司1995年版，第77—82页。

② 参见［英］吉登斯：《社会的构成：结构化理论大纲》，李康等译，生活·读书·新知三联书店1998年版，第127、128页。

③ 2012年6月7日在杨家村与小学生的谈话。

和规模经济等，辅助人员和相关专业人员基本难以配备。在学校规模扩大、学生群体变得更加复杂多样、寄宿学生变多和学校管理任务加重的情况下，教育理念和管理理念的创新，就显得更为重要和紧迫。但在当下的学校运行中，这些转变中的新问题与新挑战，其实并没有引起教育行政部门、学校管理者和教师的足够重视。在我们调研的一些学校，其实还是按老一套在运作，对于问题的复杂性和挑战性，其实基本没有意识到，更谈不上自觉应对。因而，在教育理念和管理理念的转变与创新方面，也许不仅是缓慢，更是缺少意识与自觉。关于师资水平提升，这不仅是一个长期的持续的过程，更是一个方向如何选择的问题，到底是仅以学历达标来衡量，① 还是要以有效应对新形势、新情况、新问题和新挑战来衡量，其实尚未取得共识。同时，在基础教育发展水平存在参差性和多样性的情况，是局限于培养“专科”人才，还是应该增加一些“全科”教师，也需要共识。此外，在农村学校规模扩大，教育理念和管理理念缺乏转变和创新的情况下，如果不能解决人文关怀和学生面临的情绪情感问题，进而有效调动学生的学习积极性，那么，提升教育质量和教学水平，几乎就是无源之水、无本之木。换言之，集中办学和扩大规模，仅仅只是提高质量与水平的因素之一，而不能简单地乐观地画上等号，而是亟待其他方面的协同创新、相互配合和协调跟进。

四、社会政策与社会福利追求的限度

在前面的分析中，我们多次提到和强调，借助社会政策解决社会问题并非依赖于、也很少会落入简单的“手段—目标模式”。对于教育社会政策亦然，首先遇到的是，经济目的与教育目的的重要差异，前者完全可以在同一层面上生产标准化的商品；而对于后者，常常需要从特定的社会时空、文化环境、发展水平、社会群体和族群差异出发，进行灵活多样的教育教学和人才培育活动，进而实现人的全面发展目的。再者，借助社会福

① 关于教师教育中唯学历达标这种形式取向化的问题，已有研究作出了严肃的提醒。教师教育不仅要警惕“灌水文凭”问题，还应该着力于提升教师自身素质、业务素质和教学水平。参见彭虹斌、刘剑玲：《流变与博弈——一个农村小镇30年的教育变迁》，重庆大学出版社2009年版，第104—110页。

利政策推动农村基础教育事业的改革与发展，虽然也要考虑财政投入的经济效率问题，但这不是最为主要的问题。因为，既然是已经正式颁行实施的社会福利政策，它首先就是可能与可行的措施，是确实有能力促成某些改变的一系列政策手段和目标行动。

正是基础教育事业与工业经济生产存在的较大差异，社会文化多样性和教育发展水平的参差性，不仅曾经制约着、当下依然会不同程度地影响着乡村基础教育发展。所以，要促进城乡基础教育均衡发展、乡村教育质量提升，撤点并校、集中办学和规模效益的教育社会政策实践，只是促进发展和提升质量的一个方面，即影响教育发展的多种因素中的一个因素。质言之，仅把乡村学生集中在硬件条件良好的校舍寄宿就读，与其他学生坐在同一个教室上课（外加食堂和宿舍两个场所），而没有教育和管理理念创新、教辅人员和相关专业人员的配合，其实是严重地忽视了社会文化中的人、社会文化脉络中的教育实践与教育发展，是对教育理解的窄化、物化、机械化或还原化，即好的教育就是好的校舍加上好的教师，教育就是教师、学生加课堂。从而忽视了学生及其家庭的应对能力与承受能力。这还可能漠视人的中间需要，对教育本质——人的全面发展或自由解放的某种忽视。

如果说撤点并校政策实践，是想把一些农村学生从规模较小、办学较差的学校，转移到规模较大、办学较好的学校，使他们获得较高水平的教育教学服务，实现教育权利与机会的公平。这无疑是用意良好的设想。从微观层面看，是力图改变农村学生的某种处境、行动习惯和行为方式。在宏观层面，是力图进行一种教育社会秩序的再建构，从而改变学生的教育处境。但在新秩序建构过程中，遇到的将是一种新的文化场域建构和社会文化环境的习惯过程，农村学生不可能自然而然地适应一种新模式，可能需要不断调试与适应。而这，更需要协助条件，需要相应的辅助设施、辅导人员和专业人员的配备，以及相关辅导工作的展开。但是，这不仅与规模经济的追求相违背，甚至是根本就无力做到的事情。

所以，在借助社会政策解决社会问题和增进人类福祉时，也会制造社会问题。如果所制造的问题几乎无法解决，这就不仅是“追求人类福祉的范围及其可达到的极限”议题，更是建构新秩序的限度问题。如果不顾这些限制，硬要通过强有力的行政和权力手段去建构新秩序，那可能出现的情况就是，在破坏或损害“人类福祉的社会结构”的同时，并不能够建立起相应的“增进人类福祉的社会结构”，从而出现“社会政策的提供可能没有缓解，反而加剧了某些不平等”的状况或后果。[①] 在某种程度上讲，以下的告诫依然具有启示和警醒意义，“不知道的也是不能计划的”，[②] 人类也许并“不能在地上制造天堂，而只能是一点点地改进事物，一点点地改进它们”。[③] 对于多民族山区基础教育发展，可能亦然。改善山区学童就学，可能需要随着年龄增长、适应能力增强乃至城市化进程而逐步进城，而非孤零零地被抛入城镇的校点完事。在某种意义上讲，社会政策实践的真正目的，是要通过一种制度性的政治实践和道德实践，解决社会问题，满足人类需要，缓解社会矛盾，增进人类福祉、改善人的生存状态，从而为经济社会的和谐有序创造条件。对政策实施没能改善人类状况，而是产生了不容忽视的社会问题或非意欲后果，可能要进一步考察其实施方式，或者说新秩序的建构方式。通过研究、认识既有文化传统或文化体系的常识以后，通过两相对比，在发现常识的功能与意义时，也可以发现新秩序的功能与局限，实现某种交互理解，这种“理解不仅仅是接近性的知识，而且以接近的立足点改变理解本身”。[④] 亦即在对“复杂的、不清晰的和地方化的社会实践”有充分理解的同时，更要对现代民族国家（或政府）在追求“清晰性”、“简单化”的制度化管理过程中可能会面临着的问题，即对某种程度的“极端现代化意识形态”，以及相应的发展理念与思维方式，保持适度的警惕，[⑤] 让社会福利政策实践不光是官员、政府职能部门的某种项目偏好，而是尽可能地从社会内部设计和内化于社会的、民众可以参与并切实改善人类福祉的社会行动，使得出自良好用意的社会政策实施更加有效，产生更好的政策结果和社会效益。

---

① 参见［英］迪安：《社会政策学十讲》，岳经纶等译，上海人民出版社 2009 年版，第 10、115、81 页。

② ［英］哈耶克：《致命的自负》，冯克利等译，中国社会科学出版社 2007 年版，第 96 页。

③ ［英］波普尔：《历史主义贫困论》，何林等译，中国社会科学出版社 1998 年版，第 67 页。

④ ［匈］赫勒：《现代性理论》，李瑞华译，商务印书馆 2005 年版，第 56 页。

⑤ 参见［美］斯科特：《国家的视角：那些试图改善人类状况的项目是如何失败的・导言》，王晓毅译，社会科学文献出版社 2004 年版，第 2、3、4 页。

第三章　山区学校布局调整的社会文化体系解读

在农村学校布局调整过程中，多民族山区基础教育也获得了一定程度的发展，其发展历程中的一些基本事实，不仅是折射农村基础教育发展状况的地方性事例，也是属于众多山区基础教育个案中的一个个案，甚至也可以说成是众多的丰富多彩世界中的一个世界，更是一种在多重条件限制之下所获得的社会成就。这就是在山区基础教育发展历程中所呈现出来的“常识”。这些常识，对于理解山区基础教育是什么、如何可能、如何发展，以及如何更好地去改善和发展它们，具有积极的现实意义。因为，这些常识不仅是理解这类社会成就的重要路径，它们也不仅仅是特殊的地方性知识与普通的民间智慧，还是当地人应对社会问题的有效方式和可行能力。

第一节　山区社会文化体系与基础教育秩序建构

一、作为社会事实的山区社会文化体系

这里使用的“常识”一词，并非日常所说的“普通知识”，例如某人应该具有某方面的基本知识或普通知识，[①] 而是从人类学和社会学角度对特定文化体系的理解、解读或阐释而形成的某种认识或者知识。下面先结合格尔兹（也译为吉尔兹）和吉登斯对“常识”的相关论述进行梳理、分析和总结，对常识与共同知识的关系做出区分，进而界定山区基础教育发

① 参见《现代汉语词典》（第五版），商务印书馆2007年版，第154页。

展中的常识。

吉尔兹主张从阐释学的角度（即“对理解的理解”）对文化体系或“‘常识’系统”进行理解，从“文化的向度”对“作为文化体系的常识”进行理解，在观察、倾听、体悟中对常识进行分析，进而做“贴近事实的切近理解”，对“日常民间智慧”、“实际生活中有效地应付日常所遇到的问题”的能力，以及对“那些更为深层复杂的成就的原因”进行理解、界定、判断甚至是鉴赏，“承认他人也具有和我们一样的本性”，真诚地理解、宽容、尊重和关心他者，切近对“地方性知识”或者文化体系的理解，并阐释常识的本质意义。[①] 在这种分析过程中，阐释者不是在“探索规律”而是要“探索意义”，是通过阐释“社会表达方式”和“清理意义的结构”而理解文化，进而“确定这些意义结构的社会基础和含义”，在不把文化体系“物体化”和“简化”的理解中，在“实际生活的民间逻辑”中，揭示“通常性”但又不淡化其“特殊性”，在其“自身的日常状态之中”实现理解，借助“可解释性符号的交融体系”使得社会文化现象得到“清晰描述”。如果这样，不仅可以减少对他者文化体系解读中的“语言混乱”，甚至可以深化或创新对“秩序混乱”的理解和认识，进而还可能去“扩大人类话语的空间”，推进制度与政策的创新，拓展社会实践空间。[②] 换言之，“社会科学的对象是文化事件”，其中包含了“价值和意义”的要素；“文化科学的对象是有意义的文化事件或实在，文化科学的目的是认识这种实在的独特性质”，研究者的理解也只能是从“社会文化生活的现实”或“个别的形态”出发，而非“从那些规律和因素中推演出来”，因为“凭借这些规律也无法使我们达到对于社会文化个体的认识”。[③] 如果把某个文化体系作为“社会现实”来进行理解，通过描述某些事实，而非“单靠论证和证明”来理解现实，其实就是“与其他人一起思考每个人都知道的事”，从而意识到或者揭示出人们“所知之事的意义与真正本质”。[④]

---

① 参见［美］吉尔兹：《地方性知识：阐释人类学论文集》，王海龙等译，中央编译出版社2000年版，第4、96、97、119、19、273页。

② 参见［美］格尔兹：《文化的解释》，纳日碧力戈等译，上海人民出版社1999年版，第5、10、11、12、19、16页。

③ ［德］韦伯：《社会科学方法论》，韩水法等译，中央编译出版社1998年版，第5、6、7页。

④ ［匈］赫勒：《现代性理论》，李瑞华译，商务印书馆2005年版，第1、2页。

吉登斯对常识（common sense）的解读，是与共同知识（mutual sense）联系在一起的。首先，常识并不是"根据自然科学和社会科学的'共同知识'裁判而需要进行修正的社会存在"。其次，"共同知识也只不过是获得意义框架和支撑默认事实状况的媒介而已"，即"仅仅是一种方法论的支撑"。[①] 由此，如果说社会科学的经验研究就是要在理论和资料的交融中，揭示或者报告一些"新知识"，跨越某些"信息鸿沟"，批判某些"虚假信念"与"社会信念"，对制度与政策实践进行"情境性"的理解，亦即放置在具体的时间和空间中来进行理解，[②] 那么，共同知识其实就不过是既有的理性认识或理论预设罢了，而所谓的共同知识"无非是关系的限定与表达"，[③] 而且，"真正的科学是这样一种知识，它包含着关于知识的方法和界限的认识"。[④]

基于以上分析，人类学和社会学等经验科学所关注、研究和阐释的常识，其实就是特定文化体系应对问题的能力、人类成就的复杂原因、文化体系的意义结构赖以存在的社会基础和社会含义，以及社会行动中的民间逻辑与民间智慧。由此，多民族山区基础教育发展与实现中的常识，是指基础教育阶段学校教育在具体情境中利用多种社会文化资源、克服各种困难而获得发展的多重要素、机制和具体实践。也就是说，我们不主张甚至是明确反对把山区基础教育的发展与实现做一种还原论的理解与解读，而是作为一种特定社会文化体系来进行解读。虽然城乡基础教育都是一定的社会文化脉络中的学校教育，[⑤] 但是，这是两种文化体系下的人类成就和实践体系。山区学校教育不仅与家庭教育、社区教育相结合，还充分利用地方经济社会文化条件而完成学校教育；在特定社会经济条件和人类文化脉络中建设、维护、运行、管理和发展，以及完成人才培育的活动与状况。进而言之，本章所描述的常识和揭示的意义，是与"语言混乱"以及"秩序混乱"联系在一起进行的思考、描述与解读。质言之，在教育政策

① Giddens, *Central Problems in Social Theory*, The Mcmillan Press Ltd, 1979, pp. 251, 252.

② 参见［英］吉登斯：《社会的构成：结构化理论大纲》，李康等译，生活·读书·新知三联书店 1998 年版，第 472、473、479、512 页。

③ 陈庆德等著：《人类学的理论预设与建构·序言》，社会科学文献出版社 2006 年版，第 3 页。

④ ［德］雅斯贝斯：《时代的精神状况》，王德峰译，上海译文出版社 2003 年版，第 161 页。

⑤ 对于社会文化脉络中的教育，本章主张一种宽泛的理解，在结语部分还将做进一步的讨论。

大力推进乡村集中办学、优化教育资源配置、提升规模效益和提高教育教学质量的多重语境中，乃至在某些城市化和现代化取向的撤并解读中，常常是把农村学校与城市学校做简单的类比或混同，进而单向度地证明规模小-质量差-效益低，规模大——质量好——效益高的社会建构的合法性。但是，根据调查研究而发现或获得的一些“新知识”，山区基础教育阶段的学校教育无论是在建设、维护、运行、管理与发展方面，还是在投入、规模、师资、课程、教学等方面，都与城市里的基础教育学校有着较大差异，也就是前者在各方面都只能因地制宜，而非整齐划一或标准化实践。所以，那些简单的类比，不仅仅是语言混乱，是对“概念真正引发的那些问题”缺少警觉与批判反思，故要“在可以应用、可以拓展的地方，应用它、拓展它；在不能应用、不能拓展的地方，就停下来”；[①] 而在导致了秩序混乱及教育社会问题的地方，应该是创新政策和实践方式。

二、基础教育秩序建构与山区社会文化体系

对权力、秩序和常识的关系，这里将结合权力建构秩序的能力与限度展开，分析秩序建构中对常识的态度，为后面讨论山区基础教育发展中的常识与意义做铺垫。

如果说追求某种统一的社会秩序建构与国家权力的使用紧密相连，那么，这也伴随着现代民族国家的公共行政能力、公共财政能力和掌控社会能力的不断增强，而日益展现出来，并不断拓展与深化其实践领域，这更是一种典型的现代性实践。在现代社会秩序的建构中，现代民族国家、国家权力或者公共管理[②]对作为地方文化体系的常识，采取着不同的态度与方式。如果说现代民族国家、现代国家（韦伯称其为理性的国家）是“垄断合法暴力和强制机构的统治团体”，它发挥作用总是与权力的使用相关，

---

① ［美］格尔兹：《文化的解释》，纳日碧力戈等译，上海人民出版社1999年版，第3页。

② 这里没有将国家权力与行政管理严格区分开来，而是做并列使用，出于两个原因。其一，“政治统治到处都是以执行某种社会职能为基础，而且政治统治只有在它执行了它的这种社会职能时才能持续下去”；其二，“在一个现代的国家里，真正的统治既非在议会的演说中，也非在君主的告示里，而是在日常生活中行政管理的处置上，发挥作用”。见《马克思恩格斯选集》第三卷，人民出版社1972年版，第219页；［德］韦伯：《经济与社会》（下），林荣远译，商务印书馆1997年版，第736页。

具体体现为通过权力而分配、保护或转移利益。[①] 由此可见，国家并非外在于社会，也不是与社会对立的存在，而是紧密相连、不可分割的关系。[②] 进而言之，这正如卡斯托利亚迪的洞识，国家“是一种特殊分配和压缩社会权力的方法，明确拥有构建秩序的强大能力”；“是一个实体。它与集体性相分离，其建立的目的就是确保那分离的永久性”；也就是说，国家与社会权力不同，也不能混为一谈。[③] 而构建社会秩序既是“优选、转移和压缩社会权力”的过程，也是“要求投入大量的资源”的行动与持续过程。[④]

然而，如果说上面的分析似乎只是告诉了一种道理，即国家权力能够建构出某种新秩序，那么，接着而来的问题就是，国家权力如何建构新的社会秩序？首先，在观念层面，伴随着现代民族国家和现代社会而来的，是理性和科学的宇宙观，这种观念宣称将理性与科学贯穿到制度设计和人类关系之中，人类顺应这种制度与关系，就会获得幸福。[⑤] 其次，伴随现代科学、技术与权力的结盟，一种“以科学为基础，朝向新的、更好的秩序的目标”的社会工程，开始不断进入到了人类社会生活的各个领域。[⑥] 再次，随着理性权力、知识体系、话语系统与社会实践的结合，甚至是“扩散到整个社会领域，最终渗透到日常生活空间”，理性、知识和权力不仅结盟，还生产、维系和创造着真理。[⑦] 最后，在国家公共财政能力和公共行政能力的支撑与配合下，通过社会工程维系或建构社会秩序，也就成了现代社会的重要特征。这些，如果一分为二地看，现代民族国家的这种

① 参见［德］韦伯：《经济与社会》（下），林荣远译，商务印书馆 1997 年版，第 736 页。

② 参见［德］埃里亚斯：《个体的社会》，翟三江等译，译林出版社 2006 年版，第 238—239 页。

③ 参见［法］卡斯托利亚迪：《权力，政治，自治》，载《分割的世界》，巴黎：瑟伊尔出版公司 1990 年版，第 124 页。转引自［英］鲍曼：《全球化：人类的后果》，郭国良等译，商务印书馆 2001 年版，第 59 页。

④ 参见［英］鲍曼：《全球化：人类的后果》，郭国良等译，商务印书馆 2001 年版，第 59 页。

⑤ 参见［美］布林顿：《西方近代思想史》，王德昭译，华东师范大学出版社 2005 年版，第 106、133 页。

⑥ 参见［英］鲍曼：《现代性与大屠杀》，杨渝东等译，译林出版社 2008 年版，第 82、85、92 页。

⑦ 参见［美］凯尔纳、贝斯特：《后现代理论：批判的质疑》，张志斌译，中央编译出版社 2011 年版，第 43、56、58 页。

能力，如果使用得当，可以成为促进自由解放、提升人类福利的重要力量。但与此同时，如果这种强大的能力变得不能宽容人类文化的多样性存在，也或者是理想的社会工程设计超越了社会现实，则会成为某种破坏性力量，从而影响人类福祉，甚至是制造社会问题，加剧社会矛盾。

由此，如果说人类完全可以“自觉地自己创造自己的历史”、建构某种新的社会秩序，但也不可能走到“理性所特有的不顾后果的全部彻底性”，即梦想建立某种齐一性的社会秩序。[①] 因为，人类发展根本无法逃脱“对立统一”规律的制约，人类发展受制于“相应的时代的物质生活条件”，即“物质生活的生产方式制约着整个社会生活、政治生活和精神生活的过程”，而“一定历史时期的物质经济生活条件”制约着社会观念和社会变革。[②] 所以，在极力通过撤并农村校点，企图以集中办学和规模经济手段去追求城乡基础教育的均衡发展和起点公平目标时，虽然都是主张实现农村学童的受教育权利，但是，对不同群体的受教育权利实现的理解，其实是有差别的。对某些是正常的理解，而对另一些则是窄化的理解。由此，需要进一步注意的是，虽然“权利永远不能超出社会的经济结构以及由经济结构所制约的社会的文化发展”；但是，“权利，就它的本性来讲，只在于使用同一的尺度”。[③]

回到多民族山区基础教育发展个案中来，相对于主流文化体系和话语体系所设定的目标，虽然从理想的基础教育秩序建构来看，城乡基础教育都应该是提供一定数量与质量、一定形式与内容的教育教学服务；山区学童所需要的教育服务，与其他学生所需要的其实并没有实质性差异。因为，他们也需要获得在现代社会中生产生活、参与主流社会进程所必需的最低限度的学校教育。同时，任何的社会秩序建构，其实并没有办法逃脱历史前提的约束，质言之，多民族山区基础教育发展总是与自己的地方文化体系相连，国家在建构山区基础教育秩序时，这些约束除了在少部分历史时期受到民族语言的制约外，主要的制约还是国家能力不足，以及由此导致的城乡办学条件差距。所以，在多民族山区基础教育的发展历程中，

---

① 参见《马克思恩格斯选集》第三卷，人民出版社 1972 年版，第 323、383 页。

② 参见《马克思恩格斯选集》第二卷，人民出版社 1972 年版，第 1、117、537 页。

③ 参见《马克思恩格斯选集》第三卷，人民出版社 1972 年版，第 12 页。

无论是私塾、教会学校与国民学校并存，教学点、村小、完小与中心学校并存，普通中学、戴帽中学与农业中学并存，还是齐一性的撤点并校。这其间的主要区别在于对待常识的态度，是积极借重地方文化体系促进山区基础教育发展，还是可以在较大程度上依靠权力建构新秩序，实现山区基础教育发展。

第二节　社会文化体系中的山区基础教育

一、山区学校的校舍建设与维护

我们所调研的多民族山区学校的校舍建设与维护情况，在不同的时期有所不同；但按其主体，大致上可以分为两种类型：或是主要由农民或农村集体完成；或是主要以其他组织、部门与机构为主，与农民或农村集体一道共同完成。这里结合不同时期的学校建设与维护情况，进行概要性的描述。

私塾的校舍。私塾一般是由官宦人家、地主家庭、宗族、条件较好的村庄或者乡间文人设立，其规模也较小，学生常常从三五人到十余人不等，其校舍更是没有固定的标准和要求。私塾的教学活动可以是在普通的闲置民房里，塾师的家中，也可以是在乡间的寺庙和家族的祠堂里进行。课桌和凳子也极为缺乏，一般是学生自备木板当作课桌，自带草墩、木墩或凳子去上学。教具基本上是无从谈起。所以，私塾的校舍基本上就是因陋就简，借助现有条件勉勉强强地凑合使用，几乎没有现代意义上的校舍可言。

教会学校的校舍建设与维护。由于山区教堂、教会及其学校的经费，主要是从国外募集，一部分来自教徒捐款，在一般情况下，教堂也就是学堂，教堂场地也就成了学校教学场所。所以，教会学校校舍的建设和维护费用，有的来自募款，有的来自捐款；当然，各校的学董也负责筹集一部分。同时，教会、教徒、学生及其家长也出工、出力、献料，支持学校的建设和维护。

国民学校的校舍建设与维护。民国建立以后，为了增加经费、推进国民教育发展，在继续沿用学田租谷的同时，还开征了一些捐税，以缓解教育经费的不足。但这也仅仅只是可以支应县、乡两级学校的费用，对于大量保国民学校的办学费用，还是要靠摊派到农户头上来解决，由农户集资、献料、出工、出力来建设和维护校舍。以怕那社区国民学校的创建来说，建校靠的是附近各村寨“出资、出力，出义务工，投工、献料来完成，而目前已有孩子上学的家庭，还需要多出一倍的义务工”。[①] 而在一些社会经济条件都更加艰苦的山区，事实上是没有什么像样的校舍的，或是把空置的牲畜圈打扫干净开始了教学，或是把昏暗的寺庙和祠堂作为校舍。经过几年的努力以后，村民才建起了校舍，有的地方甚至是一直到了1949年，都没能建立起一座普普通通的校舍。

新中国成立后的学校校舍建设与维护。1950年以后，虽然由人民政府统一供给教育事业经费，但因整个社会都处于百废待兴状态，在社会经济条件的严重限制下，各地的办学条件其实依然艰苦，一些破损严重的学校，甚至是只能靠迁入没收来的地主庭院上课。在这种情况下，地方政府选择了积极依靠群众投工、献料，政府进行适当补助的灵活办法，修缮和新建了部分校舍，给部分学校增加一些桌凳。进入20世纪50年代后期，随着教育革命、“大跃进”办学和教育管理权的下放等政策措施的落实，山区学校的建设和维护变成了以基层政府适当补助为辅，由社区集体投工、出力、出资、献料等来建设和维护为主的状态。也正因为如此，多民族山区校舍乃至广大的农村校舍的建设与维护，基本上都是因地制宜、入乡随俗，[②] 建盖样式和地方民居的区别并不太大，即校舍大多建盖为土木结构、瓦片屋顶的建筑物。若以禄劝县的校舍建设状况来说，就是到了20世纪80年代，除了县城里头的少数学校使用了部分砖混结构外，各地的

① 2012年5月24日与光德老人的谈话。

② 这种因地制宜体现在符合现实需要、经济适用、学生规模、学校规模、校舍样式等方面，也就是说，农村学校与城镇学校并不是以同样的规模和标准建设，也不是以同样的教辅、设备和师资来配置。强调这一常识的重要性就在于，当前的一些学者和研究成果总是在说服我们去迷信：规模小、投资分散而造成人力和投资的浪费，难以改善办学质量，更不利于城乡基础教育均衡发展。但别忘了，可能在农村学校建设的那个时期甚至是当下，其恰恰是很有效率的。如果试问：农村校舍建设和维护的投入主体是谁？是农民和农村集体嘛！农村学校和城镇学校是按照同样的规模和标准建设的吗？显然不是，而是因地制宜和因时制宜地建设的！

中、小学校舍大多都还是土木结构的建筑物。再从该县中、小学的设施配备来看，就是到了70年代，多数乡村学校的桌、凳也还依然紧缺，不少学校还在以垒木基搭木板的方法来解决课桌缺乏难题。而校舍改善、桌椅配备、教具增加，则是随着90年代以后实施的“普六”和“普九”计划，甚至是为了迎接上级的检查验收或达标升级考核，才逐步得以落实的。当然了，在新一轮的校舍建设、设备增添和办学条件改善过程中，农村集体组织的村组两级（村委会和村民小组），农民家庭或农户依然承担了主要的人力、物力和财力支出。

再来看看另外的一个山区县——寻甸县——的校舍建设与维护状况。该县从1985年起，在全县范围内开始大力普及初等教育，遵照“一无两有”的基本要求，[①] 为完成专区和县里制定的普及教育计划，乡、村两级通过集资办学、开展勤工俭学等方式，积极改善校舍条件和办学环境，并在完小逐步实现了“六配套”，即教室、宿舍、厨房、校门、围墙、厕所等的完整配备。在村公所（即原来的办事处，当下的村委会）一级的小学配备地球仪等教学仪器。同时，根据普及小学的计划和要求，在具体的实施过程中，把分散在山区、彝族、苗族村寨的简易小学、教学点的办学条件也一并改善，只是在改善程度上有所不同。根据“普九”验收的需要，地方政府还进一步加大了经费支持力度，通过政府出资和农民集资相结合的方式，终于把一些山区学校也改建成为砖混结构的建筑物，变成了老百姓所称的“洋房”，配置了远程教育的相关设备，率先在器物层面上达到了现代化，为办学条件改善和教育教学水平提升奠定了物质基础。[②] 但在我调研的地区和邻近县份，在农村税费改革完成以后，出现了一种普遍的

---

① “一无两有”，是“校校无危房，班班有教室，学生人人有课桌凳”的简称，是在1980年12月3日发布的《中共中央、国务院关于普及小学教育若干问题的决定》里提出来的，该文件还明确要求，“农村小学的校舍修建和课桌凳的购置，一般应由社队主要负责，国家酌情给以补助”。

② 这种逻辑，笔者曾在2006年的文章《文明村的故事》中阐述过。水泥路预示着现代化、城市化与文明程度更高，村庄也更文明、更有面子。而在“普九”过程中，钢筋、水泥和砖石校舍也再次成为城市文明和教育现代化的主要体现方式。而木头、土坯和瓦片屋顶，则成为教育质量差、不符合达标升级和“普九”验收的某种凭据。但需要强调的是，我们并不是要固守传统校舍建筑、反对器物的现代化，而是希望能更为全面地理解和实践教育现代化，在办学方向、教学内容、教育理念和管理方法等方面，都去面向现代社会挑战、人的全面发展和现代生活要求，而不仅仅是把学校器物层面变得现代就等同于教育的现代化。

社会现象：随着行政主导型的撤点并校任务的推进与完成，一些新建不久的校舍又迅速地被闲置、废弃和浪费了，又在另外地方或是改建、扩建，或是新建校舍。

纵观多民族山区校舍的建设与维护过程，主要的人力、财力和物力投入，还是通过集资、摊派等方式而得以实现，政府给予的是适当的补助。进而言之，农民、村组集体是农村学校建设和维护的主体，也正是因为这样，各地的农村小学校也是从社区的实际需要和现实的人力财力物力限制这一基点出发，而非根据某种统一的校舍建设标准、教学设备、教辅条件和教学仪器等配置标准来完成配备。对于一些简陋的山区小学校，如三角板、圆规、直尺、黑板、篮球场和篮球架也是靠社区木匠、师生等的共同劳动来完成的。如果用一句话来概括这种状况，那么农村教育农民办，在过去很长的一个历史时期里是一个基本的社会事实，亦即，在政府保障的农村义务教育体制和覆盖城乡的公共财政制度建立以前（2007 年是分水岭），主要是农民和村组集体在兴办农村基础教育。

二、山区基础教育的运行与管理

山区教育是围绕人才培养这一基本诉求而在山区学校内外进行的一系列教育、教学、管理和辅助等活动。所以，其运作涉及到师资配备、教师工资待遇、教师流动、教学活动、学校管理、办公经费、家庭与社区支持系统、学生同伴群体、学生流动等等方面。这里将分成两个大的时段分别进行叙述，即新中国成立前的状况和新中国成立以后的状况。

新中国成立前的状况，涵盖了私塾、教会学校和国民学校。私塾先生，主要来自乡间文人，其主要工作与职责是在家中或是寺庙、祠堂里设馆训徒，通过书写、诵读与讲解，教学生识文断字，承担学生在私塾期间的普通照管，学生放学以后就基本不用他管理了。塾师的束脩或生活来源，主要是事先与其商议好的钱、粮，或米、面、油、肉。教会学校的教师，主要来自教会学校的初小和高小毕业生，所教授课程与国民学校的一致，只是在进入高年级以后要安排与宗教信仰相关的学习课程或仪式活动，其待遇一部分是来自教会筹集的经费，一部分来自学董筹集的钱粮，其待遇也稍好于私塾先生。由于教会学校的学生既有附近社区走读的，也有寄宿学校学习的，所以，在正常教学活动、课堂管理和作业批改之外，教师还要负责寄宿学校学生的相关管理工作，以及带领学生参加背柴、担水和种地等一些简单劳动。山区国民学校的教师都是驻校教学，放假后由村民送回，开学前接来学校。调研中，几个村民是这么说的，“当时请老师是学董（即校长）和家长商量后去请的，如果村子里有会笔墨的人，就写个帖子，事先约定好时间后，到快要开学的时候派可靠的人去接老师，派去的人帮老师背铺盖和衣物。到放假的时候，再送老师回去”。① 我的调研还发现，教师中来自县立师范的毕业生极其少见。由于总体上的师资匮乏，加之山区地处偏远、条件艰苦，多民族山区国民学校的教师主要是来自两个方面，即国民学校和教会学校的毕业生，文化程度主要是初小或高小毕业。由于保国民学校的相关经费要由学董负责筹集，即从农户中收取一定的钱粮，支应所请教师的教课费用。② 所以，多民族山区国民学校教师的待遇，虽然在延聘之前已经商定，但最终落实还得靠学董去催收，就是从门牌确定的户头，从每户农民那里凑米、面、油、盐和肉。怕那社区的德华和光德老人是这么说的：“那个时代的老师，哪里像现在这样哦，个个月都有固定的工资，说得不好听一点儿，就是混个糊口的生活而已”；“老师驻校教学生，答应一年给十把米、五斤油和几斤肉，有时候还不一定全部拿得到。因为农民都穷得很，拿不出来，当时是一个甲，上下两片一起凑，为了方便凑物资，还在上片选一个学董，下片选一个学董呢，有时候还凑不齐呢。”③

新中国成立以后，即 1950 年以后的状况。20 世纪 50 到 80 年代初，这个时段的山区学校教师，有的来自新中国成立前的老教师，还有的来自新中国成立初的初小或高小毕业生。进入 70 年代以后，多民族山区小学校开始加入了一批戴帽中学的毕业生和其他学校毕业的高中生。到 80 年代中期以后，山区学校教师在增加高中毕业生的同时，也开始加入了一批中师毕业生。进入 2000 年以后，还加入了专科学校和本科院校的毕业生。在教

① 2012 年 5 月 24 日与光德老人，25 日与成方老人的谈话。

② 2012 年 5 月 25 日，与成方老人的谈话。他强调：要自立门户的才凑钱粮，有门牌就算作一个门户，没有则不算单独的门户，也不在收取的范围之内。

③ 2012 年 5 月 24 日与光德老人，以及 5 月 30 日与德华老人的谈话。

师平均学历逐步提升的同时，还逐步加入了了解教育学、心理学知识的师范学校毕业生，这对改进教育教学的思想观念和方式方法起到了一些积极的促进作用。纵观20世纪50年代到21世纪的前十年，山区学校教师的工作职责也因学校类型的不同而有所区别，但其相同的方面就是负责日常教学、课堂管理、作业批改和学生在校期间的短暂管理。所不同的是，对于有学生寄宿的学校教师而言，还要负责寄宿学生的安全管理工作，但因为学生自理能力总体上比较高，教师的管理压力并不大。这个时段教师的生活来源或工作待遇，就正式编制内的教师来说，先是以粮食作为工资，之后是工资加公社解决的口粮。社队时代的民办教师，除了工资待遇比公办教师稍低之外，口粮是由公社和大队共同解决的。而代课教师，[①] 则是在70年代才出现的新事物，他们在各生产队教一到三年级的小学生，上面给的待遇是每月8元钱，但其中5元要交在生产队，实际到手的只是3元钱。因为，他们要靠生产队给的工分来参与口粮的分配，从而维持基本的日常生活。在包产到户（实行家庭联产承包责任制）以后，生产队的代课教师退出了历史舞台，基本上都回家种土地去了。[②] 但是，伴随着农村基础教育发展、师资紧缺等实际情况，农村小学的民办教师则持续到了21世纪初期，他们的劳务费用，逐步变为乡、村两级的经济责任，由乡、村想法子筹措。当然，随着农村税费改革完成，代课教师被清理或辞退，这种现象也最终变成了历史记忆。

关于山区教师和学生的流动，大致可以把80年代中期作为分水岭。在之前，多民族山区学校教师的流动，主要还是在不同的农村学校之间进行。而随着70年代中后期一批重点学校的建立和发展，山区教师的流动在原来的基础上还增加了一种新的形式——向城镇方向的流动，就是把教学搞得好的老师从乡村调入乡镇或县城的学校。在某种意义上讲，山区学校

① 在山区乃至广大农村基础教育发展过程中，乡村代课教师曾经发挥过重要作用，为缓解师资紧缺，促进教育发展起到了积极作用，甚至还在教师队伍中加入了积极的竞争因素。因为，一些代课教师的学历、教学业绩，其实都很不错，他们为获得有限的转正机会而勤恳工作，有的幸运地转成了公办教师。但还有一些，受制于人事编制、参加工作时间等因素，在农村税费改革大潮中走到了尽头，退出了乡村教师行列。

② 2013年12月份，这批退出了教育战线的生产队代课教师得到了现金补偿，按照实际发生的教育工作年限，每年补发给980元人民币。

日益成为锻炼、培养年轻教师的训练场，一旦教出了好成绩，很快又被调到城镇学校去了。这其中，小学阶段的优秀教师主要是进入乡镇的中心学校，或者从非完小调入完小。中学阶段的优秀教师主要是从乡镇调入县城，或者从普通中学调入开办高中段的完全中学。同时，乡村小学的优秀毕业生，也通过划片入学的方式，被选拔到较好的中学就读。[①] 当然了，这种选拔的后果对乡村的中、小学发展都很不利，因为，无论在师资配备层面，还是在学生整体学习能力方面，他们都与重点学校存有一定的差距，这意味着这些学校的老师要付出更多的劳动和艰辛才可能达到一个较好的教学质量，而班级中也会缺乏一批能够在学习方面拔尖或带头的学生。而在某些情况下，他们甚至是无论怎么努力也难以达到或超越重点学校，从而形成某种恶性循环，因为努力的收效甚微，教师也不想好好管理班级，学生也无法认真学习。在我调研中，某中学即属于此种情况：

大乡上那个中学，办学的历史并不长，好像还没有中心小学长，就三十来年的事儿。原来是在烂泥箐，被我们这一带戏称为“滥牛圈”。学校管理混乱、偷盗抢劫、打架斗殴、教学质量差火，可以说是相当的典型了，从山区去读书的学生当中，能够初中毕业的都不多，有的甚至不到一个学期就卷铺盖了。[②]

学校为什么会这么混乱呢？主要还是乡镇上的一些混混和学生勾连在一起，这些能闹腾的人不仅在经济条件上要好于山区学生，而且还多多少少有点后台，所以可以在这片小天地上“玩江湖”。[③] 那么，在这样混乱的学校里，山区学生想要中学顺利毕业，他们该怎么做呢？为此，我访谈了

① 这里的“优秀”，只是借用了当地农民的话语，并没有更宽泛的意义。优秀教师就是教学质量高，教学过程中出了好的统考成绩。优秀学生，就是统考中成绩拔尖，能进入重点学校的学生。

② 2012 年 6 月 8 日在怕那彝族村与先锋、新中等人的谈话。

③ 这种“江湖习气”成了该校甚至是一些乡镇中学的一种坏传统，一直到今天也没有发生实质性变化。在 20 世纪 90 年代中期以前，这类闹腾学生只要混个初中毕业证，就有机会参加招工、获得入伍等机会，随后还可能获得一个行政或事业编制的工作岗位。所以，他们是不需要去愁学习的，就算是没有能力去获得相应的工作岗位，他们还可以在街坊上做混混来过日子。然而，对于山区学生而言，他们既没有这种优越性、资源条件，更没有闹腾的本钱。想做混混更是无门。这是为什么呢？山区经济社会发展的滞后，资源和空间也很有限，使得想通过当混混进入体制内的机会也极为有限，甚至就是彻头彻尾的空想和做白日梦。混混要想成功，必须要有关系、人脉和金钱。否则就成了垃圾，一扫就没有了！所以，对于多民族山区的农家子弟，只有老老实实读书，借助考学来改变命运，跻身到体制内；或者靠积极的生产劳作、打工挣钱而过一种相对成功和主流的普通人生活。

1999年秋季入学、2002年夏季初中毕业的几个学生，因为这批学生中除了辍学的几个外，其他将近20人居然都顺利地毕业了，他们当中还有几个考上了省会的中专学校，如卫生学校、建筑学校等，毕业后有的还在省城里找到了不错的工作，买了房，买了车，安了家。他们的回答反映了如下情况：

最主要的，就是要团结！需要同一个地方去的同学的团结互助，支持贫困的和体弱的，有效地处理好与调皮捣蛋、混混、好人和同地方去的同学呢关系。比如时不时买包烟孝敬孝敬他们（混混），不能与他们毫不来往，但也不要与他们走得太近，不能与他们同流合污、沆瀣一气。一是涉水太深危险；二是我们这些山区学生一无靠山二无本钱。在乡上读初中比在县里的好学校，是要困难呢多啊！一是，要处理复杂的社会关系，比如被欺负甚至是被打，不是说打不过别人，而是没有钱去打架，一个星期就只有20块钱，就是个维持基本的生活，还有来回的一小部分车费；有时候实在没有钱，大伙就只能结伴从学校一直走到家里，放学以后饿着肚子走，20多公里的山路啊！二是，调班与适应新老师的问题，有时候是乱的都调整在了一个班里，老师也管理不了，或者是遇到新的老师一下子适应不过来，没有了学习兴趣，造成跟不上趟，再也不想学了。三是，我们山区学生不善于与老师打交道（沟通），从小就形成害怕老师的习惯。四是，外语、数学是我们最大的弱项，严重影响升学和毕业。因为没有希望，所以也就不会去努力学习了嘛。这个打架吧，不打嘛吃亏，打了又没有钱去摆平，十分难办。人家打我们倒是可以，人家有后台有靠山，就是有人！我们呢，除了有点儿力气，就什么都没有了。父母又是老实巴交的农民，讲理也讲不过人家。拉帮结伙搞对抗吧，也可以减少受气和挨打，甚至是完全不用吃亏，但也影响学习得很，不小心闹大了，也就读不下去了，只能回家了。因为山区人毕竟不像城镇里那些有关系、有人和有钱，这里读不走，换个地方继续再混。①

这种情况既是多民族山区学生的现实困境，也是多数规模较大乡村学校的困扰。

---

① 2012年5月23日在新田村与谭小学的谈话。

但是，为什么这么多的学生在流失和辍学，而笔者看到的那些统计毕业率还是高得很呢？有学生是这么样回答笔者的：

我们是亲身经历过的。……要应付上面来检查，拉五、六年级个头高的学生来充数，人数不就够了嘛。我在的这个班，原来有58个人，三年下来就剩一半了。我们学生每人一个月还有100块钱的补助，这也是钱嘛！他们的那个班，原来有54个，现在才有38个，也就剩下38个学生了。……①

如果说乡镇中学的教育质量存在着这样那样的问题，那么，把成绩好的山区学生都集中到县城或者划片集中到完中就学，其结果又如何呢？为了得到一些解答，笔者也访谈了曾经在完中就读的几个学生：

和铜安、红林、兴花、光尧、兴留是一个班呢，我们是1989年考到县一中民族班的，那个时候家家都经济困难，交通也不方便，一天就只有一两趟车去县城。有一次，我们几个没有赶上班车，从家里走了差不多是十公里小路（山路），又再走了11公里到大乡上（即乡政府），最后是靠央求人才搭了一个要去拉货的空车。但还得说人家良心好，没有要我们几个一分钱。我们六个人当中，只有两个的家庭经济条件比较好一点儿，其他几个，都差不多，都是靠省吃俭用才熬过来呀！在县城读书倒是不像在乡镇中学那个乱，但也还是经常为吃饱肚子而发愁，甚至是睡不着觉。这影响学习啊！但后来还是勉强把高中读完掉了。②

光尧和笔者的家庭更困难，读了不到一个学期，就都回家来掉了！说个实在话，连吃饭的钱都不够，这个书咋个读呀！不要说穿着不如人，害羞和自卑也影响学习了！这真的不像读小学那个时候啊，大家都差不多，也没有什么感觉，但是到了县城，各种压力都有啊！当然了，在我们那个时代退学的（学生），未必都是穷得没办法读书，有的是因为家里缺少劳动力才回家的，比如结了婚的兄长分家导致的（劳力不足），还有的是姐妹出嫁（导致的劳力不足）。③

我们1999年小学毕业，有六个一起考到了县民族中学，上初中倒是觉

① 2012年6月9日晚与初三学生的谈话。

② 2012年5月25日与光林的谈话。

③ 2012年5月25日与兴留等人的谈话。

得轻松呢，进入高中好像就跟不上了。我们一起考去的另外五个，其中一个初中毕业上了市卫校，后来毕业在县城的医院当了护士。我和另外一个女生读到高中毕业，但都没有考上个大学。我们在县城读书，现在回想起来啊，我觉得在县城读书啊，最大的影响是如何学会自己控制自己、自己管理自己。因为，没有钱，无法上学；有足够的钱呢，也容易使自己变坏，控制不好，麻烦就来了。所以我说呢，在县城读书还是干扰大呢，不知道如何处理一些事情，有时候，根本搞不清楚自己来了应该做甚过，不该做甚过，这可能是最大的影响。还有就是，我们读书时候的条件开始好点了，生活费还是基本足够呢！有些同学放学回来，家长就可以骑摩托车去接一段路程了！①

关于山区学校的管理。山区学校的管理工作，主要就是教学管理和学生在校期间的简单管理，除了寄宿学校还要负责寄宿学生的在校安全和基本管理工作之外，大多数的学校在学生放学之后，基本就不再承担任何的管理任务了，主要由社区和农户完成了学生在课堂之外的相关管理事务。所以，学校并不需要专任教师之外的辅助人员，比如门卫、厨师、勤杂工等人员。这些活儿要么是由学生自己完成，要么是师生共同完成。学校运行管理中的保障条件，主要就是奖励和惩罚机制的实施。奖励机制，大致包含表扬、认可、奖励，加减分等等。表扬可以是当着个人、班级或是全校的面而进行的赞许。认可，体现为教师批改作业中的批语、分数以及在毛笔字上画的红圈圈。奖励，可以是颁发奖状、证书、给予现金或物质的奖励。对学生节操、行为的加分，则是 20 世纪 90 年代以后在中学里兴起的一种奖励机制，根据相关条款来进行加分。在奖励的另一面，惩罚也是学校运行管理中不可或缺的组成部分，从打戒尺、揪耳朵、揪头发、罚站圆圈等体罚，到当面、当着全班或者全校的通报批评，再到向家长告状、叫家长到学校里来，以及根据条款扣减操行分，再到 90 年代中后期以来流行起来的罚款性管理，即对学生违反规定进行量化罚款。在这个变迁过程中，随着家长对体罚行为的日益反对，学生对体罚的反感和抵制，其使用频率已经明显下降，范围也基本收缩到了小学教育阶段。罚款管理则成了

① 2012 年 10 月中旬回访，在凤头村与兴龙等人的谈话。

主要的管理方法，其使用范围不仅在中学和中心学校，在教学点也在成为主要的惩罚方式。下面是笔者与中心校、教学点的几名小学生进行的谈话：①

笔者：小朋友，你们好！先吃点糖果吧，我也是学生，只是岁数比你们大一点儿，年级比你们高几级，待会我们随便聊聊，说说知心话，但是要说实话，不能说假话。如果你们有问题也可以问我，我会尽量回答你们的。如果我有不懂的问题，你们也要回答我哟，好不好呀？

学生们：好。谢谢叔叔！

笔者：现在的学校管理，还会打骂你们吗？不骂人了吧？

学生们：当然会了，怎么不会。

作者：你们有哪些奖励和惩罚措施呀？一个一个地讲，不用着急啊！一个讲完了，另外的小朋友接着再讲，如果还有没有说到的地方，其他小朋友做补充，好吧！

学生甲：奖励主要是流动红旗。考试成绩好呢，有奖状。学校还会发东西作奖励。我上一年就发到了一个床单。结果呢，落后的几个同学就约好了，不要我和他们一路回家了。有一段时间，我都是一个人独自走。

学生乙：罚做俯卧撑啊。罚到讲台上做俯卧撑，罚做三十个，最狠的（厉害、多）也就是可以做十来个。

学生丙：还有做打的呢！如果（在）课堂上给足够的时间做作业、完成指定的作业，做不完要打十下，棍子有我的中指粗（用右手食指对着左手的中指划圈，比划了两次），有一只手这么长（用右手比划，从指尖到肩膀）。如果测验三四回都连着不及格，也要打十棍子；四五次以上呢，要打十五棍子。我们班前个学期，是女生被打的多。

学生甲：我们班有一个学生撒谎说帮她奶奶背豌豆，几次都不来上晚自习，也被打了，被打以后还跑回家去了。上学期期末时候，着打的最多。也是因为测验达不到要求，所以挨打。

学生乙：还有罚款呢，你们几个都还没有说到呢。跳窗户，好像是要罚款 100 块钱，没有完成布置的作业，一次要罚一块钱。

---

① 2012 年 6 月 9 日下午，与中心校、教学点学生的谈话。因为是周六，他们在家休息。

笔者：为什么要打？打哪里呀？

学生甲：因为测验多嘛，就打得多了。打脚上（用手指小腿部位）肉多处和手板心。是由老师和学生来打，老师叫（安排）力气大的学生打学生。

笔者：着打的学生会报复吗？

学生乙：学生（暂时还）不会报复。如果你不使力气，就要再多加几棍子。当着全班学生的面打，起到惩处的作用（威慑、羞辱、伤面子、伤自尊）。不过，我听读初中的说，以后人家还是会报复呢！

学生丙：（另一种惩罚）还有蹲马步呢，蹲一堂课的时间，肩膀上还放着一棵棍子呢。如果给一些时间，作业还是做不完，就会挨蹲。如果打架（罚）蹲马步，要（蹲）到哭为止，把棍子搭在肩膀上，蹲着不准动，棍子掉掉就要挨打了。

笔者：凭你们自己的感觉，是在中心学校的惩罚多，还是在村子里的小学校惩罚多呀？

学生们：当然是这哈的学校了（中心学校、合并后的教学点）。

笔者：为什么呢？

学生甲：因为学生多了，学生也更不听话嘛。

学生乙：也不晓得是为甚过。

学生丙：可能是因为老师不同了吧。……

关于山区学校的办公经费。每所学校的运作，都需要一定的办公经费，在私塾中，主要是教师批改作业的笔、墨，以及授课粉笔。在教会学校和国民学校以后，还逐步增加了文体活动器材的购置费用，奖励学生的相关花销，以及每学期考试时接待外校来的监考教师的伙食费用。对于多数的山区学校而言，这些费用主要是学校自己想办法来解决的。所以，在我的调研中，当问及办公经费一项时，多民族山区教师的回答基本上是一致的：我们没有办公室，也不需要办公室主任，哪里来的办公经费呀。

山区学校教育的运行和发展，是由多种主体协作完成的，是在学校、教师、家庭、社区、同伴群体和学生群体的共同支持下得以完成的。学校和教师主要负责课堂教学、作业批改和学生在校期间的简单管理。家庭和社区承担了放学以后的一切监护、管理、教育、监督、支持和照顾等工作，同时也积极有效地参与学校管理、教学监督和教师监督等工作。而学生的同伴群体也发挥了积极的支持作用，兄弟姐妹、堂兄弟姐妹等群体完成了情感支持、相互照顾、相互支持、相互辅导和相互监督的功能。尤其是在学生入学年龄参差不齐的时代，[①] 年龄较大学生对其他学生的照料和帮助作用更加明显。但在撤点并校以后，学生集中到了教学点或中心校，家长、社区和同伴群体，在教育教学中的辅助和参与功能在逐渐消失。而学校限于编制、经费等因素，其实又基本不可能配备相应的辅助人员、辅导人员和专业工作者，一些工作就落在了教学任务繁重的教师身上，且不说他们是否有能力和素养去做这些工作，就是时间限制也使得这些工作难以开展。换言之，作为社会现象的学校教育活动，并不是简单地等同于教师+课堂+学生+宿舍+食堂，还需要在家长和社区等方面的广泛结合和共同支持下才得以完成，也即家长、社区、教师、学校、学生等的共同作用，使得山区学校教育得以安全、简单和有序地运作。

山区学生如何上学。20 世纪 20 年代到 2005 年左右，山区学生无论是走读还是寄宿就读，基本上是不需要家长接送的，接送也只是偶尔的特殊情况。比如第一次去比较远的地方时，由父亲或兄长送去，以后就可以自己来来往往了。如果是在社区小学就读，那主要是靠自己、同伴群体、兄弟姐妹、堂兄弟姐妹等结伴上下学。但随着学童的减少、入学年龄的规范化，学生自理能力不足，原来的模式已经无法运作了，一些父母开始每天都要接送孩子上下学了。[②] 随着撤点并校的完成，多民族山区学生从学前

① 在多民族山区学校，学生入学年龄参差不齐是一种常态，只是不同时代在程度上有所不同。仅以怕那社区为例，私塾时期的入学年龄都已超过十岁。20 世纪 50 年代中期的学生，上一年级的学生从十五岁到十八九岁不等。1965、1966 年入学的学生，年龄都是将近十岁，年龄大的已经到了十三四岁。再看 1983 年入学的那批学生，年龄最小的出生于 1977 年，年龄最大的出生于 1970 年。而 1985 年入学的那批学生，年龄最小的出生于 1978 年，年龄最大的出生于 1973 年。进入 20 世纪 90 年代以后，学生入学年龄一般不会超过十岁，多数是在六到九岁之间。

② 在一些官方文件和学者的研究成果中，反复谈及了撤点并校以后的学校管理和教育教学需要让家长及社区积极参与进来，学校应该主动接受家长、社会等方面的监督，甚至是被当作一种来自国外或发达国家的先进经验。但我们的调研却发现，在山区学校撤并以前，学校教育的有效运作一直就是学校、教师、家长、社区和学生等共同出力来完成的社会事业。而在撤点并校结束以后，家长和社区的作用在减弱和消失。甚至还可以这么说，在学校日益脱离社区以后，学生、家长、社区等的监督和协商基本上也就成了空中楼阁。

班开始就要到村委会、乡镇的校点住校就读，而学生能力不足，相关的应对机制并没有条件建立和发展起来，所以出现了一些不适应，甚至是无力招架的严峻问题。换言之，多民族山区撤点并校以及所遇到的问题，不仅仅是适龄学童数量减少而应该取消教学点的问题，更不是城镇化自然发展使撤并成为必然选择的问题，而是在教育财政体制和教育管理体制变革之下的某种策略性变化而已，某种工具理性或“目的理性”的选择，即偏向于成本和收益算计，而不太关注甚至漠视某些价值的追求与实现。①

在这种急速的转变中，对于学童的家长而言，是突然增加了接送孩子往返家校的时间和精力花销；再就是现金支出和交通风险的增加，对孩子在校期间的安全担忧，以及对学童情感、亲情、关爱、精神慰藉和教育辅导等方面急剧减少的严重担忧。这一切都只能靠孩童自己去应对了。对于寄宿学童来说，首先是环境适应、生活能力以及自理自立自律等方面存在着严重不足，在家里没有经过相应的辅导和培训，在校点也没有相应的辅助条件（人员、设施）来增长这些能力，故而突然感觉到了自己生活的不安和不便。这对孩童的身心发育、健康成长，到底会有些什么影响？影响到何种程度？当然还需要一些时间和相关研究才能知晓。但从家长笔者讲述的故事当中，已能反映出寄宿学童身上的虚假进步和真实退缩同时并存：

我家兴宝，是四年级才去大乡上住校读书的，他个头比其他同学小一些，但还当了个什么宿舍长，比他大的同学都有晚上哭闹不睡觉的。但他是干部，不可以这么样。去读没有多久，他会经常得拉肚子的毛病，原来在初途（村委会所在地）读书，很少有这个毛病，可一住校就会经常生这个病，真是有点奇怪啊。每次生病呢，我们就要想方设法撂下家里，抽空去陪他打针，总是打针输液也不好呀！原来在家，他很害怕打针呢。现在反而喜欢打针了，这到底是个什么缘故呢？我们也一直没有弄明白。②

由此，我们甚至也不能轻易地就忽视掉山区学生成长的社会文化环境，以及进入新校点后的文化环境，因为，这种变化前后的应对机制和安

① 参见［德］韦伯:《社会学的基本概念》，顾忠华译，广西师范大学出版社 2005 年版，第 31—35 页。

② 2012 年 10 月中旬回访中的谈话。

全网到底是些什么？它们有何不同？它们各自又是如何发挥作用？如果我们还视教育为一种社会现象，还是一种在学校、社会和文化的共同作用之下的人才培育活动，那么，这些因素依然值得重视和思考。在这之前，山区学校主要就只是承担课堂教学，以及微弱的管理职能，真正的学童管理是由社区、家长和同伴群体来完成的，因而广大的山区学校教师也形成了一定的行为惯习、思维方式和教育教学方式。而在撤点并校之后，原有的文化环境发生了不同程度的贬值，甚至是出现了文化真空。学童寄宿学校，不仅仅是缺少了成长中的一些娱乐要素，还有其他需要得不到满足。同时，还因为儿童社会化环境发生的一些变化，① 这也导致了自我照顾和社会适应能力的不足。对于能力不足的低龄学童，寄宿学校还会经常生病，不仅影响学习，也增加了农民家庭的经济支出。在新校点的主要职能增多和复杂化的情况下，某些校点却变成了教学活动、日常管理、不出事逻辑重压下的消极运作主体。学童在校的五天或十天之内，安全几乎成了学校和教师的全部责任，加之撤点并校过程中产生的某些冲突和怨气，家长原来可以容忍的一些问题，现在无论如何也会找机会闹上一闹。当然，不可否认的是，家长接送途中的风险增加了，承诺的校车接送也很快就没影了，儿童自己回家的风险确实地增加了。也就是说，这种“快速的转型破坏了旧有的应对机制和旧有的安全网，但在新的应对机制发展出来之前，它已经产生了这方面新的需要”。② 但是，又还没有相应的体制和机制

① 儿童成长环境的变化主要表现在以下五个方面：第一，家庭规模日益小型化，导致兄弟姐妹、堂兄弟姐妹、表兄弟姐妹的快速减少，相互照料变得缺乏。第二，随着市场经济和现代农业的渗透，农民专注于种植和养殖，劳作强度明显增大，但相互之间换工却日益减少，走亲访友的时间也在日益减少，因而，儿童的成长空间、活动环境也在变小，主要就是在家的周围，甚至多数时间都是在家里看电视。第三，农村的经济社会变迁也引发了更多的婚姻变动和婚姻不稳定，一些乡村孩子缺乏父母的关爱，主要是靠爷爷奶奶抚养。而隔代抚养，老人也就只能让其吃饱穿暖、尽量减少生病，而更多的活动、教育和训练则相对缺乏。第四，在儿童数量减少的同时，也许是溺爱的增加，也许是缺失了同伴群体的相互参考、示范，儿童参与各种劳作的机会也在减少，甚至是消失，因而锻炼机会也减少了，能力增长的空间也被压缩了。第五，随着入学年龄的规范化（与之前相比可以算是低龄化）、上学距离变远，家庭和社区照顾功能的缺失，学校相关辅助人员、专业人员和设施条件的缺乏或不足，也更加凸显了学生寄宿能力的严重不足或诸多缺乏。

② ［英］波兰尼：《大转型：我们时代的政治与经济起源》，冯刚等译，浙江人民出版社 2007 年版，第 5 页。

去满足这些新出现的“中间需要”，[①] 而是由家庭、学生、学校和教师去尽力克服，或者说是无力地去应付。这就是多民族山区撤点并校的问题所在，也是山区基础教育均衡发展中的问题所在。

随着多民族山区教学点日益被撤销、闲置与废弃，那些没有亲友可以投靠的山区学童，除了在家守候之外，就只有选择到村委会或乡镇寄宿就读这一条路了。对于这些学生及其家长，他们单边的路程在十余里到几十里不等，加之山区特殊的地形地貌条件和交通状况，尤其是在雨水较多、农活忙碌、只能步行的季节，以及天气较冷、寒风大作的季节，这个距离其实并不能简单地理解为一个公路里程，也不是一个简单的文化距离和心理距离，而是充斥着更多艰辛、痛苦、危险、委屈和辛酸的特殊体验。就怕那社区的小学生来说，到九龙镇念书的学生，从村庄到三哨大约是 12 公里，从三哨搭中巴车到校又是 15 公里，共 27 公里。若是到翠华镇上学，从村庄到村委会不少于 10 公里，从村委会搭中巴车到校又是 11 公里，一共是 20 多公里。在撤并之初，基本上是每周都得跑两趟，随着时间推移和接送困难的凸显，学校作息安排有了较大的改变（在作息安排调整之外，是否可以结合多民族山区基础教育发展特点，做出实质性创新呢?）。[②] 这虽然方便了家长、减少了总的接送次数，但对学生的负面影响也不小，大热天要待十天才能回家来洗一次澡，大冷天只有十天以后回家，才有热水洗脚、有热水饮用。而如果是学生想家厉害，或者受到其他烦恼的困扰，

---

① 中间需要，是为了满足人的某种基本需要和达到某种社会目的所必需的一些“满足物”——比如物体、活动和关系系统等的总称。如果我们把教育目的视为基于人的全面发展或自由解放而进行的复杂社会实践活动，那么，其中间需要除了一定质量的教学活动和教育经历外，还需要良好的学校氛围、师生关系、对学生身心健康具有积极作用的亲情、照顾、安全感、归属感和信任感等要素。另外，“基本需要的满足有赖于相互关联的中间需要的满足”，满足中间需要不仅仅依赖于“个人的努力，而且要通过正式的和非正式的活动以及公共社会福利计划和私人社会福利计划”。参见［英］多亚尔、高夫：《人的需要理论》，汪淳波等译，商务印书馆 2008 年版，第 196—201、204—207、242—279 页；［美］威廉姆：《当今世界的社会福利》，解俊杰译，法律出版社 2003 年版，第 67、68 页。

② 在撤点并校之初，一周是 7 天制，和城市学校一样。但因为山区家长接送孩子麻烦，而且存在实际困难，为减少路途风险和经济支出，改为一大周 14 天。如翠华镇的校点是家长每周五下午接学童回家，周三的一大早送去赶课，在校十天后再去接回。有教学点还因为周二晚上没有人做饭给学生吃，教师也不一定能按时到位，所以就是周三一大早才能送去。九龙镇则是周四放学生回家，周一吃过午饭慢慢去学校赶晚饭，周二早上正式上课。

没有家长帮助排解，连续几天都无心听课，那也就跟不上趟了。所以，这可能会对加剧厌学、辍学和逃学有助推效用。

那么，对于多民族山区学校来说，有效运行的最为主要和决定性因素是什么呢？在我的访谈过程中，多数村民和老师的回答基本上是一致的，就是要有合格、认真和负责任的好老师，并让这类好教师来领导学校。这是影响多民族山区教育和教学质量的最为重要的决定性因素。那教学质量高与低的标准是什么呢？他们的回答基本上也是一致的，即用考试情况来作衡量。比如张阳老师带的1989届，将近30人的班级，仅有一人没有考上初中。以及1999届的刘喜老师，再造了一次辉煌，最近的是2010级的张朝老师，虽然只有不到20人的班级，但依然获得县教育局颁发的教学质量奖励。那教育教学水平低的最主要因素是什么呢？多数村民的回答是，任课教师能力不够、不负责任、学校管理混乱，尤其是这类教师多年盘踞在某个学校不挪窝，这是对山区基础教育最大的危害。我调研中的一个苗族彝族村寨小学，即属此类型，寨子现有50余户、300多人的规模，到目前为止，还没有出过一名高中毕业生和中专生，从1969年建校起，一名老师在该校任教了数十年，其间偶尔有一名代课教师加入，只有代课老师还能教出几名较好的学生，即偶尔有学生升入初中。以上这些问题，邓小平同志早已有过相关的论述，即“学校教育的困难，在于教育改革”，“学校办得好坏，学校的干部和教员起很大的作用”，“考试是检查学习情况和教学效果的一种重要方法”。①

三、山区基础教育发展中的好学校与差学校

在多民族山区基础教育发展的语境里，农民对学校教育质量的评价一般是三种类型，好学校、差学校和基基本本过得去的学校。村民衡量学校好坏的主要依据，集中于师资水平、教学效果、教育质量、学校风气和学校管理等五个方面。对于校舍条件，主要是看其能否满足教育教学的基本需要。从农民的评价来看，校舍是否现代与华丽，对于学校好坏并没有直接的根本的影响，更别谈决定了。关于师资水平，也并非看教师的学历高

① 《毛泽东邓小平江泽民论教育》，中央文献出版社2002年版，第85、86、140页。

低，主要是看他（她）是否具有足够的教学能力和良好的责任心，胜任各个阶段的所教课程，能否把书本知识清晰地讲解给学生听，让学生容易理解和接受，让学生信服于他（她）。对于教学效果和教育质量，主要还是看各学年的统考和毕业升学的考试情况，如果老师教授班级能够得到教学质量奖，毕业生中能有几个升入县辖完中，那么，一切都无须质疑，评价也就是一个“好”字。在学习风气方面，前面几项基本就是学校风气好坏和学校管理成败的风向标，也就是说，没有学校的良好风气和成功管理，好的教育教学质量也是难以取得的。

与好学校对应的另一个极端状态，就是差学校，是村民对教师的责任心、工作能力、教育教学效果、学校管理状况、学校风气等方面的否定性评价。在这种状况下，教师很难得到村民的广泛支持，也有可能会在日常管理中发生与学生、家长和社区之间的矛盾和冲突。他们的主要出路，就是请求上面把自己调走，到其他学校继续执教。而在好与差的两极之间，山区学校在多数时间里可能是处于“基基本本”的状态。教师的能力一般般，但比较认真负责，教育教学质量一般般，在统考或升学考中，不为人先、不在人后，不是最好，但也不是最差名次。进而言之，“基基本本”实际上也是一种否定性评价，只因“不看僧面看佛面”或“不看功劳看苦劳和疲劳”，而给予适度宽容罢了！

说到这里，我们可以对比一下多民族山区的好学校与大中城市里的好学校，以利于更好地理解山区社会的基础教育。大中城市的好学校（甚至某些县乡的好学校），首先是校舍条件的优良；其次是较为充足的经费保障；再就是好老师、好学生和好家长的紧随；最后是各种家教及培训机构的共同结合与叠加。所以，大中城市的好学校，与农村的好学校有着较大的不同。同时，在大中城市里，要获得优质的基础教育资源也是很紧张和很难办理的事情，要进入教学质量较高的公立学校，甚至可以说是困难重重。大中城市里教育质量高的好学校，其实也是在另外一些学校的辅助之下，才变得更“好”的。它们就是幼升小、小升初、初升高等类培训学校，以及另外一些争奇斗艳的培训机构，它们都是在激烈地争夺着这些“好”学生加盟。甚至有家长说，对于那类好学校而言，学生厉害只是其中的一小部分因素，或者说是冰山之一角。因为，这更需要家长也同样地厉害，不仅要有钱或有权，或者是两项都不缺乏，还要会来事儿。学生要进去（好学校），首先可能是找得到关系、送得出择校费，花费三五万元或是更多的钱，这可能并不算是花销最多的。进去之后，还要孩子的学习好，如果学习成绩不好，就可能遭受到某些冷遇，甚至被劝退、转学，幼小心灵也可能要饱受煎熬或某种摧残。

为此，笔者还专门创造机会访谈了解了某省会城市三种类型学校的相关情况，以进一步印证之前所得到的信息的可靠性。[①] 其实，在这三类学校的对比中，还可以做出一个推论：仅把学习成绩好的学生集中到某个学校，未必就能使这些学生都成为学习好的学生，而是需要家庭、社区等多种条件的共同协助。进而言之，就算是把多民族山区学生集中到大中城市或者县乡一级的好学校，也未必就可以使他们和城镇学生一样地安心学习，因为这不仅脱离了山区学生的文化习惯和生存环境，而且一时也难以融入新的社会文化环境，也难以获得学校以外的那些支撑条件。这些并不令人吃惊，它其实仅仅是再次印证了一个普通的道理：教育作为一种社会

① 虽然在2011、2012年的夏天都亲眼目睹了省会城市某些地段小学升初中考试的壮观和拥堵场面，甚至听到一些人说考小学的“名校”，比高考那是要高出多少个级别，有些学校报考与录取比例将近100：1。但为更好地了解这种情况，我还是通过关系访谈了省城某大学附属小学（A校）的两位退休教师和孩子在该校就读的两名家长，以及另外一所比较好的公立小学（B校）和一所郊区的农民工子弟学校（C校）。这里结合访谈分别进行基本情况的介绍和说明，以增加一点理解的质感。曾在A校工作多年、现已退休的老师是这么说的，“娃娃读好学校！不只是要娃娃的学习成绩好，还要父母厉害，我的外孙也是在这个学校读的小学，他经常回来家里挨我讲，自己班上的某某同学的父母如何如何厉害，当着什么级别的官，开着什么什么牌子的好车。这些，其实你也就可以理解了，能在这里面上学的都是些什么家庭了。”而另一名老师是这样说的，“还有啊，父母还要会来事，比如有的老师就是喜欢办小饭桌或者补习班，搞点儿小名堂，但你要积极支持工作，报名参加，哪怕知道场地很拥挤，几个孩子挤在一个小沙发上补课；哪怕是你心里很不舒服，为什么课堂上不讲，偏偏选那种地方才讲啊；哪怕你在心里诅咒了多少遍，为了孩子嘛，支持工作呗！我原来在这个学校啊，几个校长是怎么下来的啊，这个其实都是明摆着的嘛！你也懂的嘛！小伙子。”B校某学生家长说：“我是农村以都（里头）出来的，就只是个小学毕业，打拼了这么多年，孩子能去这里上学靠的是她舅妈在那里教书，要不然哪里有机会哟！但是说实话，家长每天都要批改作业、监督背书、组织听写和默写、每天的预习那些事情。姑娘现在才上二年级，我一是忙着生意，二是也干不了这些辅导任务，就只有请家教了，与其说是她上了个好学校，不如说是家里教得好啊！”C校某生家长说：“我家姑娘现在就在里面读四年级，原来在老家（农村）上了一年级，她爸爸来这道些做厨师以后，把我们都接上来了，也是通过熟人才进公立小学的，但读了一年就被劝退了，所以才去了现在这个学校。因为改作业、背书、听写、默写、预习这些事情，我们文化低，也拿不准，所以经常搞错掉。这里不像底下的学校，要求高啊，每天有那些叫甚过闯关、课课练、高分突破的题啊，我们根本做不来，学习不好还会被分成三六九等，佩戴不同颜色来区分娃娃，其实对娃娃的自尊心伤害也大。娃娃也不想去读了，所以就转到这哈这个学校读了嘛。”

现象，与经济、社会、文化等相连。教育活动也不仅仅是学校、教师、学生和课堂的简单相加，而是通过教学、教育媒介等多种因素相结合的人才培养活动。这些，在教育人类学的研究中有着广泛的认同，并表述为学校、社会与文化互动的情景观，进而从特定社会环境中整体性地审视人类的教育活动。① 这对偏好于仅从财政经济或规模效益审视山区（农村）教育的观点，具有纠偏作用。

所以，只有正视并力争把多种因素有效结合，不断改善学校的硬件和软件条件，把学校教育放在特定的经济社会文化脉络中来做整体性的审视，把教育活动诠释为学校教育、家庭教育、社会（或社区）教育的共同结合，而非单一的学校教育，甚至降格为教师加课堂、宿舍和食堂，从而以人为基点，端正教育理念，为着人的全面发展或自由解放这一目的的教育活动，才是真正的对人的教育。②

四、山区基础教育的功能

在日益开放的社会里，山区农民的社会时间和活动空间也在不断变化，社会时间方面逐步变得细化，活动空间方面也在日益扩展。③ 由此，

---

① 参见袁同凯：《学校、社会与文化：教育人类学的情境观》，《西北民族研究》2008 年第 3 期。

② 这受到康德的启发，也认同于人是最终目的的论说。即“人就是现世上创造的最终目的，因为人乃是世上唯一无二的存在者能够形成目的的概念，能够从一大堆有目的而形成的东西，借助于他的理性，而构成目的的一个体系的”；“换句话来说，如果没有人类，整个世界就会成为一个单纯的荒野，徒然的，没有最后目的的了。”见［德］康德：《判断力批判》（下卷），韦卓民译，商务印书馆 2011 年版，第 91、111 页。

③ 以多民族山区社会来说，在改革开放以前，多数人的活动空间狭小而有限，主要是自己生活的村寨和附近的集市，只有少部分人需要出去并到过乡镇、县城或省会，其他人没有必要去，也没有能力去。社会时间以大春和小春两季，加上二十四节气，基本就行了。所以，当地原来是用“正月玩过，二月耍过，三月四月，找活计做”来描画这种时间节奏。随着市场经济和现代农业的日益渗透，劳作强度迅速增加，现在的时间节奏是“一年恨不得从大年初一开始，忙到大年三十还是没有忙完。只要你想做，没有哪天会得闲”，甚至种植和养殖的时间都要进行更为精确的安排，比如多少天要干完什么样的农活，牲畜一天要喂食几顿，多少天后要准备出栏或下崽等等。在活动空间方面，参与市场经济的需要在扩大着多民族山区农民的活动范围，原来只集中于某个集市，现在可能会参与更多的集市，甚至会时不时地到邻近乡镇、县份去走走，看看行市，甚至是到省会城市去买卖农产品，买回良种、化肥、饲料、农药等工业品。另外，随着市场波动、气候反常，导致农民当不住而被迫进城镇打工，生产生活中现金交易也迅速增加。利用新型农村合作医疗进城看病，以及诉讼与纠纷解决增多、车辆驾照、社会保险、相关权利诉求等的进入和需要，生活于市场经济条件下的个体小农，因为生产生活的复杂化，不仅是活动空间在扩展，更是对山区农民的相关知识要求的增进和推促。

在社会时空变化下的生活所需要的文化知识，也在不断地拓展。因而，基础教育在社会层面和个体层面都在发挥着日益重要的影响。在社会层面上，基础教育不仅借助“书写、评分、考试”来完成分类和筛选，还对文化知识的传递、政治思想和意识形态的传播，发挥着重要的影响。这甚至可以表述为，在思想规训和社会控制方面发挥着更为积极的能动作用，即作为一种“知识形式”和“权力技术”，借助“教育场域”来渗透个体，最终传导社会，以期形成一种自觉的人类活动。① 从个体层面来看，基础教育不仅让人识文断字，以此为基础获取知识和文化，扩展人的视野；还通过选择和处理知识而获得智慧，进而增进人的行动能力、行动机会、生活空间和持续发展能力。换言之，在多民族山区社会变迁过程中，山区基础教育的功能也在不断变化，在其基础教育发展的早期阶段，由于社会经济文化条件的极大限制，所能接受的基础教育的程度也较为有限，因而，山区基础教育只是获得初级的识文断字和算术运算，再进一步是书写文书字据；但与不断深造、走出大山，着实还有着较大的距离；倒是与各个时代的农民过日子这一眼前的需要联系得更为紧密一些。而随着社会变迁和基础教育的逐步发展，山区基础教育的功能也有所扩展，逐步具有了某些超越性，即不光着眼于现实需要，也开始为将来的生活做某些谋划。

如果简单地回顾一下多民族山区基础教育功能的演变，那么，在私塾和教会学校时期，主要功能就是学会读写、识文断句，即具备初步的读、写、算能力，从而能书写工整的文字、看得懂山林的图界、土地租契等方面的文书字据，从而尽可能地避免纷争、无谓官司和不白之冤。在调研中，从年长村民对20世纪三四十年代私塾学生的评价当中，可以清楚地感觉到这一点。“龙彪和成治，是楼老令公教的学生当中最有出息的了，字笔也好，水平也高，能写文书、字据和家堂，就他们两个有能力写那些东西，其他不能”；“三爷呢，同样也是上过私塾的，但连自己的名字都不会写”。“但是，老令公那种能说会写，出口成章，有条有理，形象生动，清清楚楚，话语得体的本事，后来还传给了他家老三一部分。老三没有进过

① 参见［美］华勒斯坦等:《学科 · 知识 · 权力》，刘健芝等编译，生活 · 读书 · 新知三联书店1999年版，第47、91页。

学校一天，都是跟他父亲读的老书，他在（一九）六几年在小管理区做文书，做得好呢！只是因为家庭成分，被整回来掉了。"①

教会学校充当了历史的不自觉的工具，其原本目的并非要促进文化教育事业和山区基础教育的发展，而是借助办学和识字来传播基督教教义，以达到影响民众、渗透社会和推进基督化的野心，是为实现文化侵略目标服务的工具。② 在我们调研的多民族山区，随着教会学校的兴起和扩张，山区苗族、彝族接受基础教育的机会开始增加，识文断字的学生逐步增多，出现了苗族、彝族学童受教育状况明显高于汉族学童的状况，这从第一章第二节提到的怕那社区国民学校的教师名单中也可以看出，先后在该校任教的六名教师，都是苗族或彝族，没有一名汉族教师。同时，一些苗族、彝族的学生还学习到或者掌握了本民族文字和英文文字。③ 但这些学生在高小毕业以后，除了少部分升入省立、县立的师范学校和中学，另有少部分在教堂、教会学校或国民学校任教外，并没有其他途径寻找到相应的工作。④

国民学校，由于学校设置在社区之中，这大大方便了附近村庄的学生走读上学，对扩大多民族山区学童的入学机会起到了积极的作用，但由于办学条件和师资能力的限制，多数学校的办学水平都只是初小，高小一级的较少（部分教会学校能办到高小）。毕业生的水平也就是初识文字和简单的数字运算，升学的机会也少。在调研中，德华和光良两位老人是这么说的，"当时我们就读三部书，老师教语文、算术、图画。体育算一门课，但没有书"；"学生上课，是大大小小都挤在一个班，八九岁、十来岁的都有，就在一个班里，一起教"；"我们读了几年以后，就只有两个同学去读了高小，其他呢，就回家干农活了"。⑤ 以上谈及的，就是新中国成立前的多民族山区基础教育的状况与功能。

---

① 2012 年 5 月 25 日与成方老人、26 日与光明老人的谈话。

② 参见李华兴主编：《民国教育史》，上海教育出版社 1997 年版，第 809、810 页。

③ 2012 年 5 月 29 日在长岭杆苗族村的谈话。德米老人，生于 1932 年，高小毕业，新中国成立后在县城做过会计。其妻鲜花生于 1941 年，初小毕业。在调研中，他们教我认苗文字母，还用苗文给我诵读了几段圣经。他们说："这么一读啊，好像又活回到做学生那个时候去了。"

④ 参见《柿花箐村史》；龙秀良：《留给后人》，2005 年 6 月 12 日定稿，第 125 页。

⑤ 2012 年 5 月 30 日的谈话。

新中国成立后多民族山区基础教育的功能及其变迁。冬学和夜校，主要功能还是初识文字和运算数字，为当时的生产、生活服务。随着大跃进办学、四清以后的办学和20世纪70年代戴帽中学的建立，山区基础教育的主要功能，依然是培养农村生产生活和社会管理的实用人才，能够升学接受深造，走出乡村，跳出农门，踏入城市吃国家粮，并在城镇里落地生根的，依然属于凤毛麟角。

1981年包产到户以后，各生产队办的教学点（一至三年级）几乎全部被取消了，多民族山区学生完全集中到大队一级的小学学习。随着校舍条件、师资力量等的逐步改善，多民族山区基础教育的教学水平和教育质量也在逐步提高。这个阶段的多民族山区的办学，教育功能依然是以识字、识数等为主要诉求。虽然主要也还是为农村培养人才，但升学机会较之前有了增加。因为，从1981年起开始招收初中、高中的民族班（在县一中、二中和三中，这三所均为完全中学，教学质量高于其他中学），每年约招收300名，还给予经济困难的少数民族学生一定的补助，使多民族山区学生升入初中和进入高中学习的机会较之前有所增加。①

改革开放之后，在山区生活水平逐步改善的过程中，农民上学的积极性却出现了下滑态势，出现了一个辍学高峰期。② 但随着市场经济和现代农业的日益渗透，在“读书无用论”流行了一段时间之后，农民日益认识到，多读点儿书依然重要。无论是想跳出农门，还是能够在市场经济条件下游刃有余地过日子，过一种既能进城也能回乡的生活，或者视情况而游走于城乡、漂泊于城乡之间，接受更多的学校教育是不可缺少的要素。因为，教育不光光是学习更多的文化知识，还是积累人脉关系、扩充社会资源所必须的过程，更是在社会中生活，与市场、村委、政府、司法部门、医疗部门和教育机构等交往所不可缺少的。同时，尽可能接受更多的学校教育甚至是获得更好的生活所必需的前提条件。在我的调研中，有一个个案让我印象非常深刻，他在一定程度上反映了多民族山区年轻农民对接受

① 参见马有良主编：《云南教育大观》，广西民族出版社1997年版，第1538页。

② 此情况从全国教育统计数据中也反映了出来，如1987—1988学年度，城乡小学生流失428万多名，流失率达到了6.9%，与1986—1987学年相比有所上升。见《中国教育统计年鉴·1990》，人民教育出版社1991年版，第100页。

更多学校教育的新认识，笔者与他（灵子）的谈话如下：

叔叔，你是可以理解的，像我们这个岁数的年轻人，没有钱的日子是相当不好过的。我们虽然可以进城，但跟那些有正式、稳定工作单位的人，其实很不同。我们漂（泊）累了、混不动了、人老了，还是要回到农村的家里来过日子的。在外面漂（泊），对于很多人来说，不过是为了满足好奇心、体会（外面世界的）诱惑。也有些中年人（不过）是为了稳定婚姻和家庭，不得已而硬着头皮去尝试一下。我们没有那么好的机遇、知识和实力去漂（泊），梦想在城市落地生根并能够的，毕竟是少数啊，而且是要有知识的、受教育多的才可能啊。

在外面混，单位需要的是多功能复合型人才，还要你能吃苦、能干活，要会做多种多样的工作，一个人可以顶几个人使，他们就喜欢要你。我出来都四年了，这哈在公司陪着一个老板在下面做工程，我要开车、还帮忙做一部分文字材料、买标书、送标书、做预算、跑工地，这些都可以做了。老板就是资本家，你要他的钱，得先给他赚钱。否则，你想要他的钱，他可以要你的命！老板就是喜欢一个人能干几个人的事，并且，还要基本都能干好。只有你能为他赚钱，你才能赚点儿钱。你觉得是这个道理吧。

现在回想一下，自己才出来那个时候，刚刚离了婚，又什么都不会（做），没有技术，没有文凭（初中毕业），又自卑、害羞，就只是能吃苦耐劳。我兄弟为了我进步快一点儿，还经常批评我。出来这几年，我每年都有个目标，第一年学会了打字和发邮件；第二年学会操作一些测绘仪器；第三年学会简单的制图；第四年学会工程造价、做预算。后面打算去报名考个造价师证书什么的。才出来那会儿，其实比在家里要苦很多，首先是自己不习惯单位这种生活、那种人际交往；再就是不清楚如何做才是对的，更别说有什么目标和努力方向了。所以，我兄弟经常会批评我，有时候还会想干脆不干了，想回家继续种地。在外面，尤其是自己不能做主。在家时候，一切都是按照自己的想法做，现在首先要习惯听从别人的指挥。现在想起来，在外面混，先要受得住气，各种各样的气都要受，不能像在家里那样，什么都自作主张。越受气，学东西就越多、也越快。关键是要学会如何看待这些受气！现在，我其实相当感谢我兄弟，虽然原来会觉得他不理解我的难处。(但) 现在想想，他指了方向，教我怎么做，做不好，批评两句也正常得很。也是他，我才能混到现在，有了房子和车子，有了自己的家庭。①

在这个个案中，我们也可以看到，多民族山区年轻人对更多学校教育、人际关系、适应能力、改变能力、应对挑战能力的认识和现实需要。

另外，还有岁数较大的山区农民也跟我探讨，根据他们多年的观察，父辈接受的教育多，子女也会跟着多读书。教育这个东西，好像跟挣钱是一样的道理，一步领先就会步步领先，还问我是否认同他们的观察和判断。② 而另一个与我争论的老人则说："根据我的观察，过去光脚的，现在还是光脚，穿草鞋的，还是穿草鞋，穿什个（什么）鞋，还是什个鞋。"③其实，多民族山区在改革开放以后，尤其是在20世纪90年代中期日益卷入市场经济以后，在市场化或半市场化参与④、货币化和符号化生存加剧的时代，教育的优势也许已不仅仅是在理论上存在着，还来源于山区农民对社会生活的真实体验中。而且，"还是有文化、有知识才好，不管怎么说，多读点儿书还是会有用处呢"，⑤ 也在日益成为共识。这其实是农民在市场经济条件下生产、生活、交往及遇到困难与挑战之后发出的真实感慨。而这，齐美尔很早就有过相关的论述，"没有哪一种优势像教育优势一样，让社会地位低下的人感觉如此受歧视，在优势面前感觉如此无助"；同时，"最高层次的教育每前进一步要求的努力比低层次的教育要少，但产生的效果更好"。⑥ 而在学校教育之外的其他领域，似乎也有类似的现象存在，即"不管在什么领域里，一旦获得优先就构成一种进一步优先的阶

---

① 2012年10月中旬回访中的谈话。因为他开车回家办事，我正好搭他的顺风车。灵子生于1983年。

② 2012年3月25日与天关的谈话。

③ 2012年6月1日与天良的谈话。

④ 之所以说多民族山区农民的市场经济活动的参与程度是"半市场化的"，是从"交换的深度、广度和方式"，以及在现代农业渗透下，"由生产的发展和结构决定的"状况来说的。即农民日益被卷入到市场经济环境中生活，他们对工业品（如化肥、饲料、良种、农药、机械、石油等）的需求程度日深，甚至是离开这些几乎无法从事正常的农业生产生活。但他们所能参与市场的途径就是靠种植和养殖的一部分农产品，而非更广泛的市场活动和商业活动。见《马克思恩格斯选集》第二卷，人民出版社1972年版，第102页。

⑤ 2011年3月在山区做尝试性调查时，正清老人跟我说的话。

⑥ ［德］席美尔：《货币哲学》，朱桂琴译，光明日报出版社2009年版，第125、129页。

段，进一步增加距离的阶段，人们所处的地位愈高，优越的特殊地位的获得往往就愈加能够轻而易举。总而言之，优势的状况一般会按日益增长的比例发展，'资本'作为一种权力手段的'积累'，只不过是一条非常包罗万象的、在一切可能的非经济的领域里都适用的准则的一个个别的案例。"①

如果简单小结以上分析，在多民族山区社会变迁过程中，山区教育的功能也在不断拓展，从生存需要到服务于生产生活和社会交往，再到服务于人的持续发展和福祉追求。山区社会、家庭与学生接受基础教育的需要、意愿和程度也在不断提升，受教育也不仅仅是识文断字、识数算账、跳出农门的需要，而是在过日子发生变化、社会生活压力增大、社会生活挑战增多、社会活动空间拓展等因素推促或倒逼之下，对多民族山区年轻人提出的时代要求。所以，多民族山区社会变迁和过日子逻辑不断变化，也在促使山区农民逐步从生存进入到生活，追求一种相对体面的社会生活，抑或是追求更好的社会福利与生活状态。这不仅对接受学校教育提出了更多和更高要求，也在要求教育功能日益拓展；希冀借助教育不断拓展活动范围、学习能力、行动能力、参与能力和发展机会。

五、过日子、知识与受教育

如果说人过日子都离不开相应的生产、生活和交往等知识，山区农民亦然。那么，知识是什么？知识从何而来？结合多民族山区调研中的经验，我们经常可以听到当地人这样说：某某人拥有丰富的知识，而某某人在某些方面完完全全处于无知状态，还不说知书达理呢，简直就是个混球，就是会胡搅蛮缠。如果说，他们评价一个人有知识、讲道理，其实就是在肯定他（她）会理解事物和明白事理，是一个拥有某种智慧的人，那么，他们还把知识与智慧相连。所以，基于某某人拥有知识与无知无识这一对范畴的区分，我们可以把知识界定为：人所拥有的某种认识和经验的

① ［德］齐美尔：《社会是如何可能的：齐美尔社会学文选》，林荣远编译，广西师范大学出版社 2002 年版，第 100 页。

集合，可以包括社会生产、社会生活、交往活动以及科学技术等方面的知识、经验与智慧，而知识的获得不仅与遗传、生产、生活、实践、经验等相关，也与学校教育紧密相关。[①] 这就是说，知识的来源或源泉，可以是来自社会生活和劳动实践，也可以是来自学校的教学与教育。如果说多民族山区农民在比较简单的生产生活和相对狭小"社会空间"里过日子，知识主要是来源于生产生活和劳动实践的话；那么，随着社会生产、生活和交往的复杂化，尤其是在"活动空间"不断拓展的现代社会，由于个人已经不再可能像活动范围狭小的时代那样，主要依靠直接经验去获得足够的知识，而更多的知识要依靠间接经验去获得，即通过学校教育获得的知识是越发地增多了。[②] 因而，接受更多学校教育，并掌握更为丰富和多样化的知识，对人的持续发展、行动能力、适应能力、应变能力和改变能力的影响也在强化。

这里论述和强调知识的重要性，因为知识与智慧紧密相连，有了较为丰富的知识也只是为走向智慧打下了一个好的基础，并不等于拥有了智慧。智慧是能够自由、自如地驾驭并运用知识；智慧是选择和运用知识的能力，具备透彻的知识并能够选择和运用它，才使得人在生产生活和社会行动中与经验一道形成智慧。我们强调经验与智慧，而不仅仅是强调获得一定的透彻的知识，更不是仅仅拥有一堆书本知识；不仅因为"纸上来得终觉浅"，还因为知与行密不可分，"行"更加需要智慧。因此，增进人的智慧才是教育所要追求和达到的最终目的。换言之，"智慧是掌握知识的方式。它涉及知识的处理，确定有关问题时知识的选择，以及运用知识使我们的知觉经验更有价值。这种对知识的掌握便是智慧，是可以获得的最本质的自由。通往智慧的惟一的道路是在知识面前享有自由，但通往知识的惟一途径是在获取有条理的事实时保持纪律"。[③] 进而言之，学校的教育、教学活动只是人类借以增加知识的一种手段，但如果仅仅是迫使学生接受

① 参见《中国大百科全书》(第二版)（第28卷），中国大百科全书出版社2009年版，第326页；《现代汉语词典》(第五版)，商务印书馆2007年版，第1746页。

② 社会空间可以理解为人的活动空间，由"物质空间和文化空间两大部分"组成，具体包括地理空间、生存空间、文化空间、虚拟空间、交往空间以及活动自由度。参见汪天文：《社会时间研究》，中国社会科学出版社2004年版，第59页。

③ ［英］怀特海：《教育的目的》，徐汝舟译，生活·读书·新知三联书店2002年版，第54页。

或拥有一堆凌乱的知识，这并不等同于智慧，而是需要适当的教育方式使接受教育的人获取透彻的知识，能够理解知识的范围与限度，并恰当地选择和运用知识，从而拥有智慧，使受教育者面向未来生活、富有创新精神、拥有良好的行动能力，敢于迎接各种挑战而非极力逃避现实矛盾，以更好地提升行动能力、社会生活、活动空间及其自由度。也只有如此，人“通过展现自身智慧、力量的实践，才能在不断反思、自我否定和超越当中，领悟到生存的意义和价值”。[①] 从而，赋予时间以新的意义，即“时间实际上是人的积极存在，它不仅是人的生命的尺度，而且是人的发展的空间”。[②] 然而，在调研中，时间就是劳作，只要想干，天天都会有活干，在农忙时节有人甚至每天六点左右起床，晚上十一二点还没有休息，这种高强度的劳作有时会持续两个月左右。在时间就是金钱、时间就是生命深入多民族山区的同时，在提升农民经济观念和竞争意识方面发挥了积极作用，生活节奏加快了，但人也许并不应该总是固着于生产劳作，除了忙碌不能闲着不动，或者就没有其他什么事情可干。但与此同时，多民族山区由于交通条件、经济区位、市场狭小、半市场化参与以及参与能力的局限，这么劳碌但也还是挣不到几个钱。这种半市场化参与、货币化和符号化生存状态的加剧，从 20 世纪 90 年代以后是在不断加剧。一是现代农业下经济作物种植和科学养殖，使得劳作强度大大变化；二是家庭小型化后的过度劳作；三是青壮年劳动力外出对家庭劳动力的影响；四是货币化、符号化生存加剧。而这种生活方式也是以透支农民的身体和健康为代价的，也是某种“片面发展”。而从村民与我讲述的治疗感冒病痛的经验中，劳作、透支、挣钱、花钱的循环似乎也是明显的。[③] 进而言之，成功的学校教育是为着人的知识、智慧、能力和行动而发展的，为着创造性的生存

---

① 汪天文:《社会时间研究》，中国社会科学出版社 2004 年版，第 41 页。

② 《马克思恩格斯全集》第 47 卷，人民出版社 1979 年版，第 532 页。

③ 2012 年 10 月中旬，我搭顺风车回村做回访，随身带着几瓶自己常用的风寒和风热感冒药，以及部分消炎药和止咳药。在第二天的走村串户当中，正好遇到了一对身患感冒的老夫妇，我准备把药给他们。但他们的回答着实让我出乎意料:“大侄子，你也不要生气啊，我跟你讲个实际话。这种便宜的药不管用了，根本吃不好了，电视上做广告那些，价格高的，也不管用了！我们这个感冒，要么得拖上个把月（甚至更长）才会好，要么有条件，让子女送去卫生院打吊针，打个把星期就好了。这反正一年都要得个几回，季节变化都要得呢，得了嘛就是该花钱了，少嘛几百块，多嘛千把块。”在之后的访谈中，也进一步证实了老人跟我所说的情况。

方式，使人“从漫无目的的辛劳中解脱出来”，达致“充满学问和想象力的生活”。[①] 如果不是这样，可能会像马克思理论所批判的那样，“如果没有一分钟自由的时间，他的一生如果除睡眠饮食等纯生理上的需要所引起的间断以外”，仅仅是作为“生产财富的机器”，“那末，他就连一个载重的牲口还不如。他身体疲惫、精神麻木”；[②] 更遑论真正地成为一种“对象性的存在物”。[③] 在调研中，有农民也感慨于身边发生的死亡事例并与我讨论：人辛苦一辈子到底是为了什么？不应该就是苦死、累死、熬死吧！[④] 再对比之前有农民跟我感叹道的，在这个时代，做农民比牲口还苦呀，牲口还有个忙闲，人哪天可以闲下来呢？人可以不吃，但这些喘气的家伙，哪个时候不需要人伺候呀？但忙碌与赚钱，也不应该是“用摧残生命的方式来维持他们的生命”吧！[⑤] 换言之，山区人应该怎么活，已经开始成为他们中的一些人的思考对象。多民族山区农民应对的方式主要是两种：第一种，也是主流的方式，随着市场经济和现代农业的渗透，在半市场化的参与能力之下，在追求一定数量货币收入来满足相对体面的符号化生存而过度劳作，甚至是不停地劳碌而逐渐透支着身体和健康；第二种，如果家庭条件允许，市场经济活动要参与，金钱也要追求，但开始注意起了自己的饮食起居和健康状况。也就是他们说的，“与其拼死拼活给医院挣钱，还

---

① ［英］怀特海：《教育的目的》，徐汝舟译，生活·读书·新知三联书店 2002 年版，第 84、145 页。

② 《马克思恩格斯选集》第二卷，人民出版社 1972 年版，第 195—196 页。

③ 《马克思恩格斯全集》第 42 卷，人民出版社 1971 年版，第 168 页。

④ 在我 2013 年初的回访中，以下三个事例引起了一些山区农民对生活的追问和反思。案例一，某男性村民，去世时仅四十出头，一直能吃能喝，正常干活，头天还赶着马车去集市拉化肥，准备春耕，但当天晚上入睡后就没有再醒过来了，不知是什么疾病致命。案例二，某女性村民，孤身一人在家种植和养殖，犯头痛病多年，但不影响正常劳作，一直靠头痛粉缓解痛感，某天背粪肥到地里，不小心摔了一跤，疼痛难忍并晕了过去，随后被送至省城，检查确认为脑瘤破裂，随后进行了手术，前后二十余天，离开了人世，时年 60 岁。案例三，某男性村民，七十出头，一大早到地里收割麦子，累了靠在土埂上休息，不仅没有缓过劲来，还一睡不醒了。加上我在驻村调查时农民说的话，现在当农民不好当，“人比牛还苦，牛还分个四季和冷热。人是什么时候都得干，还是苦不着甚过钱，一年下来没有多少结余”。这些其实是在反思当前的生活状态，为了挣钱，不惜牺牲身体和透支健康，拷问人活着到底是为了什么，追问人应该如何过日子。

⑤ 《马克思恩格斯选集》第一卷，人民出版社 1972 年版，第 74 页。

不如少挣点钱。”[①]

在知识、技术的传授和获得日益仰赖学校教育的时代，学校的教育教学活动也应该与时俱进，为着人的生活、[②] 人的全面发展或自由解放，使人真正成为“对象性的”社会存在物而发挥更好的作用。进而言之，接受更多和更好的学校教育，获得更为丰富的知识，最终目的是要使人获得更好发展的活跃智慧，通过智慧不断地“启蒙”人类和人的生活，[③] 进而获得某种程度的自由解放——在“对必然的认识”的基础上，通过社会实践活动支配“外部自然界”及“我们自己”。[④] 换言之，如果说促进经济社会和谐发展、提升人类福祉所要追求的是人的一种更好的生活状态，那么，“从提高人类生存质量的意义上说，物质增长不是进步的目的，只是未来进步的一个前提条件，通过这一手段的运用，使人类能够在精神上掌握自身”。[⑤] 就多民族山区社会来说，知识的获得途径也一直在发生着变化，从主要依赖于家庭、生产、生活等实践来传授和获得知识，逐步发展到日益依赖于学校教育来增加人的知识，以更好地应对生产生活的时代挑战、社会交往的复杂化、活动空间的不断扩展，进而提升行动能力，更好地适应和应对社会挑战。在这个过程中，虽然获取知识的方式发生了某些变化，但是，知识、过日子与受教育之间紧密相连这一基本的关系与现实，却没有发生根本变化，也就是说，过日子的需要决定着知识需要和受教育

---

① 2012 年 10 月中旬，回访时的谈话。结合调研经验，对于山区农民的健康问题，不仅要避免“把医疗体系和健康体系放到一起且混为一谈，就好像健康就是且只是指治疗和避免疾病”，健康也“不仅取决于对医疗和疾病预防的资源投入”，“还和社会如何分配教育和专家资源有关，和社会如何调节经济、就业有关系，和社会如何为弱势群体、贫困人口提供救助，推行摆脱贫困的方案有关，也和社会如何号召人民完成一个共同的计划有关”，进而言之，“澄清问题的方法就是回到对此问题避而不谈的结构性源头”。参见［法］德吕勒：《健康与社会：健康问题的社会塑造》，王鲲译，译林出版社 2009 年版，第 4、205 页。

② 基于深入田野调研的启示和当地农民闲暇时的感慨与追问，就算是在经济欠发达的多民族山区，笔者依然需要强调，生活绝不是一种“低级的消极状态”，而是具有反思、审美、创造和活跃智慧的生活状态，是具有一定社会性质和社会尺度的人类生活状态。参见［英］怀特海：《教育的目的》，徐汝舟译，生活·读书·新知三联书店 2002 年版，第 71 页。

③ 借助并丰富知识，使人不断摆脱恐惧，祛除神话、愚昧与幻想，唤醒世界，增进智慧，达到自主。参见［德］霍克海默、阿道尔诺：《启蒙辩证法：哲学断片》，渠敬东等译，上海人民出版社 2003 年版，第 1 页。

④ 《马克思恩格斯选集》第三卷，人民出版社 1972 年版，第 153、154 页。

⑤ 陈庆德等：《人类学的理论预设与建构·序言》，社会科学文献出版社 2006 年版，第 4 页。

程度的不断提升。

过日子，即参与、表现和展示一种社会生活状态。如果借用马克思理论的话语来表达，就是在一定社会生产力条件下的人、作为对象性自然存在物的人，借以表现他们自己的社会生产生活方式。就不同时期的多民族山区农民而言，因为“生活条件”和“社会关系”的差异，其“社会存在”也会有所不同，作为社会性的需要、需求满足和社会生活也就有所不同，而这些与其社会生产能力和物质生活条件紧密相关。质言之，多民族山区农民“用以生产自己必需的生活资料的方式，……在更大程度上是这些个人的一定的活动方式，表现他们生活的一定形式，他们一定的生活方式。个人怎样表现自己的生活，他们自己也就怎样。因此，他们是什么样的，这同他们的生产是一致的——既和他们生产什么一致，又和他们怎样生产一致。因而，个人是什么样的，这取决于他们进行生产的物质条件”。[①] 进而言之，随着社会生产能力的不断提升，社会生活条件的不断变化和复杂化，应对社会生活的知识与智慧也需要不断地拓展，因而过日子所需要的知识要求也日益丰富起来，而这促使了多民族山区农民对接受更多学校教育的现实的和迫切的需要。也就是说，“在一个变迁很快的社会，传统的效力是无法保证的”，仅仅依靠“过去”社会生产、社会生活和社会交往中所传承下来的“办法”，已经难以应对“当前”生活的挑战和要求了，还需要其他的和更新的“办法”。[②] 这些新的知识需要，不仅体现在种植养殖和参与市场经济活动方面，还体现在权利诉求、社会福利、法律语言、权利的实现与维护等多个方面。就权利、福利和法律等方面的话语表达形式而言，它们都极其类似于“法律原则”的话语，高度的理性化和形式化，与农民的具体化、语境化和实质化的话语存在着很大的区别。同时，随着现代民族国家的发展和公民社会权利的演进，使得在“现代的国家里，真正的统治既非在议会的演说中，也非在君主的告示里，而是在日常生活中行政管理的处置上，发挥作用，它必然地和不可避免地掌握在官员的手中”，尤其是掌握在具体执行的行政部门及其官员的手中。[③] 所以，

① 《马克思恩格斯选集》(第一卷)，人民出版社 1972 年版，第 270、368、25 页。

② 参见费孝通：《乡土中国》，北京出版社 2004 年版，第 75、22 页。

③ 参见［德］韦伯：《经济与社会》(下)，林荣远译，商务印书馆 1997 年版，第 15、736 页。

多民族山区农民在社会生产、社会生活和日常交往中也日益自觉不自觉地意识到：坚持或继续原来那种似乎与政治相隔甚远的生活方式，甚至可以极力逃避政治的生活方式，似乎是突然变得不可能了。现在的生活似乎是在日益卷入或者走进政治领域了，要有效地参与现代社会生活，并获得较好的社会福祉或生活状态，其实也就是日益需要更多相关知识的指导，以更好地参与到与政治相关的某些活动领域当中，因为“政治统治到处都是以执行某种社会职能为基础，而且政治统治只有在它执行了它的这种社会职能时才能持续下去”。[①] 在公民社会权利日益拓展和落实的今天，在推进基本公共服务均等化、创新社会管理体制机制以及推进和谐社会建设的时代，这种政治参与的范围和能力要求也较大地拓展了，相应地知识要求也增加了。

所以，多民族山区农民似乎也在朦胧地意识到：“绝对放弃政治是不可能的……问题只在于怎样从事政治和从事什么样的政治。”[②] 这是因为，多民族山区农民在与我的交谈中，有时也会借助一些事例提及基本公共服务、地方政府行政和政治合法性等方面的问题。在我驻村调研期间，不仅有农民请我帮忙写申请、证明等文书，还有人向我咨询政策和法律，也有人跟我探讨和争论过政策和法律，也经常会听到他们感叹：时代不同了啊！当农民也要熟悉政策才行，能懂得法律就更好了！而这其中最让我吃惊的是，天关还根据他对婚姻法的学习体验，提出了一个立法方面的问题，他说：“根据我陪亲戚在法庭上讲理的亲身经历，我认为，这个法（婚姻法），在一些条文规定方面，对男人很不公平。这个是否可以改进改进呀？”[③] 从这些有点儿琐碎的问题和疑问当中，不仅反映出多民族山区农民在感觉到了社会生活的不断变化，在开始思索过日子发生变化所带来的或会遇到的相关问题，并希望借助知识的增加加以具体应对。

具体来说，过日子体现在两个紧密相连的层面：第一，每个家庭首先要维系当前的社会生产和社会生活的紧迫需要，这涉及对劳动力、物质资料生产和家庭眼前生计的基本考量，即在最低限度上保持住某种相对平稳

① 《马克思恩格斯选集》第三卷，人民出版社 1972 年版，第 219 页。

② 《马克思恩格斯选集》第二卷，人民出版社 1972 年版，第 440 页。

③ 2012 年 3 月 25 日的谈话。

的生活水平。第二，所谓人无远虑必有近忧，过日子还涉及到对这个家庭以后能过上什么样的社会生活的某种预期，这个家庭最终是要靠子孙去“绵续”，由此实现过日子的现实、未来、价值和意义的多重兼顾。① 那么，这二者是一种什么关系呢？如果没有目前家庭的顺利、安稳过日子，也就没有支持子女入学的最基本条件，这将会影响甚至是阻碍对子女将来更好生活的期望，也就无法让子女和这个家在以后的日子里能过上一种更好的社会生活，即通过奋斗而在代与代之间实现某种提升。换言之，基础教育作为一种最基本的“消费服务”，不仅会影响本人的社会生活状态，而且还是“能够对接受者及其子女的生活产生根本影响的过程。对于许多人而言，教育不仅是其终身收入的一个主要决定因素（从而决定其获取市场产品和服务的能力），而且也决定着其生活质量。教育过程中所培养的品位能够使个人在许多方面丰富自己的生活”。② 所以，一个家庭要支持子女接受更多年限的基础教育或学校教育，第一，要能够保障和稳定当前家庭过日子，这是学生上学的一个重要基础，如果家庭生计都没有了着落，不仅不能支持子女上学，子女也根本不可能安心上学。第二，家庭支持子孙获得更多和更好的学校教育，又可能为子孙获取更好的人生未来提供了某种条件。第三，通过接受更多和更好的学校教育，尽力培养好儿孙，又是决定家庭在社会中获得声誉、口碑和社会地位的重要条件。③ 就是说，在具有一定经济条件和生计能力的情况下，对子孙的未来和家庭的将来能过更好日子的理想和期望，是山区家庭支持子女接受更多和更好的学校教育的重要动力，甚至是在较为艰难的家庭经济条件下也要尽量支持子女上学，

① 参见费孝通：《乡土中国　生育制度》，北京大学出版社 1998 年版，第 105 页。

② ［英］格兰德等：《社会问题经济学》，苗正民译，商务印书馆 2006 年版，第 73 页。

③ 之所以要强调这个前提，是因为在我的调研中，有部分学校管理者和政府官员都在批评农民的教育观念落伍、甚至是愚昧，居然会吝啬于几个钱而不接送子女上学，或者不会到乡镇上来租个房子陪着子女上学。其实，家长们又何尝不想这样做呢？这不仅可以适时给予孩子指导和教育，消除了各种担忧、避免了一些安全事故，甚至还可以离开那些讨厌的土地！但随着访谈的深入，我们就可以明白，这种指责只是某些人的一厢情愿而已！在家庭规模小型化的当下，种植和养殖的劳动需求量是日益增加了，而多民族山区农民的生计主要还得依赖于种植和养殖，通过种植和养殖的最终产品参与市场，换回一定数量的货币以支应生产和生活，这也决定了种植和养殖都是要精心伺候的主儿。如果抛弃种植和养殖，到就业机会极为有限的西部乡镇去陪伴孩子读书，首先是生计来源问题，其次是货币支出问题。就是说，农民到乡镇上就业的机会很少、打工挣钱基本就不现实，所以陪伴学童读书其实也就不可行。

或者是牺牲某些家庭成员而成就其他家庭成员的就学，再或者是不惜举高利贷支持成绩优秀的学子坚持上学。另外，在市场经济条件和社会交往空间日益扩大的今天，接受尽可能多的学校教育，不仅是走入城市的前提，是过上可进可退的农村生活所必须，也是可能提升“这家人”的生活状态的某种现实需要。[①] 按照一些村民的说法：如果一个家庭中有成员走出大山、进入城市，对这个家庭的不少后生是榜样、示范和带动，甚至其亲友的生活状态都会有所改善，甚至还可以降低人地矛盾、兄弟纷争和生态环境压力。对比我调研的村寨，光就毁林开荒一项，情况最严重的村寨，基本上也是总体受教育状况最差的村寨，由于无力走出大山，兄弟之间只能争夺或扩张土地，在只能向泥土要生活的时代，毁林开荒也就成为最直接的选择。

这甚至还可以说，无论是为了摆脱文盲状态、初通文墨、识文断字、跳出农门、参与社会生产生活、进行社会交往、走入城市，在城市里落地生根并过上城市人的生活，抑或是可进可退、游刃有余地过一种乡村日子，接受尽可能多的学校教育都是必需的。所以，在我的访谈和聊天中，青年人反复提到或者是感慨说：“你们读书多的人啊，做事的胆子也大得很。我们嘛，胆子小啊！”[②] 起初我真是无法理解这种话语的逻辑，但随着驻村时间变长和相关故事的提示，在进一步的求证当中，我基本上理解了他们所要表达的意思：接受较多的学校教育，可以帮助学到更多的知识，如果在社会交往中具备相应的一些知识、经验和智慧，再加上一定的经济实力、相应的人脉关系等条件；那么，做事情、争取机会和维护权利的底气和胆子自然就会大一点儿，不至于像没有文化知识、甚至连基本常识都不具备的山区农民那样畏首畏尾，自己的权利不敢主张，不清楚的情况也不好意思问问，甚至是根本就不敢多问。当然，山区农民说自己胆子小，也绝非是说某个人“胆小如鼠”的问题，而是缺少知识、经验和智慧，是缺乏基本经济条件等所导致的必然后果，甚至还是“生存经济”的根本性

---

① 家，家门、一家人或者自家人，是一个“因时因地”而“伸缩自如”的概念，是表述自己“圈子”或“网络”的“范围”。参见费孝通：《乡土中国　生育制度》，北京大学出版社 1998 年版，第 25、26 页。

② 2012 年 6 月 6 日与明芳等人的谈话。

制约问题和理性选择所导致。①

如果多民族山区农民缺乏相关的知识、经验和智慧，在“谁主张谁举证”的权益实践面前，首先是掌握的相关知识和信息的严重不足，也就是纠纷双方处于严重的信息不对称状态，只要相对方发问：你们根据什么？说我们该怎么？如果说得出来个一二三，我们会认真考虑，否则，别说了，该干什么干什么去。这经常就使山区农民无措手足了。再就是在话语上输了一大半的情况下，在相关的辩论中，法律法规的话语和老百姓日常用语之间，常常存在着不小的差别，所以他们有时甚至无法进行任何的质疑和反驳。而更多的文化知识储备、经验和智慧的积累、更强的经济能力和更广的人际关系，在参与市场经济活动，与相关部门的交往中，由于知道或清楚政策、法律或相关规定，明白自己的合法权利、部门与机构的责任和义务等等，这不仅方便沟通，方便做事，也有利于合法权利的更好申张和维护。而这，也就是多民族山区农民所谓的或所羡慕的“读书多的人”，“懂的道理也多”“胆子也更大”“更能打交道”“更善于打交道”。这些，在多民族山区农民的通俗话语里还可以表述为：“万事万物，最好是亲身经历过。不有吃过嘛，要见过。没有见过嘛，要听说过。这见也不有见过，听都没有听说过，这个东西子，让我们如何应付得了！”② 这背后所反映的，不仅是身处绝对劣势者的委屈，受歧视和低人一等，还是权益受损时的无助和绝望。而这类“落伍者”与“受损者”所要面对的，也绝不仅仅是适应的困难和障碍，能力受到怀疑，被他人讥笑为顽固和冥顽不灵，“而是生存机会上的威胁”，以及实实在在的权利和利益所遭受的危害。③

但是，说市场经济条件和现代农业渗透导致了知识需求、受教育需求的增加，还是会引起疑问或质疑，故需要做进一步的说明。在现代农业生产中，无论是种植还是养殖，首先是优良品种的选择，这涉及什么品种该种植在什么样的土地之上，是坡地、平地，是沙土还是黑土，该如何搭配

① 正如学者所揭示的“安全第一”的生存状态，决定了小农抵御风险能力的低下和脆弱，故而只能寻求更高的生存保障，非不得已，都会尽可能地忍受和忍耐，而不是去冒风险。虽然两类小农的生存处境决然不同，但在面临市场经济盘剥和经济状况波动风险时，二者的处境几乎是同样的艰难。参见［美］斯科特：《农民的道义经济学：东南亚的反叛与生存》，程立显等译，译林出版社 2001 年版。

② 2012 年 3 月 24 日在凤头寨的谈话。

③ 参见费孝通：《乡土中国》，北京出版社 2004 年版，第 98 页。

使用化肥和农药，何时使用和使用多少等问题。关于动物的饲养，涉及了新品种动物特性、饲料配比、药品使用、疾病预防、打针喂药等。可能有人会说，这些都可以问有文化的人，但是，这是需要时间成本的呀，而时间的延误是要付出相应代价的呀！或者请相关服务人员也是可以帮助解决的呀，何必万事都亲力亲为呢。理论上当然是可以的。但是，先不说这些偏远山区的服务体系对分散的农户来说是否可及，也不说这些山区的复杂地形和交通条件，仅仅就市场经济条件和激烈竞争的现实就决定了小农的剩余极为有限，能省出一分是一分。所以，小农首先面临的是节约现金支出问题；其次是及时性问题，自己了解和掌握才是更为实在和可行的生存之道。再就是，随着社会交往范围的扩展，具备相应的知识才可以更加“大胆”和自信，相反，则会畏首畏尾。概而言之，社会生产与生活的变迁共同推促着知识需求的增加。而社会生产条件变化也导致了对新知识需要的增加。如果说社会生产是“在一定社会发展阶段上的生产”，亦即“社会个人的生产”；[①] 那么，随着小农家庭日益卷入或依赖于现代农业和市场经济的生产和生活，随着优良品种、农药化肥等的进入，对农药、化肥和饲料使用，对动植物疾病预防，施加针剂、添加药物，理解市场信息等知识的需要，不仅是增加了，而且还要求去掌握和运用。

从社会生活方面看，随着市场经济和现代农业的渗透，半市场化的经济参与，多民族山区农民在经历社会活动空间不断扩大的同时，也日益感受到了知识需求也在迅速增加。随着公民的社会权利的拓展和落实，在权利实现的过程中，对相关知识的需求也在不断地增加。在社会生产和经济活动方面，是对市场经济信息的急切需要。在社会权利实现方面，因为受教育水平低，不能更好地理解领会政策和法律，有时也就成为权利实现和权益维护的障碍，甚至在遭受不公正待遇的同时，还伴随着歧视、无助，甚至是某种屈辱。[②] 在我的调研中，山区农民与我谈到了市场信息缺失或不完全所导致的利益损失，比如猪、牛该何时出栏才能卖个好价钱，一旦错过了好的市场价格，不仅浪费的饲料是一笔经济损失，价格的下滑更导

① 《马克思恩格斯选集》第二卷，人民出版社 1972 年版，第 87、88 页。

② 在无助中遭受着歧视和屈辱，可能导致弱者突破“底线”，采取极端行为，从而导致暴力或毁灭的进入。或因某些遭遇所导致的负面情绪和情感因素，导致社会信任普遍下滑，社会管理难度和成本增加。

致了巨额的经济损失。[①] 关于权利实现与维护，涉及了教育、医疗、治安、生育、户籍和社会保险等方面，主要体现在权益受损时，不知道如何维护自己的合法权利。对于多民族山区的大多数农民来说，知道的多为一些朴素道理，信守实质正义，既不太熟悉政策，也不太懂得法律、法规的形式化语言。所以，在谁主张谁举证实践中，虽然也意识到了权益受损，但常常又无从主张、无力主张。在遭遇部门间踢皮球时，无所适从；在与这些部门发生纠纷时，更是觉得无力与委屈。

第三节　社会文化体系与基础教育发展

一、社会文化的多样性和基础教育发展水平的参差性

如果说人类社会与人类文化的多样性是一种基本事实和现实存在，[②]

① 在试调查时，一位农民这样说："去年腊月，我听说生猪涨价了，就打算找一张（辆）车，把十来个（生猪）都拉上去。但是，一时半会儿找不到车，就拖了十天左右。结果，加上几百块的运费，亏了差不多三千块钱。因为这个价格一涨，省外的也会拉来，比如四川的、广西的和重庆的（商贩）。还有就是，价格一涨，就会鱼龙混杂，病死猪也增多了，供应自然也就多了，个把星期就会跌下来了。所以，这个信息很重要，时机把握也很重要！"2011 年 3 月做试调查时的谈话。

关于"鱼龙混杂"状况，我后来访谈了两位屠夫兼肉贩，还随他们到了两个规模较大的屠宰场做实地考察，考察也验证了山区农民的说法。第一次是 2011 年 12 月 24 日凌晨三点多出发，七点多返回，是和两个屠夫一起去的，在众多的猪圈里确实看到了不少的出栏生猪，也确实看到了有大小不一的死猪，还有母猪和公猪。因为低劣者的价格便宜，很快被宰杀且不经过检验检疫，即被从后门拉走了。而好的生猪，却因为价格偏高的问题，有的农民甚至在上面等了一两天才卖得出去，并且是以不太理想的价格出的手。第二次是 2012 年 3 月 9 日凌晨一点多出发，六点多返回。这次除了继续感受鱼龙混杂外，还看到了老母猪更为畅销的怪现象，因为"瘦肉精"风波的影响，原本品相极好的生猪反受冷遇。而母猪因其膘肥肉厚，被"精明"的贩子当作农民养殖多年的"好猪"卖给消费者。

② 这里需要提醒，仅仅承认多样性、差异性或历史复杂性，可能还不够。因为对差异的认识和行动，既可能是基于冲突观而主张予以净化、齐一和消灭；也可能是基于和谐观（或和而不同）而给予宽容地看待。也就是说，基于多样性这一"相同的认识起点，并不意味着同样的道路和目标"。进而言之，"相互承认民族文化的差异，既不是'同化'，也不是纯粹的'共处'"，而是启发我们去探究和建立"'团结他者'的模式"。换言之，如果用康德的话语来理解，那么"人就是现世上创造的最终目的"，"他者"也是和我们一样的"人"。基于此，如果结合撤点并校、规模经济、集中办学、城乡基础教育均衡发展等社会政策目标，集中办学的统一性或同一性应该这样理解，即"同一性不是形式的同一性；它意味着通过差异和分化而达到同一。同一性也是时空性的"。这样才有利于警惕肤浅的文化多元主义，进而加深对社会政策、社会发展、现代社会秩序建构的能力与限度的认识。见陈庆德：《试析民族理念的建构》，《民族研究》2006 年第 2 期；［德］康德：《判断力批判》（下卷），韦卓民译，商务印书馆 2011 年版，第 91 页；［匈］赫勒：《现代性理论》，李瑞华译，商务印书馆 2005 年版，第 10 页。

那么，基础教育发展水平作为其中的一种社会文化现象，在作为后发外生型现代化国家的中国也不会例外，其社会文化的多样性以及基础教育发展水平的参差性，也是一个基本的和不可否认的社会事实和现实存在，承认、探索、认识和理解这种多样性，将其“放在与其他社会的联系中进行考察，以发现相似和差异之处并说明它们”，进而对这些社会与文化的差异性作整体性观察与理解，[①] 尽可能整体性地去接近于一种真理性的认识——“对真正的事实和力量的实事求是”，以“研究人的科学”为皈依，而非固执于和迷信于某种信念而选择性地收集、屏蔽、使用和疏忽某些材料，基于某种理论或概念的迷信，从而“去迎合一个权威的教义”，甚至是违背抑或“出卖”科学。与此相反，只有“以坚实的事实和知识为基础”，[②] 这样才可能更好地解决社会问题——“社会的、公共的关系”，亦即“人与人的相互关系问题”。[③]

回到基础教育发展水平的多样性、参差性上来。在中国社会里，宽泛地讲，不仅存在着城市与农村的教育发展水平的差别；就是城市与城市之间、乡村和乡村之间，也存在着教育发展水平的较大区别或差异。在城市领域，存在着大、中、小城市之间教育发展水平上的较多差别。就广大的农村地区来说，不仅存在着东、中、西这样的区域差别。就是在某个特定的区域之内，在教育发展的水平或程度上也还存在着不同程度的差别。教育发展水平上的这些差距、差别和差异，也就体现为教育发展水平的参差性。如果说政策须以坚实的事实为前提，那么，基于基础教育发展水平的参差性，在教育社会政策的细节层面上，也应该表现为多样性和异质性。

回到我们所调研的三个山区县（其中，禄劝和寻甸是多民族的自治县），从各县的县域范围来说，因为其国土面积的87%以上都是山区、半山区和高寒山区，坝区面积都不超过13%。虽然县城、乡镇几乎都是建立在地形相对较为平坦的坝区，但受制于狭窄的土地面积、社会经济发展水

① 参见［英］巴纳德：《人类学历史与理论》，王建民等译，华夏出版社2008年版，第5—7、16页。

② 费孝通：《江村经济：中国农民的生活》，戴可景译，商务印书馆2001年版，第13、14、8页。

③ 《马克思恩格斯选集》第一卷，人民出版社1972年版，第173页。

平以及实际人口承载能力，故城镇人口的比重均没有超过13%，农村人口则都占到了87%以上。而这些，从地方志和人口普查的统计数据中都清晰可见。具体来看：禄劝县的山区面积占到了国土总面积的98.4%，坝区仅占1.6%；乡村人口占92.84%。寻甸县的山区、高寒山区占比是87.5%，坝区占12.5%；乡村人口占到了93.33%。富民县的情况稍好于前面的两个县，山区、半山区的面积占87.9%，坝区面积占了12.1%；乡村人口占87.30%。[①] 纵观这些山区县份的基础教育发展的主要路径，[②] 从其地方志等文献的记载中可以看出，从明清以来一直到2000年前后，其学校教育或基础教育的发展基本上都是先在州城、县城建立起学宫、义学、书院、高等小学堂、小学堂、两级小学堂、国民学校、高小附设初中班、简易师范学校、小学、初中、高中，再向镇、乡、保（村）、自然村（寨）逐步扩展。在这种发展过程中，多民族山区的学校教育是从无到有，学校数量是从少到多，学龄儿童入学率也从低到高，并逐步实现了普遍化的就近入学。校舍条件也在逐步改善，办学形式和入学年龄逐步走向规范化和标准化，教育教学质量也在逐步提高。

虽然多民族山区的学校教育（或基础教育），(与城镇同类学校相比)一直存在着学校规模较小、基础设施较弱、教师能力不足、师资缺乏和一师一校等等现象，但多民族山区学校教育在总体上是不断发展的，这是不争的事实。而这些，从各村寨青壮年文盲已经基本消失，从各类毕业生人数也在逐步增多当中，可以清楚地看到（包括小学、初中、高中、中专、技校、专科、本科和研究生）。同时，如果拿山区学校与城镇学校进行比较，最大的差距可能就是体现在校舍条件、教辅设备和师资配备的整齐方面。但是，在小学教育这个阶段，在基本的教育教学质量方面，他们之间

---

① 数据来源：《禄劝彝族苗族自治县志》，云南人民出版社1995年版，第41页。《禄劝年鉴·2012》，云南人民出版社2012年版，第140页。《寻甸回族彝族自治县志》，云南人民出版社1999年版，第1页。《寻甸年鉴·2011》，德宏民族出版社2011年版，第47页。《富民年鉴·2011》，德宏民族出版社2011年版，第107页。

② 这里说成是主要路径而非唯一路径，即从城市向乡村扩散方式。但这并不是各个教会早期设想的路径，但随着预想模式不断受阻乃至完全失败，导致了少数民族地区教会学校的发展路径与此前所述有所不同，它是以某个少数民族聚居地为据点或总堂，再逐步向其他村落乃至其他县乡的少数民族聚居村落扩散。

并不存在着必然的差距。因为，一些小规模的学校，只要有了合格的和负责任的师资配备，有序的学校管理，其教育教学质量也会很高；他们同样也可以在教育教学质量、巩固率、升学率、毕业率等方面，与城镇的小学相媲美。这从一些山区学校所获得的奖励证书当中，已经可以清楚地得到说明。如果在山区学校之间进行比较，不可否认的事实是，其教育教学质量也会存在着不同程度的差距，反映着基础教育发展水平的参差不齐。但是，导致其差别的关键性、决定性因素，依然是师资和管理，而非简单地由学校规模这一因素所决定。也就是说，基础教育发展水平的参差性，在较大程度上是由能否配备合格、负责的人民教师进行教育教学和学校管理所决定。如果能够，则是较好的教育发展水平；反之，则会导致较差的学校管理水平和教育教学质量。

基于此种观察、分析和解读方式，这里不可避免地要牵出一个依据学校规模进行分类，以及把类型划分与教育教学质量直接进行对号入座的解读方式，进而把学校规模小与教育教学质量差相提并论，把集中办学、扩大规模与教育教学质量提高划上等号的解读方式。但不言而喻的是，如果固执地坚持这类理解方式并用行政主导方式来推进山区（乃至农村）撤点并校政策实践，就会涉及某种话语暴力和社会政策问题。这属于社会政策的“非预期结果”或社会行动的“意外后果”。如果说解决这类社会问题的根本，是要回到问题本身及其建构与解读方式，那么，作为批判性社会科学和整体性社会研究取向的社会政策学，不仅要探讨“相关的理论的逻辑适当性和经验适当性”，还要努力“证明行动者所持的信念是无效的，或者没有适当的根据”，进而“转变与这种信念相联系的行动”。换言之，基于“对错误信念的批判，就意味着是要以实践的方式介入社会，意味着是一种最广泛意义上的政治现象”。① 亦即，社会政策与社会行动“需要一种语言形式”以“达到对情况的适当阐释”，进而有效推动社会行动与

① ［美］默顿：《社会研究与社会政策》，林聚任等译，生活·读书·新知三联书店 2001 年版，第 309、310、314 等页；［英］吉登斯：《社会的构成：结构化理论大纲》，李康等译，生活·读书·新知三联书店 1998 年版，第 409、484、473、477、479、480 页。

变革。[①]

二、学校规模、学校类型与教育教学质量的关系

关于学校（或学区）的规模问题，或者说小规模学校到底应该以多少学生人数来进行界定的问题争论，就是在经历了将近150年合并运动的美国，至今依然没有能够取得一致，或者是没有达成某种共识。但是，随着政策实践和科学研究的不断进展，由于社会文化多样性这一基本的现实存在，依靠统一模式并不能满足所有学童对基础教育的需求，因而，规模较小学校其实并不可能完全地被取消，这已经得到了普遍承认。而且，一些研究成果还进一步证实和揭示：规模较小学校在课程质量、成本—收益、学业成绩、学生态度、学生行为、学生参与度、课外活动、学生的归属感、学校人际关系等方面，都不输于、甚至是优越于规模较大的学校。同时，小规模学校拥有更低的辍学率、更好的归属感和良好的自我观念，并且对少数族群学生和社会经济地位较低的学生具有积极的支持作用。与此相反的是，在一些规模迅速扩大的学校，并没有真正达到所预期或许诺的那样，切实节约了公共财政开支、实现了规模效益和提升了教育教学质量的政策目标。[②] 也就是说，学校固然应该具有一定的规模，但学校规模的大与小并不是一个简单的数字划定问题，而是需要综合考虑人口、地理、学生和教育发展等因素的复杂问题，正如塞尔加·赛尼卡（Serge Theunynck）所注意到的那样，学校布局调整“没有标准不行，没有标准，学校可能建在不恰当的地点，或导致学校资源闲置。没有弹性的标准也不行，刚性的标准会影响到入学”。[③]

因而，通过农村学校布局调整（或借助撤并学校与学区）来减少学校数量、推进集中办学和扩大学校规模，只是基础教育发展过程中的一种政

① 参见费孝通：《江村经济——中国农民的生活》，戴可景译，商务印书馆2001年版，第21、22页。

② Kathleen Cotton, School Size, School Climate, and Student Performance. May 1996. Joe Bard & Clark Gardener (eds.), Rural School Consolidation Report. Prepared for the National Rural Education Association Executive Board, April 1-2, 2005. Cited from http://scholar.google.com.hk/.最后访问日期是2013年8月20日。

③ 石人炳：《国外关于学校布局调整的研究及启示》，《比较教育研究》2004年第12期。

策手段，而非政策目的本身，也不是决定基础教育发展和教育教学质量的唯一因素。基于此，其实还可以做进一步的推论：学校规模大并不等同于教育教学质量高，学校规模偏小也并不等于其教育教学质量必然就会偏低或差劲。只要具备合格的负责任的师资队伍、一定水平的教育教学管理、一定素质的学生和有序的学校运行，规模较大和规模较小的学校一样，都可以实现一定数量与质量的教学任务和教育目标。因而，根据学校规模划分的学校类型与教育教学质量之间并不存在必然的正相关关系。这些简单的道理，从大中城市、县市、乡镇、乡村的中小学学校的教育教学质量当中，也可以清楚地看出：既存在着规模大、办学水平高的学校，也存在着规模大、办学水平很低的学校，还存在着规模小、办学水平低的学校，同时也存在着规模较小、办学水平较高的学校。

回到我们所调研的多民族山区县份，其学校类型大致经历了如下的变迁。清末有了高等小学堂及其附设师范班、初等小学堂、私塾等的区分。在民国建立以后，学堂一律改称为学校，有省立实验短期小学、乡村师范学校、中学、乡（镇）中心学校及其设在边远村寨的中心分校、保立学校等类型。教会学校则有高级小学、初级小学和神学院的区分。在人民公社时期，按照办学层次的不同，可以分为完中、初中、小学、戴帽初中；按照管理主体的不同，可以分为生产队小学、大队小学、公社小学及附设初中班等类型；按照办学性质的不同，可以分为民办、公办和民办公助等类型。在改革开放以后，还强化了重点中小学和非重点中小学之分。重点学校在师资配备、教辅设施、财政投入和招生录取方面具有某些优势，在某种程度上说，是比较好的校舍、师资、设施和学生等条件的多重叠加。伴随着农村税费改革的展开和完成，出现了中心学校、完小、村小、教学点、普通中小学和重点支持的农村中小学等并存的格局。随着 2001 年 6 月以来农村中小学布局调整专项资金及其使用规定的贯彻实施，只有那些符合标准化、示范性和辐射能力强等要求的学校，才可以获得专项资金的支持，从而改善校舍和办学条件，购置仪器设备和图书资料。反之，则没有资格和条件获得相关支持。因而，一些小规模学校，在没有资金支持，缺乏合格的负责人的师资、基本的设施配备和有效的学校管理的情况下，不可避免地出现了教育教学质量下滑的人为后果。但是，随着集中办学、规模经济等的财政和行政诉求，多民族山区的小规模校点也就成了质量差的标志，而在合理配置资源、促进均衡发展、有效提高质量的期许中，必然地成为必须撤并的校点。

纵观学校类型的区别与划分，如果只是为了方便称谓而采取某种命名方式，而不是直接把类型与具体的校舍建设、资金投入、师资配置、招生录取和设施配套等挂钩；那么，学校类型与教育发展水平不会直接地等同起来。如果区分小学校类型的目的，是为了支持和加强薄弱学校的建设、改善和发展，这将会促进城乡基础教育的均衡发展和起点公平，从总体上提升基础教育教学水平和人才培养质量。与此相反，如果分类直接就是为了分出个三六九等，从而区别对待、择优扶持，以某种标准（强者的标准）来进行规范化和标准化的建设和塑造；那么，这不可避免地会给弱者带来更多的不利，不仅不会缓解差距问题，还会加剧发展的不平衡，甚至是某种社会不平等。因为，弱者基本上是不可能参与标准的制定和修改的，只能是服从于标准并努力追赶标准，甚至压根就无力跟上标准。如果这样，标准也就可能会成为强者的游戏。[①] 在某些情况下，还可能导致城乡教育的“两极分化”。[②] 在这种情形之下，“分类”、“定义”与“命名”其实就是赋予某些结构、模式和行动以意义，而标识“他者”以消极象征（与“我们”有差异的事物都是他者，应该向我们看齐），通过这种“一分为二”，而采取“包容和排斥行动”，进而达到消灭“矛盾性”、“混乱”以及“秩序的他者”，达到“秩序化”的现代性实践诉求。但是，如果仅依凭于或者迷信于经济理性、行政主导、政策手段和管理技术来解决“社

---

① 以办学条件为例，实验室、图书馆、微机室、语音室、生活用房、其他用房、体育场馆、计算机、图书藏量、电子图书藏量、专业实验设备、专业实习设备等。这些标准化要求，对于大中城市的学校，尤其是那些大专院校的附设学校，会更为有利。因为它们不仅平时可以搭车使用部分设施，在评估中也可以选择性地借用。而对于乡村学校，这些有利条件是先天缺失，后天不足，新建也较为困难。所以，在各种检查评估、达标升级的验收中，乡村学校首先就会在“装备竞赛”中落败。

② 一些“实验性、示范性和现代化的一流名牌示范”学校，不仅是在进行“硬件条件大比拼”，同时也会集中、垄断、吸纳或占用了过多的公共教育资源，而这些公共资源在投入后，因为过多的学生想进入其中，因而也催生了牟利空间，还导致“城乡教育的两极分化越来越大，教育均衡发展越来越不均衡”。见范铭、郝文武:《对农村学校布局调整三个“目的”的反思——以陕西为例》,《北京大学教育评论》2011 年第 2 期。

会问题”，那么，可能会“在解决难题的同时又在创造着自身的难题”。[①]因为，成熟的社会政策学研究成果已经证明，人类解决“社会问题很少落入简单的手段——目标模式。每个目标只是或可能是下一个目标的手段”。[②] 换言之，解决社会问题，可能并不是依赖于简单的“技术的‘正确性’”，也可能“不是选择直接的道路”，而是“选择‘多产的弯路’以逾越‘错误’：盘根错节的问题”。[③] 也正是由于社会问题的解决需要综合考虑人与人的关系、人与社会文化脉络的关系，进而拓展解决社会问题的信息、理论和社会等基础。所以，要进一步考察教育社会问题的文化维度，加深对山区基础教育发展的认识。就是说，需要清楚基础教育不只是教师、课堂加学生，而是一个整体系统，是由学校、教师、课堂、学生、家庭、社区等一道来实现的。

三、社会文化脉络中的基础教育发展与实现

基础教育及其发展作为一种社会文化现象，其功能与目标的有效实现绝非教师、学生和课堂的简单相加。换言之，基础教育并不能被简单地还原为教师、学生和课堂，而是与学校氛围、家庭教育、社区（会）教育、同伴群体支持等条件共同作用，在一定的社会文化脉络中得以实现的有目的的人类活动和人才培育活动。同时，对于基础教育实践，更是要结合儿童的社会化过程、行为方式和行为能力等因素，以及它们对基础教育发展的影响来进行整体分析。进而言之，在基础教育发展和目标实现中（尤其是在低年级），学童对家庭、亲情、安全和信任等的需要是比较多的，这对稳定情绪、缓解压力和建立信任等也不可或缺，教育、教学活动的成功实现不可能忽视这些中间需要。而随着年龄增长，适应环境、自理生活、主动学习和处理问题等能力的不断提升，这种依赖程度才会逐步减轻。

在对多民族山区学童如何上学的考察中，已可清楚地看到，在学校广

---

① ［英］鲍曼：《现代性与矛盾性》，邵迎生译，商务印书馆 2003 年版，第 3—5、10、6 页。

② ［英］蒂特马斯：《社会政策 10 讲》，江绍康译，商务印书馆（香港）有限公司 1991 年版，第 45 页。

③ ［德］韦伯：《社会科学方法论》，韩水法等译，中央编译出版社 1998 年版，第 173、176 页。

泛进入乡村社会以前，上学难是显而易见的社会问题。山区儿童想要获得基础教育服务，从基础性的启蒙教育阶段开始，他们就要通过远离家庭、寄宿学校、自带粮食、自备炊具、自理食宿、自我管理、自我照料等行动来获得学校教育。而且，这也并不是什么新鲜事，而是在20世纪二三十年代兴办起私塾、教会学校、国民学校以来，就比较广泛地存在的社会现象，甚至是到了五六十年代都还不同程度地在一些地区存在着的基础教育现象。

多民族山区学童在自己成长、生活和熟悉的社区就近入学、接受基础教育服务的现象，是在大跃进办学、教育革命和四清运动以后才逐步得以实现的，也是随着乡村和村寨小学校的迅速广布，山区学童的寄宿就读现象才得以大幅度地减少，在不少地方甚至是基本消失。而在20世纪60年代中期到2005年左右这个时段，是多民族山区学童上学最为方便的时期，基本上是在社队范围内即可以获得初等教育，这种状况还持续到了“普九”验收阶段。随着农村税费改革的完成，以县为主的农村基础教育管理体制和财政体制的推行，在集中资源办学、扩大学校规模和提高规模效益的行政诉求中，规模较小的农村学校先是被降格成为教学点，随后根据规模要求而成为被取缔的对象。也就是在撤点并校风潮中，多民族山区学童上学，要么远离家乡，投亲靠友就读；要么暂时呆在家中，等岁数再大些才入学；而既没有条件投亲靠友又不愿意辍学在家的学童，就只有到村委会的校点、乡镇的中心校寄宿就读。因而，上学难也再次凸显了出来。①

这两种上学难具有哪些相似点？又有哪些区别之处呢？这里将从学校数量、学校减少的原因（机制）、社会经济条件和学童能力等方面，做一个基本的分析。就相似的方面来说，在学校数量偏少、区域分布不均这一层面上，都会导致边远、边缘多民族山区的学童上学不方便。但是，学校数量少的机理却明显不同，前者是因为没有能力创建而导致；后者是因为关闭、闲置、浪费和废弃了一些小规模学校所致。再从山区学童所面临的具体困难来看，前者主要是由于社会经济条件的限制，因为家庭经济拮据，连学生在校的基本口

① 据统计，到2003年5月底，在全国98%的县（市、区）实现了中、小学教职工工资上收到县。同时，“以县为主”的基础教育财政体制和管理体制还明确要求，县级财政要加大财力投入、完善经费保障机制、健全资助制度，通过远程教育工程等促进城乡教育均衡发展。从理论上讲，新的体制机制为农村教育（包括多民族山区学校教育）的发展提供了良好的机遇。但是，前提条件是加大财政资金投入成为现实。见《中国教育年鉴·2004》，人民教育出版社2004年版，第157、70页。

粮都难以保障所致。后者面临的具体困难，主要是由于学童的社会化过程、行为方式和行为能力等方面的限制所致。下面还将做进一步的梳理和陈述。

如果说前一种类型的上学难，主要是因为家庭经济困难所导致，即饿着肚子无法上学的问题；除此以外，其他问题都不太影响就学。那么，参差不齐的入学年龄，使得学生之间相互照顾成为可能。而学校又都是些分布在多民族山区农村的学校，其社会文化和生活模式基本没有差别。老师则是整个学期都驻校教学。学生在校与在家基本相似，都是读书、做饭和参加劳作。学生住校就读和独立生活的能力比较充足，加上淳朴的社会风气和学校氛围，安全保障与学校管理几乎就不成问题。所以，虽然也有学生寄宿就读，但因学生具有较为充分的自理、自律、自立的能力，使得教师的主要工作就是教书和批改作业，学生安全和课外管理基本不是一个问题。但是，在撤点并校风潮中，多民族山区学童的上学难主要是因为学生寄宿能力不足所致（虽然也不可否认一些家庭也存在着或大或小的经济压力）。伴随着规范化办学、标准化入学，家庭小型化，现代农业渗透、农民半市场化参与和符号化生存加剧，以及农村的婚姻与家庭变故增多、儿童成长环境的急剧变化等原因，学生能力不足已然成了最为主要的问题。①

① 在20世纪90年代后期，随着乡村社会变迁而来的是，多民族山区女性外出打工人数迅速地增多，并且多数都远嫁他乡了。乡村男性青年的婚姻突然出现了很大的困难，光棍也明显地增多了。调研中，我只是统计了其中的七个生产队（村民小组）的情况（总人口在700余人）：20世纪50年代出生的男性中，仅有2名光棍；60年代出生的有4人；70年代出生的猛增到13人；80年代出生的是10人。这还可以推论说：多民族山区的乡村学童数量减少，除了计划生育政策的成功实施之外，光棍的增多更是重要原因。仅以70和80年代的两拨光棍来计算，怕那小学的学童在2000年以后就减少了40余名。就是勉强凑合结了婚的家庭，与之前相比，婚姻变动也在加剧，有的是走向离婚，有的是媳妇悄悄离家出走，再也不回来了。在这两种情形之下，一是乡村儿童的数量在减少，再就是儿童成长环境也发生了不小的变化。如果说在村寨和家庭的儿童数量较多的时代，他们的成长主要是在兄弟姐妹或同伴群体之间完成的，在参与生产生活中逐渐长大，父母、祖父母等只是发挥了一定的辅助作用，这些孩童的安全感、信任感是在相对较大的社会圈子中得以建立的，他们对家庭的依赖性也相对较低一些，而独立性、适应能力和生活能力都要更强一些。而在儿童数量快速减少，甚至是极少的时代里出生的这些农村孩子，他们日益变得稀少、宝贵和孤单，因为同伴群体变少或者没有了（在我调研的一些寨子里，有的竟然三五年都没有增加一个儿童），他们参加的生产活动也变得更少了。他们的生活日益依赖于父母、祖父母，在狭小的圈子里成长、长大。与之前的儿童相比，其安全感、信任感和生活能力都受到了某些不良影响。尤其是在那些父母离异、父母都漂在外面不管孩子的家庭，这些从小就由祖父母带大的儿童，在某些方面还存在着不小的问题和困扰。而应该如何训练这些孩子，让他们更好地去适应和应对撤点并校时代的寄宿生活，对于多民族山区的家庭，其实并没有任何的概念和能力。

一些山区学生从学前班，即从六岁左右开始，就要远离家庭和亲人，寄宿学校就读，在自理、自律和自立等能力严重不足的同时，无论是进村委会所在地的孤零零学校，还是进入乡镇的中心学校，其社会文化环境与自己成长的山区环境都存在着较大的差异。在这些学校的活动与在自己社区学校读书时的活动，也有着很大的区别。如果是在自己所生活的社区学校就读，生活空间是围绕着学校、课堂、家庭、亲人、同伴和社区，以及一定的娱乐活动、课外活动和生产劳动，基本不太需要经常性地考虑和处理孤独、无聊、信任、担忧、焦虑和害怕等问题。而寄宿学校就读，在低年级阶段，或者在刚刚入校的那一个时段，这些问题总是会存在的。[①] 质言之，这些低龄段的寄宿学童在适应新环境时，不仅在“接收系统”、“控制系统”和“符号系统”方面存在不足，同时还面临着各种辅助条件缺失的严重困扰。[②] 因为，寄宿学生活动的空间范围缩小成为课堂、食堂和宿舍了，甚至就是在范围有限的学校围墙之内。且因学校出于安全等的考虑和需要，零食、玩具、游戏活动等也是大大地受到了限制，某些甚至是被严格地禁止了。一些校点的低年级学生，在一天 24 小时中，其实只有六七个小时左右是进行教学活动，在剩余的十七八个小时，除了作业、自习、吃饭和睡觉，并没有其他的娱乐和游戏活动。质言之，我们不认可基础教育等

① 关于转校、适应或自我调整的次数，多民族山区学童是承受得过多，由于学校容纳量的限制，学前班和低年级阶段不可能都集中到中心学校或完小就读。而是集中到教学点，待到高年级时又要转到中心学校或完小，多次转换环境、学校和教师，对学童的不利影响明显存在。同时，适应也是需要提供辅助条件的。如果对照一下大中城市里的幼升小、小升初、初升高等类培训班、辅导班和体验班，山区学生的条件缺失更是显而易见。对于这种情况，米尔斯和蒂特马斯的提醒具有警示意义，“公众论题和私人困扰”需要放置在“现代社会大的论题和问题”中进行描述和分析。因为，如果要“把个人生活从宏观的制度中抽离出来，而生活正是在这些制度中表演的，有时，制度比童年时代的切身环境更严重地影响了个人生活”。而且，“调试”也不应该简单地理解为“生物学隐喻意义”上的概念和行为，而需要与“制度框架”、个人以及群体的社会位置等等联系起来，进行分析和应对。换言之，自我调整还“关联到权力和压力的运用”，调整更是一种“由群体制定、有利于促进群体自身团结的品德行为；群体有执行的权力；遇到不能调整者，可以施予制裁”。吉登斯明确提示了调适概念的空洞、宽泛、含糊、似是而非以及缺乏逻辑。鲍曼批判了无限适应性和自身适应性的白板概念。参见［美］米尔斯：《社会学的想象力》，陈强等译，生活·读书·新知三联书店 2005 年版，第 11、96、97 页；［英］蒂特马斯：《社会政策 10 讲》，江绍康译，商务印书馆（香港）有限公司 1991 年版，第 124 页；［英］吉登斯：《社会的构成：结构化理论大纲》，李康等译，生活·读书·新知三联书店 1998 年版，第 347、348 页；［英］鲍曼：《现代性与矛盾性》，邵迎生译，商务印书馆 2003 年版，第 112 页。

② 参见［德］卡西尔：《人论》，李琛译，光明日报出版社 2009 年版，第 24 页。

同于学校、教师、学生、课堂、食堂和宿舍的简单相加，伸张寄宿学童的中间需要，提请更多地关照这些学生的中间需要及其满足状况，亦即“人们赖以生息教养的那些社会条件所产生的一定需要”。[①] 基于此，也才不至于使社会政策的“目标和手段都被简化”；甚至还可以警惕“把社会政策领域视为一个专为某一或某些集团而设的封闭及分割的福利体系，我们将不会发掘出有意义的问题。将它视为社会工程的技术运作——即由权力精英分子在封闭的体系里决定穷人需要多少和如何获得福利，也同样不能阐明问题”。[②] 因为，无论是简单化的做法，抑或是对需要的“专制”，其实都会损害到人类的福祉，影响人的生活状态。在山区基础教育这一领域，它还影响到了学童的身心健康成长和自由全面发展。同时，在多民族山区社会的语境中谈论上学难问题，不仅在不同阶段有着差异，在不同家庭和不同族群之间也存有差异。关于不同阶段的差异，前面已做了说明，此处不再赘述。不同家庭之间的差异，体现为家庭经济条件、亲戚朋友圈子、家庭接送学童能力等的差异。而族群之间的差异，体现为（甘）彝族、苗族与汉族学童就学机会的差异。在我们所调研的多民族山区，一直到了20世纪初期，由于社会经济条件的根本性制约，多民族山区不仅仅是经济贫困、医药缺乏；在文教设施、基础教育方面也极为缺乏和落后，所以，基督教各派打着办学和治病的旗号，在彝族（甘彝）和苗族聚居山区迅速地获得了传播和发展，[③] 并对这些地区产生了深刻而长远的影响。在教堂和教会学校迅速、广泛建立的过程中，在多民族山区还出现了彝族和苗族群众受教育水平普遍高于汉族的情况。而随着汉族村寨里私塾和国民学校的逐步建立，汉族儿童的受教育状况也在逐步改善。随着20世纪五六十年代社队办学的勃兴，山区基础教育的可及性大为提升，受教育状况也在逐步改善。在撤点并校风潮中，虽然山区各民族学童上学也都可能会受到影响，也都存在着上学难的共性问题。但（甘）彝族和苗族学童所受影响还

① 《马克思恩格斯选集》第二卷，人民出版社1972年版，第199页。

② ［英］蒂特马斯:《社会政策10讲》，江绍康译，商务印书馆（香港）有限公司1991年版，第126页。

③ 参见《禄劝彝族苗族自治县志》，云南人民出版社1995年版，第792—794页；《寻甸回族彝族自治县志》，云南人民出版社1999年版，第140页。

凸显出了族群方面的某些差异。这体现在两个方面。首先是通婚圈影响和制约下的次生问题。由于还坚守着族内通婚、甚至是教派内通婚的习俗；所以，他们的亲戚圈子也基本是集中在一些少数民族聚居的山区。在撤点并校运动中，小学校也基本消失了，所以他们基本没有了投亲靠友的条件，除了暂时呆在家里和到村委会、乡镇的校点就学之外，并没有其他选择。其次，是儿童社会化环境和行为习惯所致。由于这些族群所在的村寨相对封闭和阻隔，在日常生活中基本上还是使用本民族语言做交流；所以，在规范化入学、寄宿就读的条件下，这些学童的不适应问题也就更为凸显。因而，农村税费改革的完成，不仅仅是标志着乡、村两级主办农村基础教育时代的终结。同时，随着农村基础教育以县为主的行政体制和财政体制的逐步确立，教育管理权和教育财政上移，从2005年前后开始，多民族山区基础教育发展的新路径与原来的路径完全相反，翻转为从乡村向乡镇、城镇集中的唯一发展路径。从理论上讲，这种路径可以为减轻乡、村两级的财政压力，保障农村基础教育财政投入、改善农村基础教育办学条件、提升农村教育教学质量、促进城乡基础教育均衡发展与起点公平等方面，提供某种契机与可能。但是，并不能由此而过于乐观地推论，抑或是盲目地认为，多民族山区基础教育发展水平的参差性就此可以得到整体性解决。因为，在我们所调研的这类山区县份，其县、乡本身的财政能力都相对较弱，所以才会出现原来那种农村基础教育主要依靠农民（或农村集体）兴办的格局，在农村税费改革中取消的那些基础教育税费，只有转嫁到县级财政中来支出。这对于财政压力较大的县级政府来说，要很快增加财政收入并没有那么容易，也不可能那么迅速。所以，地方政府若要弥补新出现的财政缺口，除了尽量争取专项资金之外，就只有打减少教师数量和减少学校数量的主意了。减少学校教师和员工的数量，也就只能拿代课教师和临时工开刀，辞退代课教师，辞退没有编制的员工。减少学校数量，就是进行撤点并校，以某种规模标准来撤销分散在农村的校点，撤销、闲置和浪费小规模校舍，改建、扩建或新建规模较大的校舍，把山区学童（从学前班开始就）统统集中到村委、乡镇一级的学校寄宿就读。进而言之，在我们调研的这类山区县，作为农村基础教育管理体制、财政体制变革以及农村税费改革等因素复杂结果的撤点并校运动，主要是财政经济压力下的理性选择和权宜应对。从而把集中资源办学、扩大学校规模与提升经济效率紧密捆绑在一起，以达到降低教育财政支出和管理成本的行政目标，这是在财政经济压力下以追求经济效益压倒了教育发展规律。这并非城镇化的自然结果，也非学龄儿童减少的必然要求，也不全是促进农村基础教育资源合理配置、教育教学质量提高和教育均衡发展的客观要求。就是说，以某种规模标准进行一刀切的撤点并校运动，并不必然会促进多民族山区基础教育的均衡发展和教育教学质量的提升。在财政经济硬约束之下，学校规模迅速扩大但相关辅助设施、辅导人员和专业人员的缺乏，还可能导致新问题不断产生。从某种程度上讲，这些不利因素的存在，也导致了在校点数量急剧减少和学校规模迅速扩大之后，多民族山区基础教育发展水平的参差性依然是一种问题和困扰，这也在昭示着农村学校教育和基础教育发展中的社会文化因素不可忽视，社会政策的社会基础需要进一步重视。①

基于此，从社会政策学视野审视农村校点撤并政策实践，在农村税费改革完成之后，在以县为主的农村基础教育财政体制和行政体制之下，借助集中办学、规模经济和效率优先等行政、市场与产业手段，来解决城乡基础教育的均衡发展和起点公平等社会问题，这些也许并不是一个简单的规模经济和结构重组问题，而是要在地理环境、人口因素、历史传统、社会文化和特定制度等制约下的综合考量。换言之，在重视经济和结构因素的同时，也要正视山区基础教育发展面临的环境。这样，政策才可能是从内部设计、内化于社会并“由社会所做的事情”，而不是从外部强加于社会的行动。同时，不可忽视或否认，特定的社会政策既可能是“解决问题的方法”，也可能是“社会问题的一部分”。换言之，社会政策不仅要关注“治疗或修补人类社会存在的问题”，更要努力揭示“损害人类福祉的社会

① 这种减少财政经济支出的目标，并非都能够得到实现，就算在某种程度上得以实现，但一些农村家庭的就学成本、距离、难度和风险也会迅速攀升，对这类家庭和学童的就学权利可能是一个较大的损害。在把成本转嫁到弱者身上的同时，也将危害到基础教育均衡发展和基本公共服务均等化目标的实现。新建校舍也可能要增加财政支出，而闲置、废弃和浪费的校舍也是一种经济损失。再就是，新建的校舍在若干年后是否又是一种闲置和浪费呢？在某些情况下，其实也就是一种“浪费经济”，即公共资金的不合理分配与使用，不断上马新项目，忽视维护或维修已有的设施，导致资金在维修费和建设投资之间的不合理的分配。参见［瑞士］艾蒂安:《反潮流发展战略》，李书红译，社会科学文献出版社 2010 年版，第 99、103 页。

结构的特征”，去探讨、发掘、巩固和提升“能够增进人类福祉的社会结构因素”，依托其“多学科和跨学科”的特性和优势，拓展研究议题与范围，建立“社会政策学的社会生活分析”观念，深入和广泛地考察社会生活中对福祉有影响的各个方面。作为批判性学科，要审视追求人类福祉的范围和限度。对范围和限度的清醒认识，可以帮助“理解现有思维方式”的立足基础、价值意义和功能局限，增进自我批判精神，务实地去建构或解构问题、弄清问题、解读社会，“揭示政策的含糊与缺失”。若罔顾这些，不仅不能缓解矛盾与问题，还会加剧社会不平等。①

四、作为社会成就的多民族山区基础教育发展

随着多民族山区基础教育的逐步发展，不仅使得山区儿童摆脱文盲状态、初识文字，为简单的数学运算和识文断字提供了帮助，也为接受更多的学校教育、参与到更大范围的社会空间之中提供了智力支持。同时，随着社会经济条件的逐步改善和社会生活的日益复杂化，这对于山区学童接受更多的学校教育而言，一方面是具备了一定的物质基础；另一方面，在某种程度上讲，也可以视这种新的社会生产生活为一种倒逼机制——推促农民子弟去接受更多的学校教育，这其实也提升了农村家庭支持子女接受更多学校教育的意愿。也就是说，对于大多数的山区农民来说，随着社会生产和社会生活条件的变化，学校教育对他们的过日子日益产生着重要的影响。对于少部分的山区学生而言，接受更多的学校教育，掌握较为丰富的知识并形成智慧，还是走出大山、跳出农门、进入城市生活的必备要素和前提条件。②

---

① 参见［英］迪安：《社会政策学十讲》，岳经纶等译，上海人民出版社2009年版，第99、115、129、133、134、11、30、116、81页。

② 认识数字和简单数字运算，对山区农民的生产生活基本上也是不可或缺的。在我的调研中也发现，现年80岁以上的一部分女性老人，他们从来没有进过学校，基本上不识数、也不怎么会算账，所以，一向很少赶街上道。在我的访谈当中，有一类故事就是关于这方面的，这里可举一个作为例证。“我是1991年小学毕业的那一届，在我读五年级的时候，有一个老人拿着一张十块的钱去碎糠（她今年都八十好几了），在小龙潭沟都（里）遇着我去上晚自习，她说要去背碎好的糠，早上儿子给了一张钱，但忘记问是几块了，要给四块钱作加工费。她问我这张（钱）给是八块，到底够不够给？我说是十块，人家还要补你六块钱呢。”参见2012年5月26日在怕那大坪特村的谈话。

回顾多民族山区基础教育发展的历程，从一片空白到官立学校的出现，[①] 从官立学校与乡村的私塾、教会学校和国民学校的并存，从学校由城镇逐步扩散到乡村，并且在乡村社会里广泛分布，使得多民族山区的所有学童也能够公平地和可及地获得基础教育这一基本公共服务。这是山区基础教育的进步和发展，是在社区、学校、教师、家庭和学生等方面共同努力之下所取得的集体成就，也是在较为艰苦和简陋的办学条件下所取得的某种社会成就。对于这些社会成就，我们需要总结其功能和局限，或者说审视其社会意义与时代局限性，以为多民族山区的基础教育发展提供某种参考和借鉴。

私塾在彝苗汉山区社会的出现，虽然其办学规模和就读学生都极为有限，但也为一些学童提供了识文断字的机会，从而为明白文书字据、了解社会历史和进行简单运算创造了条件与可能。当然，也由于社会经济条件、私塾规模和师资水平等方面的多种限制，山区基础教育难以进一步扩展范围、提升水平。然而，在一些山区的彝族（甘彝，白彝）、苗族村寨，基础教育的空白是被教会学校所填补的。[②] 教堂与学堂的合一，虽然教会及其所办学校的本来目的是为了让教徒识文断字，以利于基督宗教教义的广泛传播，从而追求其基督化的企图与野心。但是，他们在破坏少数民族社会传统文化习俗的同时，教会及其所办学校在传播教义、培养和发展信徒、培训传道人员和知识干部之外，也发挥了不自觉的、意外的和非预期的“建设性的使命”（亦即充当了历史的不自觉的工具），在总体上提升了

① 官立学校包括学宫、义学、书院、高等小学堂、小学堂、两级小学、简易师范学校、初中等类型。

② 之前的相关研究也一再提示，“基督教传入云南少数民族地区之前，大多数民族生活在地理封闭、文化交流隔绝的环境里，不仅谈不上近代的学校文化教育，就是中国传统的封建文化教育和基本的文化知识教育，如文字和计算知识的教育也几近空白。在许多没有文字的民族社会里，民族历史文化教育和伦理道德、社会行为规范的教育，主要靠口传神话史诗和各种巫术迷信色彩浓厚的原始信仰与图腾禁忌相混杂的宗教教育来实施。生产和生活知识以及世代积累下来的经验知识的传授与教育，则主要靠日常生活中的行为示范和耳濡目染而传递给下一代。这些原始自发的教育方式极大地限制了人们的文化活动能力，使人们的知识异常贫乏。在少数民族聚居的地区，常常找不到一个读书识字的人”。钱宁：《基督教与少数民族社会文化变迁》，云南大学出版社 1998 年版，第 129 页。

少数民族村寨的基础教育水平。[①] 但是，教会及其办学的根本目的是服务于其“基督化”企图、宣扬“西方文化优越论”，“对信徒进行殖民主义的奴化教育”，在边疆少数民族地区还极力地“利用民族矛盾挑动民族分离主义情绪等”，借以达到宗教之外的政治目的。[②] 意外地促进山区基础教育发展，只是一种非预期的后果，充当了历史不自觉的工具。但不可忽视的是，教会学校的成功，[③] 不仅体现在通过本民族的人员传教，以及家庭成员之间相互传教等方面。在宗教信仰的培育方面，还体现在教授本民族文字，尽量创造条件吸引少数民族儿童入学，开展了较为丰富的仪式活动和文体活动等方面，这些使得民族村寨的宗教信仰有了深厚的社会和群众基础。[④] 在我调研的村寨中，一些寨子的宗教活动在中断了三十多年后（从20世纪50年代到80年代），迅速地恢复和发展了起来，在进入21世纪以后，甚至还向一些汉族村寨扩展开来，之前的教会及其学校的影响力不可小视、不容忽视。

伴随着教会学校的扩张，国民学校在20世纪三四十年代也迅速在乡镇广泛地建立起来（即中心学校），并向保一级迅速扩散（保国民学校），尤其是进入40年代以后推行的国民教育计划，在保辖之下的一些甲（村寨）也出现了简陋的国民学校。国民学校统一使用国民政府颁行的教材，学生自己到集市购买，同时自己准备笔墨和纸张，在教室里学习语文、算术、图画三门课程。每周也适当安排体育课程，就是让学生在空旷的地方跑跑跳跳。多民族山区村寨的国民学校，虽然校舍简陋、师资缺乏（基本上是

① 参见《马克思恩格斯选集》第二卷，人民出版社，1972年版，第70页。

② 参见钱宁主编:《基督教与少数民族社会文化变迁》，云南大学出版社1998年版，第129页。

③ 研究还提示，“民国以后，国民党政府也曾经在边疆民族地区推行过国民教育计划，办起了一些国民小学。但是，由于办学……目标不明确，……教育内容与少数民族文化水平和生活实际差距甚大”，加上民族隔阂、政治、经济等因素，虽然“投入大量人力物力，推行国民教育。但是，其结果却收效甚微”。见钱宁主编:《基督教与少数民族社会文化变迁》，云南大学出版社1998年版，第130、139页。另外，在笔者与村民的谈话中，有年长村民还误以为柿花箐教会学校是一个进行高等教育的机构。另从《柿花箐村史》中所列毕业生的升学情况（在1942年的第一批高小毕业生中，就有9人升入昭通国立师范学校，3人升入寻甸中学深造，3人进入禄劝简易师范学校，1人进入昆华师范学校，等等）。这也在反映和证实了其较好的教学效果。即在这一带的山区学校中，教会学校在教学质量方面明显地高于一般的保国民学校。

④ 参见《禄劝彝族苗族自治县志》，云南人民出版社1995年版，第792、793页。

一师一校)、教师流动性大，且采用复式教学法（大大小小的学生都挤在一个教室里上课)。但是，在社会经济条件极为困难的时代，这也为山区学童的就近入学，在不大减少家庭半劳动力的同时，也在不同程度上减轻了家庭经济负担，从而扩展了山区儿童的入学规模与年限，为山区儿童摆脱文盲状态，接受基本的识字和数字运算等教育打下了基础。

在新中国成立以后的一小段时期，即1949—1950年，一些学校由于经费困难而停办、一些学校进行整顿、改造，一部分教师被抽调出学校，进入政府或党委参加专项工作，学校数量和在校学生人数都有所减少，山区学童接受正规基础教育的机会也受到了一些限制和不利影响，主要是依靠冬学和夜校来解决识字、识数和简单计算的现实需要。如果要进入正规学校接受基础教育，需要到离家较远的地方住校就读，自带口粮、炊具和铺盖，自理日常生活和在校的食宿，上学条件也较为艰苦。随着教育革命、“大跃进”办学和60年代以后的一系列办学努力，山区学校在公社和大队一级快速恢复和新建起来，学校的数量也不断增加。进入70年代以后，由于适龄学童的迅速增加，公社和大队学校的容纳量和师资又不足，不少生产队还通过建立简易教学点，从队里聘请一名代课教师教授一到三年级的小学生，进行复式教学。这些学生到四、五年级，则转到大队一级的学校学习。大队学校也就两名教师，负责教授四、五年级。各生产队的办学，在包产到户时走到了尽头，几乎都被撤销了，学生完全集中到了大队一级的学校学习。回首这个阶段，山区学童入学机会逐步增多，上学也较为方便，学生学校生活环境与自己成长的社区基本一致，所以容易适应学校环境，而且也较好地实现了公平的可及。这在社会经济条件较为困难，农民生活较为拮据的时代，无疑为减轻家庭经济负担，为更多的学童入学提供了机会。当然，由于师资水平、教学条件等的限制，基础教育的教学质量不高，学生升学困难等，是一个不争的事实。也就是说，这只是因陋就简地解决了有学上的问题，离上好学还有很长的路要走。

从20世纪80年代初包产到户以后，一直到2000年左右基本实现“普九”计划的这一个时间段。多民族山区的校舍设施、师资条件和教育质量都在逐步改善或提高。学生进入乡镇初中、县级完中就读的机会也有所增加，但因家庭经济困难而无力提供伙食费、学杂费等情况也还比较普遍。

同时，对城镇文化适应不良，以及社会风气的某些不利影响，也导致了辍学概率增加，能够从初中、中专、高中顺利毕业的山区学生并不多。进入大专院校的山区学生，就更少了。随着20世纪90年代末期读书无用论归于沉寂，山区家庭、年轻农民日益认清了在现代农业渗透和市场经济条件下生活，尽可能接受更多的学校教育实属不可或缺。也正是在这之后，随着货币收入的逐步增加，山区农民家庭竭力支持子女上学的社会风气也重新浓厚起来。但是，对城镇学校适应不良和社会风气的不利影响，依然是困扰多民族山区学生读好书的主要因素。

进入2005年以后，山区学校进入了大规模的撤并时代，山区小学校先是被降格为教学点，之后完全停止了办学。农村校舍有的被拍卖，有的被闲置和废弃，山区学生要么投亲靠友，要么适当推迟入学；或者从学前班就到村委会、乡镇所在地的校点寄宿就读。在撤点并校和集中办学过程中，与之前的山区学校相比，撤并后的校点在校舍、仪器设备、学生规模、师资条件等方面有了不同程度的改善。但是，在财政的硬约束之下，在寄宿学童增多的同时，相应的专业人员和辅导人员并不能配置到位。同时，所承诺的开设更多课程，也难以有效实现。① 对于边远、边缘山区家庭的学童来说，在撤点并校以后，基础教育还变得无法公平地可及了。② 因为无形中增加了家庭的现金支出（交通、伙食、零花钱、看病花销），也增加了往返家校的交通风险和时间花销。而对于那些无力接送又无亲友可以投靠的学童，只有暂时呆在家中，稍大一些再入学。在安全饮用水、浴室设备、开水供应等方面，一些学校几乎还是一片空白。在较冷的天气里，学生十天左右才能回家用热水洗脚。在较热的天气，学生十天才能回家洗一次澡。在校车接送方面，在不少校点其实难以落实，就是勉强落实了，也不能保证送到各村寨，一些学生下车后还得再走三四个小时的山路才能到家。由于学生驻校就读的能力不足，教师为了保障安全而增加了额

① 据笔者查看了中心校的四、五两个年级的课程开设，其实与其他校点的区别并不大。

② 对于基本公共服务来说，最重要的是公民能够利用或获得服务，即“公平或公正的”可及性，也就是他们获得时的“成本平等”，也就是一定范围内的“全民可及性平等”。而非转嫁成本给某些群体，使之遭受不公正的社会待遇。参见［英］格兰德等：《社会问题经济学》，苗正民译，商务印书馆2006年版，第15、53、74页。

外的工作负担和精神心理压力。同时，由于专业人员和辅助人员无力配备，学生的学校适应困难、思念亲人困扰、亲情缺失等方面的心理辅导，以及学生寄宿校点的安全感与信任感的培养、建立也几乎是一片空白。因为，对于任课教师而言，首先是教学工作、批改作业的压力增大；其次是轮流值班、管理宿舍等的工作量也在增多。在安全问题、精神心理压力之下，且不说教师有无专业能力去做这些辅导工作，就是本职工作时间也受到了很大的限制。就是说，在现有的一些撤并后校点的寄宿学生，除了教室、课堂、室友、食堂和宿舍之外，其他的活动空间非常缺乏，相应的一些中间需求难以得到有效满足。但是，在目前的政策实践中，这些都还没有引起重视。

基于以上分析，在多民族山区学校布局调整过程中，山区社会的基础教育在逐步获得发展，山区学童受教育机会也在增加，在社区上学（或就近入学）并公平地获得一定质量的教育基本公共服务日益成为现实，这是山区基础教育发展中积极的一面——功能与意义。与此同时，与水平较高的城镇基础教育相比较，山区学校也受到了硬件和软件等方面的多种制约，其发展水平也带有明显的时代局限性。但如何审视、认识和评价这些人类成就呢？无论是大中城市的学校，县区乡镇的学校，还是乡村里的简陋学校，其教育教学的发展与特定的社会经济、地理环境、人口因素、历史条件、文化传统和教育制度等方面紧密相关，都是在特定条件下所进行的教育教学和人才培养活动。有效实现基础教育，是在特定的社会时间和社会空间条件下，所提供的一定数量与质量、一定形式与内容的教育服务，是由学校、教师、课堂、同伴群体、家庭、社区（社会），以及其他辅助条件等共同完成的社会实践，是为着人的身心健康成长和自由全面发展而进行的人类活动。也就是说，我们在审视各个时代山区学校教育的功能与局限时，不是以今天的成就去贬低和藐视前人的艰苦奋斗、时代“苦难”和某种“牺牲”，而是“以理解和同情的态度”，并正视各个时代的成就与“时代的问题”。[①] 通过多民族山区学校布局调整和基础教育发展的回顾，我们不仅是“在各种现象后面寻找意义”，也是在“寻找告诫”，即

① 参见费孝通：《江村经济：中国农民的生活》，戴可景译，商务印书馆 2001 年版，第 239 页。

"不仅从某种功能的困境"中，也是"从某种策略的连贯性来考虑它们"。[①] 质言之，我们不是"面对别人处境时成了旁观者和间接感受的他人"，而是"将个人的生活与社会的历史这两者放在一起"，去认识和理解多民族山区的学校布局调整和基础教育发展议题，尽力"根据历史的变迁和制度的冲突来确定他们所遭受的困扰"。[②] 因为，人类社会的多样性和教育发展水平的参差性已经昭示：在社会文化现象的发展变迁过程之中，"传统力量与新的动力"同时地存在着，所以，发展变迁不太可能是一种"直接转渡的过程"。[③] 进而言之，多民族山区学校的布局调整政策和基础教育发展问题，需要综合考虑多个维度，从而进行某种创新性地改造和发展，即多民族山区基础教育均衡发展也许不是简单地模仿城市学校的发展模式：或者仅仅依赖于建设标准化的校舍；或者仅从学前阶段就通过某些行政手段，把山区儿童转移到城镇的校点，坐在装备精良的城市学校里寄宿就读；在狭小的围墙之内，活动于教室、课堂、宿舍和食堂。如果仅仅如此的话，那么，我们可能就会大大地窄化、物化、还原化、工具化基础教育活动，甚至是异化教育作为一种社会现象这一基本的人类实践活动，进而迷信于教育发展是"从一个向度过渡到另一个向度"的无限能力。但是，基础教育的发展，甚至是"每一种真正的发展"，"在任何情况之下，都是'过渡成为另外的种类'"，而非简单模仿或照搬某种现行模式。[④]

基于此，在特定社会时空，而非统一的社会时间和社会空间之中，以人为基点，从社会文化多样性这一基点出发，从人的全面发展出发，来审视山区基础教育的发展问题和学校布局调整政策，进而深化认识多民族山区基础教育发展"如何可能"这一社会问题，以及与之相连的社会政策创新议题，拓展解决城乡基础教育均衡发展这一社会问题的信息基础、文化基础、理论基础和社会基础，是一项紧迫的公共议题。因为，特定的"空

---

① ［法］福柯：《规训与惩罚》，刘北成等译，生活·读书·新知三联书店1999年版，第157页。

② ［美］米尔斯：《社会学的想象力》，陈强等译，生活·读书·新知三联书店2005年版，第1页。

③ 费孝通：《江村经济：中国农民的生活》，戴可景译，商务印书馆2001年版，第20页。

④ 参见［德］卡西尔：《人文科学的逻辑》，关之尹译，上海译文出版社2004年版，第160—162页。

间和时间是一切实在的框架”，体现着人类经验的具体特性和特殊模式，是特定生活的基础和根据。① 进而言之，对特定时空的承认，也就是对社会文化多样性和人类发展水平参差性的正视，是对极端现代性思维、国家简单化信条、普遍化秩序建构能力、社会政策细节统一性等保持某种警惕，从而允许进行某种质疑、研究、反思和再认识。基于“世界的格局、本质及其深层的结构变迁”，“认识到现存社会的组织；它的基本的社会关系、实践、话语和制度；它的整体性及其相互依赖性；它的冲突与片段化特征；它的权力结构以及它的压迫和统治模式等等”。当然，这并不是要“摆脱这个世界体系所设置的发展环境”，而是“要充分重视人类社会中各种不同的发展要求和选择”，从而“勇敢正视自己无知与局限的视野，来进行理论的重构”；并以多样化视角“对人类现实和未来的发展，投入更为全面而深厚的人文关怀，去重新发现能够给人类存在赋予意义的、合理的精神基础；发展和培养现实地存在于或潜在于过去、现在和未来的实践和意识”。② 所以，极力推进集中办学和追求规模经济的山区（或农村）学校撤并运动，其预设和实践是把基础教育简化为教师、课堂加学生，或再外加宿舍和食堂。如果说前述常识揭示了基础教育发展中的多种主体参与以及社会文化脉络不可或缺，要切实推进其发展，不可能也不应该将其还原为其中的几个要素，紧抓这几个要素而忽略其他因素，这其实并不能有效促进基础教育发展。由此，结合常识并正视撤并引致的问题与冲突，应该基于人、基础教育、人类需要、人的发展和教育发展，进一步审视山区学校布局调整后面的秩序观和发展观。

① 参见［德］卡西尔：《人论》，李琛译，光明日报出版社 2009 年版，第 35 页。

② 陈庆德等：《人类学的理论预设与建构·序言》，社会科学文献出版社 2006 年版，第 3 页。

第四章　山区学校布局调整中的秩序观与发展观

体现为某种政治要求和道德价值双重实践属性的现代社会政策（也称为社会福利政策），其本质是一种社会管理方式——通过改善人类生存状况而实现社会有序运行的方式。如果说社会政策的实施过程，就是针对社会问题而采取有组织、有计划的社会行动和社会变革的过程，是在一定的政治诉求和道德理想指导之下，借助行政、福利与服务等活动，实现社会管理与秩序建构的过程。那么，在其背后其实是一系列的社会科学知识与相关的秩序与发展理念，在建构（或解构）社会问题、借助社会行动、解决社会问题、满足人类需要、缓解社会矛盾、提升人类福祉、促进经济发展，实现社会有序。换言之，现代民族国家解决社会问题的方式与过程，也就是通过社会政策指导社会行动、谋求社会变革、推进社会管理，实现新的社会秩序的过程。由此，在山区（或农村）基础教育发展与实现领域，借助集中办学和规模经济等手段，极力通过行政主导方式推动山区（或农村）学校布局调整或校点撤并，在追求规模效益的同时，力图实现城乡基础教育均衡发展和起点公平的目标或追求，也就是为解决农村基础教育发展所面临的社会问题而采取的变革与行动过程，是对现有教育秩序与发展方式的重构过程。

前面三章，我们分别结合学校布局调整与山区学生上学，探讨了山区基础教育是什么的问题；通过分析山区学校布局调整的类型、功能与局限，解读了山区基础教育发展中的社会问题建构（或解构）、理想追求与限度问题；接着探讨了山区基础教育发展中的常识与意义，回答了山区基础教育如何运作等问题。而在这些议题的背后，从某种程度上讲，其实就是科学知识的限度问题，以及基于此类科学知识的思维方式、认识方式和实践方式的局限问题。所以，需要进一步对相关知识的方法与界限进行解读，对农村教育社会政策演变中的社会秩序观和发展理念进行分析、解读和批判，进而澄清某些观念的似是而非，某些理论假设的绝对化使用，从而为社会政策创新提供信息基础、理论基础和更多空间。

第一节　三种实践类型背后的秩序观

一、秩序与秩序观

在现代汉语里，秩序一词用于表示事物的情况、情形或者状态，亦即“有条理、不混乱的情况”[①]。在英语里，order 作为名词使用时，有“秩序；次序；规则；井井有条；整齐；正常状况；运作状态”等等意思。[②]既然秩序代表的是某种正常的社会状况、不混乱状态，以及获得了某种认可的应然的运作状态，其实也就可以这么说，无序与混乱是一种不再被主流的实践和话语所认可的社会秩序与事物状态，是秩序的“他者”。[③] 质言之，追问社会秩序为何物？什么是有序？它是作为表达事物的某种状态和在规则允许与规训之下的适当运作状态，这不仅是一种社会存在和社会过程，也是以某种标准为中心的社会建构的理念表达或概念反映。如果再进一步追问，是谁在建构社会秩序？或者是谁在主导着社会秩序的建构？那么秩序就与权力、能力、话语相连，是知识和权力的结合而生产出来的某

① 《现代汉语词典》(第五版)，商务印书馆 2007 年版，第 1759 页。

② 参见《朗文十万词词典》，外语教学与研究出版社 2001 年版，第 683 页。

③ 在传统人类学或主流的西方人类学传统中，“他者”是与“我们”相对的概念范畴。他者指代的是“非西方”文明或文化。我们则指代西方文明，带有浓厚和深重的民族中心主义色彩。萨林斯对这种西方世界观、认识论进行了较为彻底、深入的反思和批判。参见王铭铭：《萨林斯及其西方认识论反思》，转引自［美］萨林斯著：《甜蜜的悲哀：西方宇宙观的本土人类学探讨·代译序》，王铭铭等译，生活·读书·新知三联书店 2000 年版，第 5、9 页。

种真理、理念或话语，在指导着秩序运行和秩序建构。[①] 在现代社会，从建构或型塑宏观社会秩序层面来看，这种权力和话语的主体，无疑就是现代民族国家。随着工业化、城市化和现代化的推进，经济政治社会生活发生的深刻变迁，阶级矛盾的尖锐化和社会问题的复杂化，使国家干预经济社会生活的广度和深度日益扩展。这使得现代民族国家（或政府）日益仰赖公共行政能力、公共财政能力、社会政策能力和社会福利服务活动，不仅型塑和建构着宏观社会秩序，还规范和影响着一些中观和微观的社会秩序。因而，这里需要对现代民族国家与社会秩序建构做一个大致的梳理，对社会秩序观念的演变和类型有一个基本的把握，从而为下一部分的论述打下基础。

关于现代社会秩序观的由来、发展与变迁。这里先从西方宇宙观的转变说起，即从西方社会由中世纪“以神学为主”的宇宙观向“近代”宇宙观的转变谈起。如布林顿所言，虽然人们一向都是生活在现代，但并非一向都有“一种不同于前人的生活方式的感觉”，甚至认为自己的生活“远优于祖先的生活方式的感觉”。这种作为现代西方文化显著特征之一的“现代感觉”，完全是伴随着“现代”而来的新颖的社会文化现象，并与文艺复兴、人文主义、基督新教、唯理思想、启蒙运动等等相连。人文主义者先是在建筑领域做创新尝试，之后逐步表现在雕刻、绘画和文学方面，进而又进入到了哲学或学术领域，并成为“自觉的”反叛活动，反叛“它所认为堕落的、繁文缛节的、陈腐的、不令人喜悦的与虚伪的生活方式”，

① 福柯关于权力、知识与话语的观点，基于权力是场域性或结构性的力量关系或关系活动的认识，主张“权力和理性嵌刻于各种话语和制度性场域之中，因而采取了一种多元化分析法”，甚至“一种多元的、片段性的、差异性的、不确定的、属于特定的历史和空间的分析模式”。因为，“这些关系建立在机制，经济和社会过程，行为的形式，标准的系列，技术，分类的类型和特征化的方式之间；而且这些关系并不出现在对象中；它们不是在对对象分析时被展开的东西；它们并不勾划出对象的网状结构……当人们对对象的概念的真实性作思考时，它完整地或部分地重新出现了”。进而言之，权力不仅是压制性力量，也是知识生产中的积极力量，“真理从不在权力之外”，是“知识和权力的联合产生一种话语”，话语不仅创造着新的“权力关系”，也是“调控权力之流的规则系统”。[美] 凯尔纳、贝斯特：《后现代理论：批判的质疑》，张志斌译，中央编译出版社 2011 年版，第 57、58 页；[法] 福柯：《知识考古学》，谢强等译，生活·读书·新知三联书店 2003 年版，第 48—49 页；[美] 布朗：《福柯》，聂保平译，中华书局 2002 年版，第 35、37、38 页。

并且取得了反叛的胜利。随着社会文化的转变而来的，是科学、发明与发现方面的不断进展，这些不断地“赋予心智生活以近代的情调”。但是，就算是诞生了“牛顿所成就的大概括”，“科学之为科学，并未提供一种宇宙观”。现代世界观的真正形成，是18世纪以来的事情，是随着“宗教宽容理论与辩护”（表现在宗教宽容及教派增多，真理观的改变，经验科学的兴起等方面）、“基本原理的改变”（体现为“书之战”或“古今之争”）、“进步学说”的初步形成（革新思想和普遍计划及其演进可能），才形成了“人们对自身、宇宙、值得做之事情，皆持有同他们中世纪的祖先不同的信念”。而这种进步学说还乐观地坚信：随着科学、技术的进步，物质生产能力的提升，道德观念的进步，人类将追随理性，并由理性指导人类去支配环境和掌控自身。同样地，在人类关系方面，随着社会科学知识的进步，综合这些知识也就可以形成“一个整齐的社会科学体系”，“遵从此体系将是一个幸福世界”。由此，借助基督新教、人文主义和唯理主义三种主要思想，启蒙思潮逐步传播着新的宇宙观——“相信人类全体皆能于此世间止于至善之境”，借助“自然和理性为中心的两大观念”，将理性的能力应用于各种人类关系（包括法律、制度和习惯等领域），只要人类自觉地顺应这些制度和关系，就可以成为幸福的人。凭借“人的可完善性”，进步学说进而还把人的精神历程加以“简单化和便捷化”，向往着通过物质进步和精神解放，而在人间建立起“世上天堂”（当然了，并非所有的启蒙人士都如此天真与乐观）。伴随着法国革命初期的乐观精神，很多知识人士甚至还相信历史已经终结。进入19世纪以后，对于进步学说的信仰更加坚定、范围日益扩展，大部分受过教育的男男女女的信仰准则基本是：“人类的生活状况日渐改善，幸福日增，而在世间，这个过程将无止境。”①

与此同时，伴随着西方宇宙观的深刻转变，现代民族国家也在逐步发展和形成，即从封建国家到“近代的领土国家”，再发展到现代民族国家。在这个演变过程中，“中世纪集于教会组织的精神的威望、人的感情的联系，皆为新式的近代国家所尽量承受”。并且，还有为“新式的王权国家”

① ［美］布林顿：《西方近代思想史》，王德昭译，华东师范大学出版社2005年版，第8、4、1、2、10、11、16、28、106、124—127、145、131—133、173—174、175、177、213页。

的积极辩护和极力宣称，认为它应该“更有效能”，“国王必须控有绝对权力以求清除封建自为区域的残余，以求实现合理化与标准化”，而这些国家也在极力地利用新的宇宙观来“寻求统一与效能”①。随着煤、铁和蒸汽机的广泛应用，以及科学技术与社会财富生产的更好结合，“近代工业”日益发展壮大，“近代资本主义”也获得了迅速而且广泛的发展与扩张，它又是一种“利用企业方法以满足人类团体所需的产业”、“合理的资本主义经营”，以及根据“近代簿记与收支的平衡结算”的资本计算制度，并借助“占有一切物质的生产手段”、“市场之自由”、“合理的技术”、“可以计算的法律”、“自由劳动力”以及“经济生活的商业化”等作为基本条件，实现“以市场机会与纯利的计算为基础”的社会化大生产。② 当然，也正是随着社会生产方式、经济社会结构和人类生活方式的广泛而深刻的“大转型”，造成了两种严重的社会后果：一方面是，“工业时代的来临使得个人越来越难以担负照看自己的全部责任”；另一方面则是，广泛、剧烈而又深刻的经济社会生活变迁还使得原来可以“照顾穷人和社会底层的人（the disadvantaged）的办法”失去了其作用。这种“快速的转型破坏了旧有的应对机制和旧有的安全网，但在新的应对机制发展出来之前，它已经产生了这方面新的需要”。换言之，在自我调节的资本主义的市场经济条件下，如果要避免“一种文明竟然会被一系列没有灵魂的制度的盲目行为毁灭掉，而且这些制度的唯一目的仅仅在于让物质福利自发增长”，要想避免社会的无序和混乱，实现“有组织的社会生活基本要求”。因而，社会为了“使自己不被自发调节的市场的作为所毁灭”，各种救济贫困、缓解冲突、实施社会保护和落实公民社会权利的立法、制度、政策与措施将不断地出现，进而缓和阶级对立，对抗社会运动，从而形成“社会保护必然与所谓的自我调节市场如影随形”的历史状况。③ 在某种意义上讲，这是自由市场经济和资本主义社会闯下的大祸或制造的问题，但要由现代民族国家来

① ［美］布林顿：《西方近代思想史》，王德昭译，华东师范大学出版社2005年版，第37、40、43、49页。

② 参见［德］韦伯：《经济与历史：支配的类型》，康乐等译，广西师范大学出版社2004年版，第158、152、153、154页。

③ 参见［英］波兰尼：《大转型：我们时代的政治与经济起源》，冯刚等译，浙江人民出版社2007年版，第4、5、186、211、172页。

买单。这也就是社会保护、社会政策产生的重要经济社会背景，是社会福利政策一步步渗入大众生活的过程，是社会政策从剩余型或残余型向制度性再分配型的演进过程，也是公民的社会权利逐步从抽象的法律认可层面逐步向现实权利实现状况方面演进的历程。质言之，社会保护立法与社会权利逐步落实的过程，也是公共行政或社会管理不断复杂化和专门化的过程。

随着现代资本主义市场经济的日益发展，为之服务或与之相适应的“合理的国家”或“理性的国家”也在日益发展，即以货币经济和公共财政为前提、行政管理任务在量上和质上的不断发展与变化，组织技术、管理能力与管理手段的日益增进与集中，社会差异的夷平化，使得“理性的、官僚体制的统治结构”日益发展，并且导致了理性的“规则、目的、手段和‘求实的’非人格特征控制着它的行为”。[①] 同时，因为资本主义社会化大生产、廉价劳动力的维持与供应、社会秩序与社会稳定的维系等等方面的紧迫需要，诸如《济贫法》、《学徒条例》等也应时而生，现代民族国家日益以“专门的官僚阶级与合理的法律”作为基础，借助“国家与形式法学的结合”而推动资本主义的发展，即在保护与驯服资本主义之间积极地采取行动。近代以来日益形成的“国家经济政策”则更是依赖于“国库财政与福利政策”(始于重商主义的国家经济政策)。而纯粹的官僚体制或“无私的秩序”，就是管理机构借助管理干部而实施“公共行政”(或行政管理、公共管理)，使得权力或支配在日常事务和日常生活当中得以“运用和执行”，从而促进经济社会有序运行、保障人民的基本生活水准。[②] 但是，这种公共行政需要稳定财政的支持，而财政又是来源于资本主义经济的。如果说“官僚体制的行政管理的发展和不断增强相一致”，并且成为“现代西方国家的胚胎”，那么，经济发展、财政能力与行政管理又是互为基础的，即资本主义经济发展需要官僚体制，官僚体制运作需要资本主义作为基础。从二者成长的历史渊源来看，资本主义发展需要“精确”、“有纪律”以及“持久稳定的、严肃紧张的和可预见性的行政管理”，“资本主义也是官僚体制可能以最合理形式赖以存在的最合理的经济基础，因

① ［德］韦伯:《经济与社会》(下)，林荣远译，商务印书馆 1997 年版，第 278—324 页。

② 参见［德］韦伯:《经济与历史：支配的类型》，康乐等译，广西师范大学出版社 2004 年版，第 159、166、170—171、309、307、312 页。

为从财政上讲，这个经济基础提供着必要的货币资金”。[①] 质言之，随着经济社会生活的广泛而深刻的变迁，现代民族国家干预和建构社会秩序的必要性和实际能力也是在日益增进。当然，现代民族国家维系经济发展和社会有序也是依赖于或受制于财政经济能力的，因为公共财政能力来源于赋税状况。这正如马克思所言，“赋税是……行政权力整个机构的生活源泉。强有力的政府和繁重的赋税是同一个概念”。[②] 进而言之，国家“不付出代价是不可能有一个强有力的管理机构……来进行治理”的，但是，这还只是关注了国家治理在公共财政方面的问题，还没有提及“行政效率问题”，因为“付出一定费用可以‘买’到的控制的‘数量’则可大可小”。同时，“控制者的权力”既可以是用于提供切实的服务，也可能与有效的服务提供存在着某种差距，甚至是背道而驰。[③] 如果这样，前者将有助于解决社会问题，满足人类需要，缓解社会矛盾，促进社会有序运行；而后者则会掩盖与加剧社会问题，甚至是制造新的社会问题，危害人类福祉，影响社会稳定。

现代民族国家建构社会秩序能力的不断增强，体现为以坚实的公共财政能力作为坚强后盾，借助行政管理积极干预经济发展和社会秩序，解决社会问题、满足人类需要、缓解社会矛盾，提高社会保护水平，提升人类福祉。同时，政府也因为财政经济能力的现实限制，而更加积极地规制公共财政的投入产出关系和控制社会支出水平，追求更高的经济效率或投入产出比率，甚至是企图以某种较为单一的社会秩序建构方式来实施社会政策，提供社会保护和福利服务，这可能就会（或者经常就是）意味着对社会秩序和人类文化的多样性的不宽容。而且，公共财政和经济能力的硬约束，则会日益以节约公共行政或社会管理的成本为目的，对不符合经济理性算计和预设的秩序运行更加地不宽容，甚至会将复杂的社会问题和社会矛盾当做单纯的管理问题，依托“简单的手段——目标模式”去解决复杂的社会问题，[④] 极力以某种所谓的“发展原则”去建构统一的社会秩序。

① ［德］韦伯：《经济与社会》（上），林荣远译，商务印书馆 1997 年版，第 248、249 页。

② 《马克思恩格斯选集》第一卷，人民出版社 1972 年版，第 697 页。

③ ［英］希克斯：《经济史理论》，厉以平译，商务印书馆 2005 年版，第 90、91 页。

④ ［英］蒂特马斯：《社会政策 10 讲》，江绍康译，商务印书馆（香港）有限公司 1991 年版，第 45 页。

但是，由于人类认识或知识的局限性，现实存在的“多向度性”，所以，“每一种真正的发展基本上看，在任何情况之下，都是‘过渡成为另外的种类’”，并且是某种创造性的发展方式或创新性的运作模式，而非简单地、亦步亦趋地模仿或追逐既有模式。[①] 如果固执于某种社会工程蓝图或模仿既有的发展模式，在某些情形之下就会变成追求所谓的“统一、普适秩序”，通过“定义和意义的统一，目标、策略、进步标准的统一，完美形象的统一，变革所具有的以及应该具有的方向感的统一”，借助某些“最有效的手段”建构某些社会秩序。当然了，这可能还会导致某些社会风险，甚至是制造某种极端现代性的“毒药”，因而需要对其进行解毒。[②]

如果结合西方发达国家自工业革命以来的社会政策实践，与之前的显著区别在于其制度化、常态化和持续性的特征，之前所依赖的主要是家庭制度、教会组织和私人救济等临时性或偶然性形式，之后逐步以国家立法的形式来解决对穷人的社会救助，以社会保险制度解决工业社会时代的社会问题，随着社会保障制度在广度上和深度上的扩展，以及“福利国家”[③]依托社会福利政策缓解社会矛盾、解决社会问题、满足人类需要和提升人

---

① 参见［德］卡西尔：《人文科学的逻辑》，关之尹译，上海译文出版社 2004 年版，第 160、161 页。

② 参见［英］鲍曼：《现代性与矛盾性》，邵迎生译，商务印书馆 2003 年版，第 77、78 页。

③ “福利国家”一词首见于并归功于英国的大主教威廉·坦普尔（William Temple），其在《公民与教徒》一书中提出了用福利国家代替“战争国家”（warfare state）的想法，即“由‘战争国家’所僭取的巨大力量，可以同样强而有力地、然而仁慈地用于和平时代的目的”。从 1944—1948 年，英国政府以贝弗里奇 1942 年 11 月提出的《关于社会保险和相关服务》报告为基础，通过就业、家庭津贴、国民保险、国民救助、国民健康服务、城乡规划以及儿童等方面的一些列社会立法，“建立了全面而综合的全民保险计划和全民保健服务，并显著扩大了国家教育、住房和其他形式社会福利的提供”，并初步建立起了“福利国家”的基本制度。关于什么是福利国家，哈里·格维茨定义为“国家的一种特征”，是“社会在基本需求方面为成员的福祉承担法定的，因此是正式的和明确的责任的制度表征”。因而，福利国家在“劳动保护、社会保障、反贫困以及卫生和教育等”领域有着相似的社会政策，但在家庭、环境和劳动力市场等政策方面差异较大。R. 米什拉则将其定义为“一个有特定历史（战后）与特定政策（“制度的”）”含义的概念。埃斯平-安德森结合充分就业、普遍性福利计划和财政再分配等问题，将其定义为“国家对公民的一些基本的、最低限度的福利负有保障责任”的体制，并进一步结合公民给付、国家社会保险、权利与去商品化等进行研究。参见关信平主编：《社会政策概论》，高等教育出版社 2009 年版，第 25、26 页。［英］迪安：《社会政策学十讲》，岳经纶等译，上海人民出版社 2009 年版，第 23、24 页。［德］考夫曼：《社会福利国家面临的挑战》，王学东译，商务印书馆 2004 年版，第 13、14、17 页。［加］米什拉：《资本主义社会的福利国家》，郑秉文译，法律出版社 2003 年版，第 128 页。［丹麦］埃斯平-安德森：《福利资本主义的三个世界》，郑秉文译，法律出版社 2003 年版，第 19—24 页。

类福祉。一方面是国家公共财政能力和公共行政能力的提升，社会干预广度和深度的扩展，建构社会秩序能力的增强。另一方面，国家对传统社会制度或社会设置（如家庭制度、宗教制度、志愿部门、慈善组织以及其他非正式组织）的依赖程度在降低，甚至是断绝了之前的紧密依赖关系。从某种程度上讲，它已经不太需要这些拐杖了。

但是，在西方工业化国家经历了快速的经济发展、社会变迁和大规模的社会福利服务扩张之后，自 20 世纪 70 年代以来，随着 1973 年和 1979 年的两次石油危机，不仅导致了经济增长缓慢，几乎还扼杀了经济复苏的态势，很多国家的经济状况都开始恶化，甚至是衰退，由此引致了失业率回升、通货膨胀加剧、生活水平下降等方面的社会问题。由此，导致了新自由主义的复兴，激进右派还极力否认战后形成的福利共识，抨击国家对经济的过度干预，否定慷慨的福利体制、指导性的经济计划和凯恩斯主义取向的社会政策，并认定高税率、国家的过度干预以及慷慨的福利体制抑制了经济发展活力，因而极力主张恢复自由放任的资本主义市场经济。但是，“尽管新自由主义者常常提倡自由放任学说，但是却并不‘自由’，它主张国家利用其强制权力来解除对经济的管制，将资产私有化，减轻富人的税负，减少社会服务，积极推动经济以及社会生活其他方面的市场化”。而深受影响但又无力在商业市场上筹措贷款的欠发达国家的政府，只得被迫向国际货币基金组织和世界银行寻求经济援助，而获得援助所附加的限制性政策是采取经济自由化或实施“结构调整”规划，即由国际货币基金组织的官员负责掌握受援国的经济政策制定。这样，他们“撤销了经济计划机构，废除了不利于商业团体的政府管制，让政府降低税费，大幅削减公共支出”，取消了公共服务工作岗位，“把补贴转向食品和其他商品，废除土地改革以及再分配政策，削减农村发展和非正式部门的投资政策，使国有工业和政府所有的公共事业民营化；同时，还鼓励学校、诊所、医院以及其他社会服务设施民营化，在不能实施民营化的领域，如卫生保健和其他社会服务部门，则实行收费制”。但结构调整所强加在一些低收入的非亚拉国家身上的，不仅是靠榨取农业生产利润来偿还金融债务；同时，政府缩减公共投资、财政补贴和社会项目还导致了绝对贫困率上升、政治不稳定因素增多，冲突不断增加，人民遭受苦难。至今，结构调整的遗毒还在不少地区继续蔓延。[①] 在福利国家危机话语蔓延的时代，虽然有否定人类基本需要客观普遍存在的极端观点，[②] 但在具体的社会福利政策实践和改革调整过程中，实际上都是以承认人类基本需要的客观普遍存在为基础的。[③] 因此，才会有了对以下一些议题的关注或研究。诸如“混合的福利生产”、“社会政策对非正式部门的发现”（20 世纪 70 年代中期以来），关注在市场经济和国家（政府）之外发生的“行为和交易具有创造福利的意义”，具体表现为“家庭生产、第三部门、非正式部门、中间部门、非营利部门、非职业性辅助部门、联合自助、志愿他助和社会运动”等领域，也就是日益重视正式的社会组织和社会关系之外的“非正式地组成的社会关系”，即“多样性和异质性的领域”。[④] “福利多元主义和新管理主义”主张，前者认为“人类一直以来都能够从混合的源头获取自身福祉所需要的东西”，国家（政府）提供人类服务、干预经济社会生活、建构社会秩序，不仅是较为晚近的事情；而在其提供的人类服务之外，非正式部门、志愿部门和私人（商业）部门也应该发挥积极的作用，即倡导“福利

---

① 参见［英］哈尔、［美］梅志里：《发展型社会政策》，罗敏等译，社会科学文献出版社 2006 年版，第 105—108 页。

② 对于人类需要，正统经济学视其为偏好，试图彻底否定客观普遍的需要概念；新右派视其为危险、教条和形而上学的幻想；文化帝国主义固执于需要的群体特殊性；极端民主主义认为，它漫无边际；现象学将其视为社会建构出来的产物；等等。但是，它们的共同点都是力图否定人类需要的客观存在。参见［英］多亚尔、高夫：《人的需要理论》，汪淳波等译，商务印书馆 2008 年版，第 13—16、19—29 页。

③ 这里需要强调和提醒，所谓的自由市场经济、最大限度减少国家干预，极力推进结构调整，主要是发达国家为了自身利益而在一些弱国的实践，而非其国内的主流实践。因为“削弱政府对私营领域的干预仿佛是个神话。在经济合作与发展组织的成员国中，尽管公共开支的增长速度放慢，但自 1980 年以来，其总额仍在继续上升。1999—2000 年间，在美国，公共开支占国内生产总值的 32%；在法国，占到 50%；在经合组织成员国中，平均占到 43%；在贫困国家，公共开支目前的平均比例为 20%。无论这些国家对外开放的程度如何，无论他们是否实行私有化，这个数字可能会大幅度上涨”。就是说，在后福利国家时代也不可能日益削减公共支出，它作为“一种成熟的制度”，其实受到了“民主的阶级斗争”、“福利多元主义”等因素的共同影响，因而具有了某种“不可逆转性”。另外，完全放任资本主义和自由市场的扩张，“以牺牲大多数人为代价、为金融利益提供了安全”，或者是实行最为彻底的“指令经济”，其实都是不可取的。前者导致的经济社会安全问题最终还得由国家来买单，后者导致经济社会活力丧失，发展也没有希望。参见［瑞士］艾蒂安：《反潮流发展战略》，李书红译，社会科学文献出版社 2010 年版，第 59—60 页。［加］米什拉：《资本主义社会的福利国家》，郑秉文译，法律出版社 2003 年版，第 106—123 页。［英］埃利奥特、阿特金森：《不安全的时代》，曹大鹏译，商务印书馆 2001 年版，第 1、2 页。

④ ［德］考夫曼：《社会福利国家面临的挑战》，王学东译，商务印书馆 2004 年版，第 84—96 页。

混合”模式。后者则包含了个人理性选择、效率优先等假定，以及借助市场化和现代化过程来满足人类需求等假设。[①] 关注“社会福利与主要社会制度的关系”的学者还强调，在正式的社会福利制度之外，家庭、教育、宗教、政治和经济等制度安排也具有重要的社会职能，可以对社会福利发挥积极作用。[②] “积极福利社会中的社会投资国家”还主张“积极福利”理念，认为福利支出不应完全由国家（政府）来创造和分配，而是政府与其他机构一道合作提供。“福利社会”也不仅仅是国家的责任，还有国际合作的现实需要和积极推进需求。同时，个人与政府间的契约也在发生变化，以“自主和自我发展”为中介来“扩大个人责任的范围”，甚至是成为积极福利社会议题的“重中之重”。[③] “社会发展”理论则基于“扭曲发展”的批判，提出的发展战略强调：应该通过个人、社区和政府三个层面共同推动社会发展，提升人类福祉。[④] 这其实也是承认了秩序的多样性和异质性，并希望借助其合力来推进经济发展、社会有序，以更好地提升人类福祉。

结合前面的相关分析，在这些对社会福利和社会政策的探究中，如果基于国家—市场—社会的三分法，国家（政府）之外的市场经济和公民社会（也称市民社会）[⑤] 也日益进入了社会政策学和社会福利研究的视野。

---

① 参见［英］迪安：《社会政策学十讲》，岳经纶等译，上海人民出版社 2009 年版，第 134—138 页。

② 参见［美］威廉姆：《当今世界的社会福利》，解俊杰译，法律出版社 2003 年版，第 304—336 页。

③ 参见［英］吉登斯：《第三条道路：社会民主主义的复兴》，郑戈译，北京大学出版社 2000 年版，第 132 页。

④ 参见［美］米奇利：《社会发展：社会福利视角下的发展观》，苗正民译，上海人民出版社 2009 年版，第 2—7、118—159 页。

⑤ 如果说公民社会“始终标志着直接从生产和交往中发展起来的社会组织，这种社会组织在一切时代都构成国家的基础以及任何其他的观念的上层建筑的基础”，那么，作为历史基础并表现为不同发展阶段上的公民社会，就是与现实的“生产过程”和“生产方式”相联系并由它所产生的“交往形式”。因而，经济社会运行离不开国家、市场和社会之间的协调。基于此，现代公民社会作为和谐社会建设的微观维度与重要载体，既是一种价值，又是一系列机构；是在宪法和法律规制下运行和发展的公民组织，是作为权利和责任主体的公民为实现某种意愿和利益而自愿结成的人群、组织和社团，表现为社会团体、社会组织、民间组织、基金会、非政府组织、非营利组织、第三部门等形式，是在国家强大能力建构秩序之下的公民集会和结社权利的具体实现形式，是国家留出、让渡、释放或积极建构的社会空间。如果说它是一种社会权力，也是一种绝不能与国家权力混为一谈的社会权力，是国家和市场经济之外的第三种主体性力量，三类主体之间相互合作、依赖与支持。参见《马克思恩格斯选集》第一卷，人民出版社 1972 年版，第 41—42、43、641 页。

在社会秩序建构方面，也更加重视了多样性、异质性乃至多元秩序的存在这一基本事实。基于社会福利生产、分配和提供中存在着多种主体与秩序建构的社会现实，在社会福利政策中也日益重视甚至是借重多种主体的积极作用。由此，我们尝试将存在于现代社会秩序建构中的观念划分为以下三种理想类型：第一，在现代民族国家的早期，由于公共财政能力、公共行政能力和社会政策能力的诸多限制，在维系经济发展和社会秩序中，不得不依赖于各种传统秩序，宽容并利用其多样性和异质性。第二，随着公共财政能力和公共行政能力的增强，以及社会福利政策在广度和深度上的拓展，国家调控经济发展和实施社会福利的能力空前地增强。在某种意义上讲，建构统一秩序的能力也成为某种可能，在一些领域的实践也得以展开。因而，对多样性和异质性的秩序也更加地不宽容，不仅是日益纳入国家（政府）的掌控之下，甚至是力图使之整齐划一，或者是消灭之。这在福利国家处于黄金时期的某些实践中，在某些国家对人类需要的某种专制中，其实都有所体现。但是，这些实践都不同程度地危害到了国民经济的健康发展和社会生活的稳定有序，其结果要么陷入了深重的危机，要么导致了不同程度的失败。第三，自 20 世纪 70 年代中期以来，随着福利国家危机、调整和改革，在社会福利政策和公共管理领域，日益重视国家（政府）之外的市场经济和公民社会的力量，不仅承认社会秩序的多样性和异质性，还积极推进三种主体的积极配合，在市场经济、政府部门和非政府组织等秩序之间增进协调与互动，以更好地实施社会福利，缓解社会矛盾，解决社会问题，满足人类需要，提升人类福祉。

二、布局调整实践背后的秩序观

中国近代以来的学校布局调整和基础教育发展实践，自晚清政府开始模仿西方近代学校教育以培养各类急需的专门人才开始，到不得不接受西方的文化教育制度，模仿西方近代的国家教育制度、开始规范学制。到中华民国时期，经过多年的研究、摸索和创新，学制基本得以定型，教育法规和法令基本完备，以及基础教育领域中义务教育实践开始起步。再到中华人民共和国成立以后，各类教育获得了长足的发展。在基础教育领域，20 世纪 90 年代基本普及了小学教育，2000 年左右基本普及了九年义务教育，2007 年以后开始实施免费义务教育，并加紧推进教育基本公共服务的均等化。回顾这一百多年来的基础教育发展历程，在学校从城镇向乡村扩散，以及扩散与撤并相结合的基础教育发展实践中，因为政府公共财政能力、公共行政能力的现实限制而导致建构统一秩序能力的不足，出现了义学、私塾、教会学校、国民学校等多种形式与秩序格局并存的局面，以及高小与初小，公办、民办与民办公助，全日制与非全日制，耕读小学与马背小学，定点小学与巡回小学，完小与非完小，中学、农业中学与戴帽中学，耕读学校、中心学校与一师一校，完小与教学点等类型并存的中小学形式与基础教育秩序。它们不仅在师资条件和办学水平方面存在着差异，在校舍条件、教辅条件、学校规模等方面也存在着重要的差异性和多元性，一些教会学校甚至是以教堂作为教室；一些学校甚至连基本的校舍都没有，是因陋就简地以简陋破败的祠堂、庙宇作为教室，进行识字和写算方面的简单教习。在师资方面，不仅存在师资缺乏、教师能力不足和教师资质认定不严格的情况，甚至是一名教师负责一所学校（一师一校和复式教学）。在课程开设方面，一些学校因受制于师资条件和师资能力，只能开设政府规定的一部分课程。甚至可以这么说，为了完成穷国办大教育、基本实现儿童有学上的发展目标，各地的基础教育主要是从地方实际出发，积极调动地方办学的积极性，宽容、接受并利用了多样性和差异性的社会文化现实，而标准化、统一性或齐一性的教育形式和秩序建构，几乎还没有进入基础教育发展的主要诉求中来。

随着农村税费改革的推进与完成、以县为主的教育财政体制和行政管理体制的确立和实施，免费义务教育政策的逐步实施，以及覆盖城乡的公共财政制度的逐步建立，基础教育学校布局调整开启了从乡村向城镇集中的单向度撤点并校模式。在集中办学、效率优先和规模效益等经济目标的主导与引领之下，以某种规模标准为撤存的依据，乡村学校其实就只剩下了乡镇中心学校、村级完小和规模足够大的教学点三种类型和秩序模式。而农村学校布局调整专项资金的使用要求更是强调，只有那些符合某种标准化、示范性、辐射性、齐一性和统一性的学校，才能获得相关经费的支持与资助。在这个择优扶持的过程中，通过学校规模、校舍条件、师资条件、办学条件等的规范化，实现学校形式与教育秩序的标准化或齐一性建构。在某种程度上说，或在某些基础教育发展实践中，甚至是期望以此来实现基础教育的均衡发展、基本公共服务的均等化和教育起点公平的目标。但是，统一性和标准化的秩序建构，有时是与社会文化脉络中的基础教育发展相悖的，可能难以达到基本公共服务均等化目标，甚至是加剧了起点的不公平。

标准化的基础教育秩序建构，为何难以达成教育基本公共服务均等化和城乡基础教育均衡发展的目标、顺利实现城乡基础教育发展中的起点公平呢？这源自（或受制于）社会秩序和人类文化的差异性和多样性的客观存在。在以撤点并校、集中办学和规模经济为主要指标和教育发展路径的社会政策实践中，其实只是简单地将分散地区、高寒山区、边远地区、边缘地区和少数民族聚居地区的学生集中到了硬件设施较好、教师规模较大的学校寄宿就读。从形式上看，这似乎实现了寄宿生和其他走读学生一样，在一个较好的学校或教室里学习。但是，当家校距离变远时，无力接送的家庭就只有推迟入学；当意识到寄宿不安全时，只有让孩子远离家庭去投亲靠友了。当这些被集中的学生从学前班（即五六周岁）开始就要像个“小大人”一样地寄人篱下、寄宿学校学习，自理自立自律生活时，这其实并不能真正实现城乡基础教育的起点公平，因为家庭关爱、亲情关怀、社会信任、人文关怀、社区支持，以及熟悉的社会文化与互动环境等因素，其实都不能发挥作用了，甚至完全远离了寄宿学童的生活。当合并校为了简化管理或保障学生安全，寄宿学生其实就只能在学校的围墙之内，活动于教室、宿舍和食堂，这是因为受制于经济效率、人事编制而无法配备相应的辅助设施、辅导人员和专业人士来协助学生的健康成长，满足另外的一些中间需要。所以，这常常会导致一些寄宿生的不适应、厌学和辍学等问题，这其实也加剧了起点的不平等。同时，当以撤并运动来实现集中办学、追求规模经济时，人类需要的满足、人的全面发展议题，过度撤并导致的经济、社会和精神代价等问题，以及由此所导致的公平正义问题和相关社会问题，其实并没有得到基本的重视。另外，也把社会文化脉络中的基础教育还原成了教师、教室和学生。

因此，无论是出于促进城乡基础教育的均衡发展与起点公平，还是追求教育基本公共服务的均等化，在面临社会文化的差异性和多样性时，干预和发展的路径既可能是创造性的，也可能是机械性模仿的，前者宽容、尊重并利用多样性和差异性，清楚社会政策和社会福利追求的范围与限度；后者则是力图消灭差异性和多样性，以某种简单化的路径解决复杂的社会问题。由此，讨论秩序观，目的不在于探讨是否应该干预，而是关切于如何适当干预并助推城乡基础教育均衡发展。

第二节　三种实践类型背后的发展观

一、发展与发展观

发展所对应的英文单词是 Develop，从词源上看，由 dis 和 envelop 组合而成，有 unroll 或 unfold 的意思，可以表达展开、打开和铺开等意思。发展一词的拉丁文字根，是舒展和展开的意思，可以泛指一切生物机体的演变、生长和成长过程，即一种并不包含价值评断的自然演变过程。只是当其通过类比的方式，在 18 和 19 世纪以后进入人类社会文化领域，用于解释历史、社会与经济等领域的变化过程时，其含义才发生了从生物法则向算术法则的重大变化，并被逐步增添了从小到大的线性延伸与无限可能等特性，以及好与坏、优与劣、简单与复杂、低级与高级等方面的价值赋予和社会评价。[①] 甚至可以这么说，现代人所熟知的发展、发展观念及其变迁历程，基本上是在西方社会进入近代以后（英语单词“modern”，即现代、方才。就是说，在中文语境里根据历史断代而区分为近代与现代。但在英语里，近代和现代是同一个词语，表示与古代相对），随着经济、社会、政治、文化和观念的大转型而产生和形成的社会文化现象，甚至是随着工业革命、工业化、市场化、城市化和现代化等经济社会过程而逐步建构起来的新型文化。在一些发展中国家，发展观念的进入和变迁，甚至还与帝国主义的殖民扩张、民族独立运动、经济社会协调发展、现代民族国家的经济社会建设的逐步展开直接相关。所以，随着发展实践的不断推进，发展观念也在不断演变。

---

① 参见许宝强、汪晖主编：《发展的幻象》，中央编译出版社 2000 年版，第 389、3 页。

因而，在某种意义上讲，发展含义和发展观念的演变历程，不仅是随着“现代性”的扩张而日益丰富和复杂化，① 同时也日益随着社会政策领域的扩张而加以合法化，即政府决策部门、经济学家和发展实践者共同推动了发展的话语、权力和知识的结盟，从而使社会福利政策与发展的观念和旨趣不断地相互型塑、相互影响，使得发展理念与具体实践在不同阶段呈现为不同的取向。关于这些发展取向或发展追求，或表现为紧紧依靠工业化、城市化、现代化推动，辅之以滴流效应的自由市场经济发展战略（无论是出自理性、自由与解放逻辑，还是出自殖民主义逻辑）；或是以专制国家带动发展的战略；抑或是主张民主政治助推发展的战略；再或者是

① 现代性（modernity），作为“现代这个历史概念和现代化这个社会历史过程的总体性特征”，既可以是标识历史分期，也可以作为社会学概念，还可以作为心理学范畴。作为历史分期，可以标志某种断裂、当前性或者现在性，包括了量的和质的时间概念。作为社会学概念，与现代化进程紧密相连，涉及了经济的、社会的、政治的和文化的等层面及其过程。作为心理学范畴，可以指涉身处其中的人类境况。现代性也是发生在 17 世纪以后的一种社会文化现象。布林顿认为，作为表达人类“不同于前人的生活方式”的新感觉，是表达日益把“理性”和“进步学说”应用于“人类关系”的过程，也是科学日益成为一种“宇宙观”的过程。卡林内斯库将现代性分为两种类型，作为西方文明阶段的现代性（包括科技进步、工业经济和资本主义带来的全面的经济社会变化及其产物），以及作为美学范畴的现代性；或者说成是社会方面的现代性和文化方面的现代性。这两种现代性之间也一直存在着敌意、矛盾、冲突和悖论。吉登斯认为，作为描述“社会生活或组织模式”的全新方式的概念，是借助“时—空分离”、“标准化”、“虚化”和“制度化”而凿通和扩张了人类生活的“时空范围”，从而“冲破地方习俗与实践的限制，开启了变迁的多种可能性”。同时，现代性过程也是受到权力、价值、非预期后果和反思性等等社会文化因素影响的社会进程。而后现代性也并非一个具体的历史时期，而是对社会秩序转变的某种诉求。在现代性的扩张中，社会秩序的“同一性”建构是其主要的旨趣。但是，正如鲍曼所指出的那样，在“现代性的诸多不可能完成的任务中，建立统一秩序的任务作为不可能之最”。赫勒还进一步强调，“未经反思的后现代性概念是幼稚的。……经过反思的后现代性是自我反思的，因为它不断地质疑自身。……我的视角将是经过反思（自我反思）的后现代性的视角”，即主张一种批判的现代性。并且，“同一性不是形式的同一性；它意味着通过差异和分化而达到同一。同一性也是时空性的”。所以，随着现代性研究的进展，一些学者提出了反思性现代性的主张，如赫勒强调，“理性是一种强有力的武器，但它只是在其自身界限内才强有力。理性不可能确立任何终极真理”。凯尔纳和贝斯特更是强调，对理性和极端现代性的危险应该进行“解毒”。参见周宪、许钧：《现代性研究译丛总序》，[英] 鲍曼：《全球化：人类的后果》，郭国良等译，商务印书馆 2001 年版，第 2、3 页；[美] 布林顿：《西方近代思想史》，王德昭译，华东师范大学出版社 2005 年版，第 1、133、142、106 页；[美] 卡林内斯库：《现代性的五副面孔》，顾爱彬等译，商务印书馆 2002 年版，第 47、48、284 页；[英] 吉登斯：《现代性的后果》，田禾译，译林出版社 2011 年版，第 1、17、18、38、39、3、40 页；[英] 鲍曼：《现代性与矛盾性》，邵迎生译，商务印书馆 2003 年版，第 7 页；[匈] 赫勒：《现代性理论》，李瑞华译，商务印书馆 2005 年版，第 9、13、16、122、10、319 页；[美] 凯尔纳、贝斯特：《后现代理论：批判的质疑》，张志斌译，中央编译出版社 2011 年版，第 43、270 页。

为应对有增长没发展、不平等发展、发展中的贫困和扭曲性的发展，而提出的社会发展战略；以及主张增进人类福祉和人的实质自由，等等。这些，无论是偏重于经济层面的工业化驱动现代化战略，还是强调以强固政治秩序为基础的现代化路径，都可以视为对发展问题的某种洞识。

如果回顾发展观念的变迁历程，它已经从关注制度因素配置生产资源到关注人力资本投资，从关注经济变量到关注经济、制度和文化等多种因素，从主要关注经济层面的数量增长问题到逐步强调发展为人这一最终目的的认识转向，再到聚焦于扩展人的真实自由（或可行能力）的发展观，以及从改善人类福祉的角度来审视经济社会发展。这大体就是发展观的演变与拓展过程，我们可以将其分为三种类型。[①] 第一种，将经济数量的增长等同于发展，以经济人假设、经济因素决定论来规定发展，人和社会则服从于经济增长的需要。第二种，把经济增长作为基础，将发展问题与社会结构变迁联系起来进行考察，注重经济社会发展的整体性理解，关注经济因素与社会结构的协调发展问题。第三种，把经济增长作为手段，将发展过程中的代价问题（包括了经济、社会和精神等方面的代价）、不平等问题和相关社会问题引入考察的范围，基于人是发展的最终目的，进而从人的发展、人类需要、人类福祉来审视发展议题。在对发展议题的认识逐步深化的过程中，发展观的关注点也逐步从聚焦于物、社会结构和制度变革，进而转移到关注人和人的生存状态，将发展的目的回归到了人的全面发展。也正是在解决发展问题的过程中，现代民族国家的社会政策能力不断提升，社会政策的思维也在发生变化，从盲信市场经济、经济增长、自由竞争和效率优先将解决人的需要问题，到通过社会保护立法、社会保障制度和社会福利政策的实施与扩张来解决经济社会发展中的社会问题，人类对发展问题的认识也在日益拓展和不断深入。

二、布局调整实践背后的发展观

在学校从城镇向乡村扩散的过程中，以及扩散与撤并相结合的布局调整过程中，由于政府公共财政能力和公共行政能力的某些限制，农村基础

① 参见娄世桥等：《发展观的拓展与西部山区新农村建设的方向》，《创新》2008 年第 6 期。

教育发展的经费（在绝大多数的时间里），主要都是来自于民间组织、农村集体和农民的人力、物力和财力支持，并充分调动家庭、社区和社会的积极支持，甚至是不同族群的积极支持，从而促进了多民族山区基础教育的发展。比如自觉、不自觉地将学校建立在农村社区、少数民族聚居地区，使用双语教学，教堂与学校的合一，丰富多彩的文体活动，耕读结合的寄宿学校，低廉的学杂费（甚至是减免学杂费），与农民作息时间基本同步的上下学安排，灵活多样的办学与教学，农村基础教育的公平性和可及性追求，普通小学与民族小学的区分，坝区与山区的均衡发展等措施，基本都是从当地农民的现实需要和实际承受能力出发，在当地社会文化与制度规范的支持下，实现了基础教育的初步发展（虽然也存在学校规模较小，师资缺乏，教师能力不足，教育教学水平不高，以及教会学校的局限性等问题）。通过紧密结合经济社会发展水平和社会文化多样性等因素，乃至较为重视和克服族群差异等因素的不利影响。在某种意义上讲，这对于社会文化脉络中的基础教育而言，山区社会在基础教育的发展中对文化传统、社会关系、社会制度、人的发展、人类需要和人类福利等因素给予了足够的重视和充分的利用。效率优先、规模经济、投入产出等经济因素，相对是退居其次的，甚至基本就没有进入到山区基础教育发展的视野中来。

随着农村税费改革的启动、推进与完成，以县为主的教育财政体制和行政管理体制的确立和实施，免费义务教育政策的确立与实施，覆盖城乡的公共财政制度的逐步建立，农村学校布局调整开启了从乡村向城镇集中的单向度撤点并校模式。在以集中办学来实现规模经济的发展模式下，削减成本、提高效率、效率优先等经济因素成为主导性目标，受到了各级地方政府的高度重视，甚至成为政策实践和行政考核的主要目标，而家庭、社区、社会、文化与制度等因素则日益退隐后台，而在某些地方甚至还退出了基础教育场域。在大规模和快速度的撤并风潮和运动中，学生赖以成长的某些中间需要满足（人类需要、社会需要），人的全面发展议题，过度撤并导致的经济、社会和精神代价等问题，以及过度撤并导致的公平正义问题和相关社会问题，几乎都没有得到应有的关注，更无所谓去正视和重视这些社会问题，进而寻求其他的创造性的政策思维、实践方式和解决之道。质言之，在经济理性诉求主导了山区（或农村）学校布局调整和基础教育发展的实践时，其他议程和问题可能会受到轻视、漠视或无视，也是可以理解的，同时也是值得深入反思的。如果要再往深层里去剖析，这其实是现代性的社会工程与社会秩序建构中的某些必然倾向和非预期后果。由此，我们不仅仅要去“思考追求人类福祉的范围及其可达到的极限”问题，更要去“客观地理解现有思维方式得以立足的基础”，进而“提出新的思维方式”以缓解和解决“民间疾苦”等问题。[①] 进而言之，需要肯定的是，现代民族国家在借助社会福利政策干预社会经济生活、改善人民福祉方面，具有不容否认的积极作用。但是，同样需要承认的是，社会福利政策在解决社会问题时，也会导致甚至是制造新的社会问题。但是，并不能因为前面的两种可能性而走向两种极端。第一种，迷信于“整体至善的种种设计”和“未来完美社会”的梦想，迫使“通往明了性的个人道路需要很多由社会提供的服务：详细的地图、可靠的路标和里程计”，进而企图设计和建构某种齐一性的“合理秩序”。第二种，否定任何社会工程，“既然社会工程已经从里烂到外，那么无论他们决定做什么，只会使事情更糟”，所以要取消任何干预并宽容一切，进而主张“世俗权力不再着力去消除矛盾性，矛盾性就从公众领域转移到私人领域”，将其完全变为“个人事务”，甚至是将社会矛盾和社会问题“私化”，执迷于高傲、冷漠和残忍的宽容。[②] 很显然，这两种极端的态度都不可取。社会现实要求我们回到问题的本源，坚守建设性的批判态度，研究、反思和批判既有的理论知识、思维方式和实践路径，进而更好地理解人类生活方式、社会政策实践、人类需要和人类福祉，为人类存在和社会实践投入更深的人文关怀和精神基础。正如鲍曼所提醒的那样，“追求现代文明的当代状况所存在的问题：它停止了拷问自己，不提出某些问题从而避免进入官方议事日程，问错问题而将视线从真正重大的议程中转移开来。此沉默的代价是人类受苦受难。……需要对人类生活方式的前提提出质疑”。[③]

---

① 参见［英］迪安：《社会政策学十讲》，岳经纶等译，上海人民出版社 2009 年版，第 11、30 页。

② 参见［英］鲍曼：《现代性与矛盾性》，邵迎生译，商务印书馆 2003 年版，第 388、389、390、299、396 页。

③ 参见［英］鲍曼：《全球化：人类的后果》，郭国良等译，商务印书馆 2001 年版，第 5 页。

但在公共财政压力下，集中办学和规模经济成了一些地方政府的主导性诉求和基础教育行政目标；在某些地方，甚至是行政目标主导了教育目的，而社会文化、社区支持、族群差异、制度场域、人类需要、家庭关爱、健康自我的培养、人文关怀等因素，基本上不再受到重视。若考察大规模撤点并校后面的一些理论预设与解读，有一些其实是似是而非的分析。对于撤点并校，比如生源减少是客观要求，是城市化的必然结果，城乡基础教育均衡发展是直接动力，提高教育教学质量是最终目标。下面将逐一进行分析。

关于生源减少议题。这里先根据相关的统计数据进行宏观层面的呈现，并进一步结合实地调研经验对生源减少情况进行补充性分析。先看全国在1999年和2009年小学阶段的招生人数、在校生人数和毕业生人数，1999年的数据分别是20295000、135480000和23137000人，2009年则分别是16378000、100715000和18052000人，减少的幅度分别是19.30%，25.66%和21.97%。学校的数量，则是从582291所减少到了280184所，减少了51.88%。[①] 再来看云南省的情况，2001年的小学毕业生、在校生和招生的人数分别是721486、702017和4720611人，2011年的人数则分别是729100、653800和4240800人，变化幅度分别是增加1.05%，减少6.86%和10.16%；而学校的数量则从22151所减少到了13320所，减少了39.86%。[②] 另外，再根据《农村教育布局调整十年评价报告》，从2000到2010年的十年间，农村小学生只是减少了37.8%（3153.49万人），但农村小学校的数量却减少了52.19%（22.94万所），教学点减少了六成（11.1万个）。[③] 也就是说，从总体上看，农村校点的减幅远高于学生的减幅。如果结合我们在滇中彝苗汉山区的实地调研经验，学童减少除了计划生育政策的成功推行而导致的新出生人口减少以外，还有农村男性青年因婚姻困难而导致光棍不断增多，和由此而引起的新生儿数量减少，以及婚姻变动加剧而导致的儿童减少。而在农村校点学生数量减少或不足规模要求这一现象的背后，还伴随着多民族山区的一部分适龄学童极力逃离自己

① 数据来源：《中国统计年鉴·2010》，中国统计出版社2010年版，第752、755—757、766页。

② 数据来源：《中国教育年鉴·2001》，人民教育出版社2001年版，第679页。《云南统计年鉴·2012》，中国统计出版社2012年版，第330—335页。

③ 杨东平：《农村教育布局调整十年评价报告》，《社会科学报》（第1339期）2012年11月16日。

所属的学区，这主要是由于校点撤并过程导致的上学不方便、不安全，而选择了投亲靠友就学。最后，还有极少部分学生是因为无法入学而呆在家里（辍学在家），因为他们没有户口，不能办理相关的保险，撤并后的校点出于安全考虑和安全担忧，坚决拒绝了学生及其家长的入学请求。但是，生源减少并不等于农村地区已经不再需要校点，或者是可以大幅度地把农村校点撤销，让山区学童从学前班就开始寄宿城镇校点就读。换言之，如果是从农民、学童和农村的现实需要来考虑校点的存废问题，生源减少并不是一刀切撤点并校的充要条件和客观要求。因为，如果再结合全国农村留守儿童 6102.55 万人的数据，占农村儿童总数的 37.7%，占全国儿童总数的 21.88%。其中，还有将近一半（46.74%）的农村留守儿童是与祖父母、其他人一起居住，或者是单独居住。而单独居住的留守儿童达 205.7 万人，占留守儿童总数的 3.37%。城乡流动儿童的规模为 3581 万人，占到了农村儿童总数（16187.14 万人）的 22.12%，就是说近 80%的农村儿童依然没能进城。①

关于撤点并校是城市化进程的必然结果。迄今为止，城市化的本质依然是指农村人口不断转变为城市人口的复杂过程，以及在这个复杂社会变迁过程中所发生的相应的生产方式、生活方式、交往方式、社会心理、价值观念和社会结构等等方面的变化过程。进而言之，无论是工业化推动的城市化，或者是新型工业化助推经济社会发展所带动的城市化，还是依托服务产业或第三产业发展而带动的城市化，再或者是依靠采掘业的迅速发展而引致的城市化。② 城市化不仅是农村人口走进了城市，更需要创造和

① 数据来源：全国妇联课题组：《我国农村留守儿童、城乡流动儿童状况研究报告》。参见：刘维涛：《流动儿童难融城市　留守儿童渴望团聚》，《人民日报》2013 年 5 月 11 日。

② 英尼斯（Harold Innis）基于原材料出口难以带动地区经济链条发展的洞见，认为像采矿、伐木等这样的采掘业，很难带动区域经济发展。所以，"只有工业才可以创造使自身加速发展，和使其工人生产力提高的手段，而开采业的发展则直接导致自身的衰落"。因为，"时间和空间在开采业和农业中的运作，不同于工业生产。……与现代工业经济极不一样的是，开采业和农业均固定在特定的地理空间之上。天然资源只能在其发现地才可以进行开采，而农业则依赖于土壤的肥力、气候以及相对大面积的平面空间。资源在空间上的固定性，常常使开采企业孤立于其他企业，也隔离于各种位置优势（locational advantages），而这些位置优势造就了都市的聚结，并创造了共用的基础设施、劳工库（labour pools）以及政治动员和组织的可能性"。许宝强、汪晖主编：《发展的幻象》，中央编译出版社 2000 年版，第 115—120、111—113 页。

实现稳定的就业机会、收入来源、生活来源，能够获得城市居民所能享有的各种基本公共服务和社会权利，从而变成真正的城市居民，与市民一样地生产和生活，并能够在城市完成劳动力的再生产。在有将近80%的农村儿童滞留在乡村，还必须在农村学校就读的情况下，某些研究结论却说撤点并校是城市化的必然结果，这不仅不合逻辑，也让人难以理解。

在我们所调研的三个山区县份，城镇人口的比重都没有超过13%，农村人口都占到了87%以上，何来的城市化进程助推了撤点并校运动？那真实情况又到底是什么呢？是在农村税费改革完成以后，在免费义务教育逐步实施之后，地方政府在公共财政压力下以经济效率取向为目标的理性选择，是省、县、乡（镇）的政府以行政主导的城镇化冲动在助推着撤点并校，而不是城市化过程自然而然地带动着基础教育资源向城市和乡镇集中。换言之，简单地把山区学生集中到城市、乡镇的学校去上学，虽然城镇的人口数量和消费需求会有所增加，但并不是什么城市化进程的必然结果，而仅仅是把一些农村校点关闭、闲置与废弃，而使农村学生“被转移”到了城镇的学校而已。而关于城市化，还可以这么说，“城市不只是地域概念，城市是市场中心”，也“只有市场中心才能成为经济中心”；仅仅人为地增加某个地域的人口数量，那只能说是“虚假的城市化”。因为，城市是一个地区的“经济中心、市场中心、信息中心”，城市化必然是进城农民生产生活方式的变化，生活质量的提高，是“城市功能、生活方式的扩散以及城市精神在广大范围的传播”。[①] 也就是说，现代经济条件下的市场，以及城市化过程中所形成的市场中心，“事实从来就是，市场作为一种组织形式，并不是（或者并非完全是）农民或手艺人的产物，而是商人和后来是金融家的产物”，所以，“商品市场和金融市场”才真正是“市场体系自由活动的地区”。[②] 然而，对于那些隔三岔五地参与村镇集市的个体化小农，或者出于生存需要、家庭需要而不断奔波于城乡之间的山区农民，他们的大半身其实还是深深地插在乡村和土地里的。他们虽然也可以自由地离乡、进城和返乡，但除了老家是他们的真正家园之外，在城市似

① 洪银兴：《发展经济学与中国经济发展》，高等教育出版社2001年版，第203、207、202、209页。

② ［英］希克斯：《经济史理论》，厉以平译，商务印书馆2005年版，第92页。

乎还找不到真正的立足之地。他们一旦在城市里混不走，也就只能回到老家去了；或者只要家里有事，他们还是要放弃工作，首先顾及到家庭。同时，一旦农业生产条件合适，他们还是会选择返回家乡，从事自己熟悉的行当和营生；一旦年龄大了，找不到合适的工作做，他们也是要返回老家的。所以，对于大多数的山区农民，他们都还只是都市里的一个漂泊者、异乡人。①

关于促进城乡基础教育（义务教育）均衡发展是撤点并校的直接动力。城乡基础教育均衡发展，从字面上来理解，应该就是城市、乡村的中小学和基础教育的发展水平大致上相当，相差不大，在基本的办学条件和教学水平等方面不存在悬殊。换言之，推动城乡基础教育均衡发展，就是要达到一种较好的教育教学状况，即不存在一方极好，不断地锦上添花；而另一方，发展状况极坏，急切需要雪中送炭的极端情况。也就是在大中城市、县市、乡镇、农村的中小学之间，在办学条件、师资水平、教学水平和教育质量等方面，虽然存在着某些差异，但在基本的教育教学水平方面，悬殊不大。甚至是在现代化的实验学校、示范学校、重点学校和名牌学校，与非重点、非示范、非名牌、非名校的学校之间，有某些差别，但差距不太大。从而，在义务教育阶段，城乡学生不仅可以依法就近入学，而且获得的都是相对公平的教育教学条件。基于此，城乡基础教育的均衡发展和起点公平，是承认差异性和多样性的教育发展，所以，不是把城市中已经发展得很好的学校作为某种固定的模板和标准，进而把农村学校办得与城市学校一个模样，或者是在难以实质到达的情况下，极力地从器物现代化层面上进行模仿与比拼，但在教育教学和相关管理的理念、方式、方法、质量与水平等方面没有实质改善。进而言之，城乡基础教育均衡发展，不是规模、设备、条件、计算机房、电化教室、实验室、语言室、图书馆室等硬件大比拼，甚至建立的目的就是为了达标验收而非实际的有效利用。对于农村小学，首先需要有安全、明亮、干净的校舍，基本教具和

① 所以，“成为一个异乡人首先意味着一切都不是自然的；一切都不是作为正当权利被给予的，一切都不是白白给予的。本地人的自身与世界间的原始结合被割裂开来”。当然，这类漂泊的异乡人还可能在城市与乡村都同时处于一种边缘状态。参见［英］鲍曼：《现代性与矛盾性》，邵迎生译，商务印书馆2003年版，第112页。

仪器，胜任本职工作并认真负责的人民教师，进行符合一定标准、质量和水平的教育教学活动，传授基本知识和技能，培养学生健康的人格、积极的自我，以及良好的学习习惯、自主的学习能力和持续的学习兴趣，培养身心健康成长和积极奋发向上的少年。可以说，器物和理念现代化，都只是借以提升水平与质量的工具和手段。在一些少数民族聚居村寨、多民族山区、边远地区、边缘地区和居住分散地区的校点，创造性、灵活性的课程安排与教学形式，依然不可或缺。这也就是通过学校、教师、教室、学生、监护人（家长）、社区与社会文化等方面的有机结合，进行人才培育活动。这也是城市教育和乡村教育的普遍特征，也是基础教育作为社会文化现象的基本规定性。这可能更是教育现代化的真谛所在。进而言之，教育现代化需要警惕两种倾向：第一种，把现代化等同于“跟上时代，就是给予某物（一幢建筑，一处室内布景）一种新的或现代的外表，或是采纳一种更现代的观点”。因为，“真正的现代化在任何领域都是同创造性（解决现存问题的首创方式，想象，发明等）相联系的，它排除了模仿，或至多给予它一种外围角色”。第二种，急躁的现代化，把现代化当作一场彻底的文化变革或文化斩断，进而以“一种强劲而又持续的内在冲动，旨在根除存在于价值观和生活方式、习俗和语言以及信仰和公众行为之中的差异”。这不仅否认多样性的社会文化存在现实，更不是创造性的、自觉的、文化的、心智成熟的现代化，只是器物与外表的现代化，而非文化的现代化。①

如果说促进城乡基础教育均衡发展是撤点并校的直接动力，那么，在逐步迈向城乡基础教育的均衡发展和现代化的征程中，城乡学生不仅可以依法就近入学，而且获得的都是相对公平的教育教学条件。但是，这仅仅还是均衡发展的理想和目标，是要在城乡基础教育这一基本公共服务逐步实现均等化以后，才能真正实现的目标。在当前的城乡基础教育发展实践中，还得结合具体情况来进行审视，也就是从“公民在特定时间和空间条件下，公平地获得一定数量与质量、一定形式与内容的公共品或公共服

① 参见［美］卡林内斯库：《现代性的五副面孔》，顾爱彬等译，商务印书馆 2002 年版，第 351、360 页；［英］鲍曼：《现代性与矛盾性》，邵迎生译，商务印书馆 2003 年版，第 169 页。

务”这一层面，来进行审视。[①] 首先，无论是农村地区的基础教育，还是城市的基础教育，学校、教师、教室、学生、家长（监护人）、社区以及社会文化，都构成了培育学生的重要要素。因为大中城市的一些学校校舍条件、设备仪器和师资条件等都比较好，从而会自觉不自觉地形成某种归因习惯，即只要学生进入了办学条件较好的学校，有了较好的教育教学条件，就会获得良好的教育过程和教育结果。但是，父母或其他人每天的接送与学习监督，各种培训机构或家教辅导机构，即学校教育是在学校、家庭、社区与社会四者间结合来共同完成的。这一常识常常会被忽视，尤其是家庭支持系统和社区文化的作用，因为司空见惯而经常不被提及，故而只认为是学校教育教学条件良好的功劳，甚至就是好的教育条件之全部功劳所在。但行走在大中城市学校周围的马路上，根本不需要仔细观察，只要多拿几份传单，各种午托、晚托、假期（日）托的托管班和托管课程；幼升小、小升初、初升高（乃至新近出现的高升大）的培训班，一对一精品培养班；以“品牌办学、规范操作；专职教师、专业辅导；封闭管理、安全无忧；场地充裕、教学设施齐全；分餐制度、确保卫生；连锁经营、经验丰富、管理规范”等等形式辅导孩子学习、生活、性格等方面的培训班，其实是琳琅满目，也发挥了积极的协助或者是助推作用。所以，大城市里的好学校，可能是“条件好的家庭+会来事的父母+学习能力强的学生+好的师资+好的校舍+好的设施+好的校风+其他……”。另外，这些所谓的好学校，是从省、市、县的范围挑选学习能力最强的学生、最会教学生考出好成绩的教师进入的，是学习与考试的“精英”的荟萃之地，也是教学能力强、教学水平高的教师的荟萃之地。但好的考试成绩与高的升学率，这些更可能是极其复杂的因素的共同结果，而绝非仅仅是好学校单方面的功劳，所以也就不能进行简单的归因。但由于这些因素很少被分解、解构、重视、谈及与示人，也就形成了都市好学校的“深深的无知之孔”，因而就会把进入了好的学校简单地等同于得到了好的教育教学服务、获得

① 参见娄世桥：《基本公共服务均等化本质再思考：以山区基础教育为例》，《农村经济》2013 年第 7 期。

好的考试结果，并形成了某种“想当然的常识”①。然而，在引号里的不少东西，是大多数的乡村学子所没有的，也是不可能奢望得到的。那么，乡村的好学校是个什么样呢？以小学教育阶段为例，常常是“普通的农村学子+负责任并有一定能力的校长、教师+不漏雨和不破窗的校舍+简单的教具和粉笔+好的校风+家长和社区的积极支持，等等”，这依然可以获得教育教学质量奖，巩固率和升学率奖，依然可以在全县小升初考试中名列前茅。所以，那些为了上某大学的附小、附中交几万元、十几万元，甚至更多的家庭，为了迎合老师盈利而积极参加小饭桌、补习班，为考出好成绩，既不至于遭到转学威胁，也对得起老师等等，都是些匿名的掩饰。质言之，“尽管金钱一般不能直接购买到权利的额外帮助，但在事实上，它能买到各种服务，这种服务可以产生更多、更好的权利”。② 在一定意义上讲，这也是在城乡基础教育发展不均衡条件下的必然现象，也是亟待破解的教育社会问题和社会公平正义问题。

关于提高农村基础教育的教育教学质量是撤点并校的最终目标。通过撤点并校和集中办学，大幅度地减少农村校点的数量，在不少地区还几乎一刀切地取消了所有的一师一校教学点，实现了集中办学和规模经济的行政目标。但是，规模结构也仅仅只是关系教育教学质量的多种因素中的一个方面而已，规模大小与教育教学质量高低也并不存在着必然的线性相关关系。③ 换言之，若各个校点都是合格的负责的人民教师进行教学和管理，

① ［英］鲍曼：《现代性与矛盾性》，邵迎生译，商务印书馆2003年版，第113页。

② ［美］奥肯：《平等与效率——重大抉择》，王奔洲等译，华夏出版社2010年版，第25—26页。

③ 国内外已有研究发现也在提醒，无论是西方工业化过程中的大规模撤并农村学校，还是在中国农村税费改革前后的大规模撤并农村学校，伴随着大规模撤点并校、集中办学和学校规模扩大而来的，是学校管理难度的迅速增大，管理水平和服务能力的欠缺与凸显所导致的相关社会问题。所以，规模化办学并不必然地是教育质量和教育水平的提升。如 Kathleen Cotton，School Size，School Climate，and Student Performance. May 1996. Joe Bard，et al. Rural School Consolidation Report. Prepared for the National Rural Education Association Executive Board，April 1-2，2005. Cite from http://scholar.google.com.hk/.最后访问日期是2013年8月20日。高学贵：《农村学校布局调整的效应及对策分析》，《中国教育学刊》2011年第5期；赵丹、吴宏超等：《农村学校撤并对学生上学距离的影响——基于GIS和Ordinal Logit模型的分析》，《教育学报》2012年第3期；赵丹、范先佐：《学校布局调整背景下农村教学点撤并的影响因素分析——区位理论的视角》，《现代教育管理》2012年第1期。

那么，其差距并不会太大。若从规模差异出发，实行择优扶持式的差别对待，那么，所谓的规模小（大）—质量差（好）—效益低（高），就会成为“自证预言”。①

在一些农村校点的规模扩大以后，学生的成分变得更加复杂了，学校由来自不同社区、族群和受教育状况的学童组成，学校管理的任务也突然间增加了，创新性的管理理念、管理方式、教育理念和方式方法等，也需要积极跟进。在既有走读学生，也有寄宿学生的情况下，教师的工作任务和工作压力也增加了，良好的责任心也更加必要和重要了。因此，如果要真正提高教育教学质量和人才培育水平，光靠校舍、设备和办学条件方面的硬件改善，是远远不够的；仅有教师规模的扩大，也是远远不够的；更需要学校在办学理念、管理水平、师资水平、教学水平、服务水平与创新能力等方面的迅速提升。而这又是撤并时代和后撤并时代都面临的严峻而紧迫的教育发展创新议题。

关于基础教育发展中的理念创新问题。既然通过撤点并校、集中办学和扩大校点规模就可以实现规模经济（甚至是规模效益），那么，在既定的区域内，不仅师资规模可以变小，从而节省教师工资支出；办公经费也可以得到节省，从而节省学校运作中的行政支出，这就在人力和财力方面都得到了节省。也就是说，原来最成为问题的办学资金问题，现在已经是迎刃而解了。那么，在解决了资金困扰问题的情况下，在普及了义务教育以后，现在的办学理念就应该是紧紧围绕着提升教育教学质量而展开，现在的学校管理者的工作也就不应该再是跑项目、跑资金了，而应该是以创新学校的教育教学、管理服务工作为中心。而随着学校办学方式和管理理念的转变而来的，也应该是学校管理方式的转变，学校管理服务于教育教

① 在中国农村税费改革过程中和其后的几年里，一些山村校点由于缺乏资金、师资和管理，导致办学质量“自然”下滑、生源流失和规模不足。由于它们规模小、办学质量不佳，所以必须被撤并。然而，规模效益的似是而非、对专项资金使用管理的僵硬规制，导致了将规模小与质量差简单粗暴地画上等号，这不仅是一种污名化的社会建构过程，也是一种自证预言，不少学者的研究也极力去附和这种形式逻辑，却最终为撤点并校提供了必要性和合法性的有力论证。Self fulfilling prophecy，国内学者译为自证预言、自我实现预言、自我实现预测，是美国社会学家罗伯特·K. 默顿正式提出并逐步发展完善的学术概念，是可以与自我失败预言相对应的概念。参见［美］默顿：《社会研究与社会政策》，林聚任等译，生活·读书·新知三联书店2001年版。

学质量提升这一本质目的，而不是经济目的。同时，提升教育教学质量也依赖于师资水平、教学水平的提升，在师资规模扩大而规模效益又可以节省师资数量的逻辑下，教师离岗学习、培训以提升教育教学水平等等，也就有了更多的可能与机会。而在办学理念、管理理念、师资水平提升以后，服务的能力与水平也可以得到提升，通过多种多样的活动与方式满足学生的中间需要，着力解决对环境的不适应、不安全、不信任等问题，提升适应能力，减少后顾之忧，促进学生的身心健康成长，这不仅可以调动学生学习的积极性和主动性，提升学习兴趣，减少厌学和辍学，这还将会切实地提升教育教学质量。但是，结合已有的一些研究成果，并根据我在三个山区县份的实地调研，以及笔者 2011 年、2012 年和 2013 年冬季在江汉平原农村的对比调研，在撤点并校之后，相应的办学理念、管理理念、管理水平和服务水平，其实并没有根本性的变化和实质性的改善或提升。

第三节　山区学校布局调整的影响机制与政策调适

在分析了山区（或农村）学校布局调整中的秩序观和发展理念以后，我们需要进一步追问，在建构新的教育秩序以推进山区（或农村）基础教育发展的过程中，学校布局调整是如何影响到山区（或农村）基础教育发展的？影响的发生机制又是怎样的？换言之，在何种情况下会是正面的促进发展，在何种情形下又是制约了教育发展。进而，以山区（或农村）基础教育发展为目的，现行的教育社会政策应该如何调适？

一、农村学校布局调整如何影响基础教育发展

在前文的分析和论述之中，我们结合山区学校布局调整实践方式，将其划分为三种类型：从城镇向乡村扩散型、扩散与撤并相结合型，以及从乡村向城镇集中型。根据这三种类型，我们将进一步分析每种实践方式对农村基础教育发展的影响，揭示其发生影响的两种机制：积极助推和负面影响。

在基础教育学校从城镇向乡村扩散的过程中，从总体上看，随着农村学校数量不断增加，农村儿童入学的人数和比率，呈现出逐步提升的态

势。在家庭经济条件严重制约着农村学童离家就读的时代，积极依靠家庭、村寨和社会组织等力量兴办基础教育，因地制宜、因陋就简地创办起乡村小学校的办学实践，在不太增加家庭经济负担和不太减少家庭劳动力的情况下，对缓解贫困导致的文盲问题和辍学问题，对解决就近入学问题和有学上问题，发挥了积极的助推作用，具有重要的历史意义和实践价值，在某种程度上也为日后的基础教育发展和普及义务教育奠定了一定的基础。虽然其中也不可避免地存在着师资缺乏、教师能力不足、教学水平不高、[①] 校舍条件差、办学条件艰苦，乃至办学不稳定、不规范等等问题。但是，这毕竟为就近入学、让更多儿童入学，实现有学可上和文字下乡做出了积极的努力、创新、探索和贡献。

在农村学校布局调整实践中，采取扩散与撤并相结合的方式来促进基础教育事业发展。这里结合20世纪50年代以来到“普九”阶段的某些实践，做一个大致的阐述。首先，从宏观层面来看，就以1957年提出中学设置应该适当分散的设想和实践，试图改变中学规模过大且集中于城市的状况与缺点，将初中设置面向农村，在农村办起的戴帽中学和农业中学，并允许课程设置和教学质量与城市中学有所差异等，就属于这种情况，这是压缩或撤并某些城市中学，推进农村中学教育的实践。[②] 其次，以我们所调研的山区县来说，从20世纪的50到70年代，一直存在着积极支持山区办学、加强山区和民族地区的基础教育的实践传统，所以才出现了“坝区民办学校少、社队负担轻；山区民办学校多、社队负担重的现象”；为了“充实贫困山区，调整学校布点，撤并坝区”学校，以“加强山区、民族地区教育”等现象；[③] 以及为了解决高山地区和分散地区学童入学，开办

① 从某种意义上讲，在乡村基础教育发展与实现过程中，诸如师资缺乏、教师能力不足和教育教学水平不高等类问题，并非是在某个阶段上所独有或者特有。也就是说，这类客观事实在不同时代只是个程度差异问题。如果以教育现代化的眼光来审视此类问题，从不断创新和提升教育教学的理念、管理、服务、质量和水平等层面来看，或者说从文化的现代化来看（而非仅仅聚焦于器物层面的现代化）；那么，几乎会在每个时代都面临着这类相似的问题。因而，实现文化层面的现代化，是远远比器物层面的现代化要困难和重要的目标。

② 参见刘海藩主编：《历史的丰碑：中华人民共和国国史全鉴》（教育卷），中央文献出版社2004年版，第65、66页。

③ 参见《寻甸回族彝族自治县志》，云南人民出版社1999年版，第722页。

"巡回小学"和"定点小学"数十所等现象。[①] 也就是说，在农村学校布局调整过程中，撤并的主要是不太有必要保留的坝区学校，而对于分散地区，或是新建、或是加强，或是积极扶持，在这类地区以扩散为主。最后，在完成"普六"和"普九"任务的过程中，一些地方政府在撤并某些学校的同时，还积极新建、改建或加强了某些农村学校，甚至包括了一些一师校。[②] 在撤并与扩散的结合中，根据山区和民族地区基础教育发展实际需要而进行灵活调整，进而初步实现了乡村基础教育均衡发展的某种良性互动，为普及基础教育发挥了积极的助推作用。

农村税费改革开启了农村学校从乡村向城镇集中的单向度撤并过程，随着教育附加费等被取消、以县为主的农村义务教育财政体制和行政管理体制的确立与实施，以及义务教育免费政策的广泛推行，在集中办学、规模经济主导了农村基础教育行政的形势下，达不到一定规模要求的乡村学校，首先是不符合农村学校布局调整专项资金择优扶持的基本要求；再就是被降格为教学点，得不到应有的人力、物力和财力支持，校园管理混乱并逐步走向衰败，教学质量日益恶化；最后，在规模小—质量差—效益低的撤并话语体系中，作为支撑规模大—质量好—效益高论证合理性与合法性的依据，几乎被一刀切地取消了，由此凸显了新时期山区社会（或农村）的上学难社会问题。但是，在农村学校日益消失、家校距离逐步变远之后，并不必然地会产生和凸显上学难问题。如果设有免费或付费接送的校车系统，天天都能到村寨接送学童上下学，那么，上学难问题不会太大地凸显，基础教育发展也不会受到太多影响。如果在配备校车接送系统的基础上，不受制于人事编制和财政约束，学校配有专门的辅助人员、专业人士和相应设施，能满足儿童寄宿学校的各种中间需要，使得学童获得与在家乡上学基本相似的健康成长环境与生活条件，那么，上学难的问题也几乎不怎么会凸显，也不太会影响基础教育发展。但是，如果没有专门配备的校车系统，完全依赖家庭的接送，那些没有接送能力的家庭，将首先

---

① 参见《禄劝彝族苗族自治县志》，云南人民出版社 1995 年版，第 649 页。

② 参见万明钢、白亮：《"规模效益"抑或"公平正义"——农村学校布局调整中"巨型学校"现象思考》，《教育研究》2010 年第 4 期。

面临上学难的问题，甚至只能在家里呆着，到岁数再大些并有能力自己往返于家校之间时，再去上学。对于没有配备相应辅助人员和专业人士的学校，在接受寄宿能力不足的学童时，不仅面临着学校管理难度加大，安全事故增多等问题，影响学校正常的教育教学，甚至是农村基础教育发展。而对于那些没有亲友可以投靠、又担心校园安全的学童，就只有辍学在家了。另外，就算冒着风险勉强送去学校，不仅中间需要无法满足、健康成长受到威胁，也造成厌学、辍学等风险的增加，这也影响农村基础教育发展。

二、山区基础教育发展中的政策调适

如果说山区（或农村）学校布局调整的目的是为了基础教育的和谐发展，那么，分析、总结既有布局调整政策实践经验，或许可以帮助我们认识以往政策调适的方式、作用或局限，进而探讨山区（或农村）基础教育和谐发展的路径问题。

在学校日益向乡村扩散或实现文字下乡的过程中，国家在严重受制于公共财政能力和公共行政能力的同时，还面临着庞大的不识字人群和几乎还没有成型的现代国民教育体系；所以，农村基础教育发展在较大程度上主要是依赖于基层社会和民间力量，在较大程度上只能是因时制宜、因地制宜地利用地方条件办学，也就是宽容社会文化的多样性、差异性，以及基础教育发展水平的参差性。比如前文提到的私塾、教会学校与国民学校等并存的局面，在宽容和利用民间资源和社会力量时，乡村基础教育的秩序表现为某种混乱状态或多样化特征。[①] 但是，如果从教会学校在彝族、苗族聚居村寨的成功办学和深远影响等方面来看，也提示了基础教育发展更为严重地依赖于家庭、社区、社会文化与地方社会制度的积极支持，如果能积极利用这些条件，既可以节约办学、管理和运作等成本，也可以更好地实现基础教育的发展与普及。另外，在 20 世纪 50 年代中期以后的农村基础教育发展实践中，鼓励地方办学、多种形式办学，以及教育秩序中

① 不可否认，也不容忽视，这其中存在教育主权被教会利用和窃取的等问题。

呈现出的多样性或某种凌乱性，[①] 其实也是为积极利用民间资源和社会力量办学，为解决庞大数量的儿童入学，为缓解农村小学毕业生的升学问题等而进行的探索、尝试与实践。

在撤并与扩散相结合的农村学校布局调整实践中，也尊重和利用了多样和差异等特性，在秩序化与多元性之间寻求着某种平衡，以促进农村基础教育和谐发展。秩序化体现为公共行政能力、社会政策能力的逐步增强，对布局调整政策及手段进行选择性的运用，通过加强和扶持山区学校与民族学校，逐步规范其运行与发展，提升办学的质量与水平。多样化发展则体现为，充分尊重和结合山区、边远地区、分散地区和民族地区的特点和实际，努力促进农村基础教育的发展与普及，而不是简单模仿某种办学模式，或向某种模式看齐或靠拢，或者用某种规模标准去衡量农村校点存在的合理性与合法性。

但从某种意义上讲，单向度的集中办学和撤点并校运动，以经济效率优先和规模经济诉求等为基本预设与目标追求的撤并风潮，其实是在公共财政压力（抑或是公共财政能力与公共行政能力逐步增强条件）下的某种简单化的基础教育秩序建构方式。在不太顾及多样性、差异性和发展水平参差性的时候，如果一刀切的撤点并校运动要获得成功，并实现提升农村基础教育发展水平与质量的目的，除非是有几乎不受限制的资源作为支撑，或者是有源源不断的资源可以补充进来，进而可以强力建构统一的基础教育模式与秩序，并兼顾到农村基础教育的公平性可及。这些资源可能要包括以下方面：配备良好的校车接送系统，保证需要接送的学生都得到接送。如果要让大量的山区（或农村）学童从学前班开始就寄宿学校，在离开父母、家庭、熟悉的文化环境和族群环境的情况下，可以获得基本相似的中间需要和健康成长条件，即学校承担起了亲情关怀、健康成长的多种责任，那么，理想化的秩序建构也许是可以达到的。但是，在财政压力、人事编制、经济效率和规模经济等的多重限制下，撤并后的学校管理

① 在某种意义上讲，相对于统一秩序的多样性被视为凌乱、混乱与不可容忍，这是现代性的某种基本特质。亦即“如果现代性是关于秩序的生产，那么矛盾性则是现代性的弃物”。[英]鲍曼：《现代性与矛盾性》，邵迎生译，商务印书馆 2003 年版，第 24 页。

与学生服务，其实并不可能这么迅速地得到提升。对于那些被抽离出自己熟悉的文化与环境，并从学前班就要寄宿学校、自理生活与应对闲暇的学童而言，意味着是将在社会文化脉络中才得以实现的基础教育被简化为教师、课堂、学生、宿舍加食堂。这不仅增加了学校管理难度和校园安全事故，对学生的身心健康成长其实也有不利影响，甚至还引起低龄段寄宿学生的厌学和辍学等问题。这些其实并不利于农村基础教育发展。

如果说基础教育是人人都应该接受的最低限度的教育，是在社会中生存和发展所必需的最低限甩度的教育，也是为进一步学习和深造奠定基础、能力和习惯的学校教育。那么，从个体层面来看，基础教育是提升个人的行动能力和参与能力，进而是拓展人的可行能力和交往空间所不可缺少的学校教育，也是社会政策需要着力保障的公民的基本社会权利。再从宏观层面来看，无论是国家推进的城市化和现代化战略，还是促进经济发展和社会有序，其实都离不开人和人的能力的不断提升，离不开基础教育对人的发展的良好奠基。要促进农村经济发展和社会有序，要逐步让农民进城，都离不开人的基本素质与行动能力的提升。所以，在后撤并时代，通过政策调适或政策创新来助推农村学校布局调整与基础教育和谐发展，依然任重而道远。

三、山区学校布局调整与基础教育和谐发展

从前面的分析中可见，农村学校布局调整对于基础教育发展，既可以起积极的促进作用，也可能出现制约发展的非预期后果，甚至是引起新的社会问题和矛盾冲突，即社会政策实践与基础教育发展发生了矛盾和冲突。如果追问这种矛盾与冲突的根源，那么，理想计划超越了客观存在和发展水平，理想秩序与现实秩序之间的距离还太远，现行政策和发展模式还不足以解决或弥补这种差距，所以导致了矛盾冲突的凸显。换言之，在现实秩序与理想秩序矛盾与冲突的表象之下，我们可以看到，现行的农村学童减少，主要并不是工业化、城市化和现代化等经济社会进程带动下的人口自然迁移和农村学龄儿童减少，而是未富先老、人口结构突变、乡村婚姻困难、农村光棍增多等多种因素导致了适龄学童变少。如果要让山区学童从学前班开始就寄宿在城镇学校，获得更好的教育教学服务，实现城

乡基础教育的均衡发展和起点公平，那么，仅仅有简单的“被转移”和“被进城”，也许是远远不够的，还需要相关的辅助条件和专业人士。但在现行的社会政策实践中，受制于公共财政状况、人事编制、经济效率和规模经济等方面的硬约束，这些辅助条件与专业人士其实是不可能得到配备。那么，在这种城乡基础教育均衡发展理想路径根本无法实现的情况之下，探索其他更为经济和可行的实践路径，就成了某种紧迫的现实需要。由此，如果是因地制宜、因时制宜地推进撤点并校，尊重并利用既有基础教育秩序的多样性和差异性，在适合撤并并有必要合并的地方大力推进合并，在规模扩大的同时，配备相关辅助人员和专业人士（如后勤管理与服务人员，心理辅导与咨询专家，学校社会工作者等），即在基础教育发展中充分考虑以往不需要（或缺失）的因素，加入积极的和必要的辅助力量。如果这样，在扩大规模、节约成本、规模效益和提升质量之间，就可能会得到更好的实现。换言之，如果说广大农村儿童在实现有学上之后的紧迫需求是如何上好学，那么，从某种意义上讲，农村学校布局调整可以成为教育教学质量提升的某种机遇或契机，即规模效益（包括了教育、经济、社会和政治等效益）的真正实现，可以在政策原则与目的既定的情况下实现某种区别对待，为有差别地对待一些小规模学校开辟了道路与可能。即在撤并中不仅提升了质量与水平，还节省了人力和财力支出，从而为一些确有保留必要的农村校点提供了机会，为其更好地发展提供了可能与空间。而如果在确有必要保留并将会长期保留的地方维持已有的校点，那么，不仅可以利用地方资源进行经济运作，在得到规模效益溢出效应支持的情况下，不仅保证了一些学童的就近入学权利和基础教育公平可及，还可以助推农村基础教育和谐发展。这就是，适合撤并并有必要撤并，则撤并之；不适合和不必要，则保留之。如果反之，在无力配备相关设施条件、辅助人员、专业人士和创新发展理念与提升管理水平的情况下，仅仅为着减少公共财政支出，极力追求规模经济或效率优先，罔顾社会文化的多样性和教育发展水平的差异性而极力推进理想化的农村基础教育秩序建构，依赖于或迷信于一经撤并就能助推发展、提升质量、实现规模效益，那么，在危害农村基础教育的公平可及、起点公平、均衡发展和可持续发展的同时，还可能会在不同情况下不同程度地凸显与加剧社会矛盾，甚至是引发社会冲突。

在什么情况下会产生和加剧矛盾冲突呢？在农村学童上学变远、变难、变险和变贵的情况下，如果理想承诺与实践结果反差较大，那么矛盾就已经产生。比如农民家庭为了孩子上学已经付出和受累了不少，但学生成绩依然不佳，还不如在村寨小学时的学业情况。厌学与辍学问题的发生，会导致家长与学校、教师之间的矛盾冲突加剧。如果在某些矛盾纠纷与不公正的待遇中还遭受着现实的经济压力，甚至交织着严重的剥夺感、受挫感、屈辱感和受辱感，那么一旦有了导火线，矛盾和冲突就可能迅速爆发，甚至是快速升级。

所以，实现农村学校布局调整与基础教育和谐发展，不能只是紧盯经济效率和规模经济，还要关注社会效益和政治效益。进而言之，借助教育社会政策建构农村基础教育秩序，不应该只是就提高教学水平而谈教育，或者是将基础教育还原为几个简单的要素，因为，教育社会政策的基点应该是立足于人、教育和人的全面发展，所以，在政策推行和服务提供中，也要关注人间冷暖、人的需要、百姓心声和民心取向。这样，才可能更好地汇聚起兴办人民教育的强大合力。

结 语

回顾前面的工作，我们在社会政策学视角下，以滇中地区的一个彝苗汉族聚居山区为个案，在历时性的学校布局调整中，探讨学校布局调整之于山区基础教育发展与实现的影响，围绕多民族山区基础教育发展进行了展开。我们借助描述、分析和批判等手段，对山区基础教育是什么、山区学校教育如何运作发展，山区学校布局调整的类型、功能与局限，即学校布局调整之于山区基础教育发展的功能与局限，以及教育社会政策的理想追求与限度问题等进行了分析探讨。而在这些局限的后面，其实是多民族山区经济社会文化体系的现实制约，以及相关社会科学知识的思维和认识等局限问题；所以，我们随后展示了山区基础教育发展中的常识及其意义；进而分析、揭示和反思学校布局调整政策实践后面的秩序观和发展观。由此，我们揭示出撤点并校的逻辑，并基于社会文化脉络中的山区基础教育发展的理解，提出了基于人的全面发展的教育社会政策创新思路。

在完成这些工作的同时，如果说我们已经呈现出了学校布局调整与山区基础教育发展之间的某种逻辑，即在学校从城镇向乡村扩散以及扩散与撤并相结合的过程中，由于国家（政府）的公共财政能力和公共行政能力的现实限制，在推进山区基础教育发展的过程中，是在自觉不自觉地、主动地或被迫地尊重、宽容和利用着差异性和多样性，借助多样化的农村学校形式和基础教育秩序，推进农村基础教育发展。那么，在农村税费改革完成之后，随着农村义务教育的财政体制和行政体制的调整，免费义务教育政策的实施和覆盖城乡的公共财政制度的建立，山区（或农村）学校布局调整开启了从乡村向城镇集中的单向度的撤点并校模式（这可以视为因农村税费改革导致基础教育的经费困难而做出的理性选择。当然，如果从社会政策解决社会问题、满足人类需要和重构社会秩序的首要前提——可能性与可行性——来看，也可以视为现代民族国家的公共财政能力、公共行政能力和社会秩序建构能力增强，以及现代性社会工程企图通过消除差异性与矛盾性，实现统一的社会秩序建构，或者是前面两种情况的复杂交织)。随着公共财政能力、公共行政能力和建构社会秩序能力的增强，在基础教育的行政与实践领域，以集中办学、经济效率和规模经济等考量优先的发展路径主导了山区（或农村）基础教育发展的政策实践，对农村的学校形式和教育秩序的多样性和差异性基本失去了兴趣，而标准化、统一性或齐一性的农村学校形式和基础教育秩序，成为基础教育社会政策的主要诉求。但是，因受制于公共财政资源和人事编制的硬约束，以及效率优先和规模经济的行政考量，理想的教育秩序建构被大打折扣，这种政策实践的结果，对改善分散地区、高寒山区、边远地区、边缘地区和少数民族聚居地区基础教育的均衡发展、起点公平和基本公共服务均等化，并没有起到积极的助推作用，而是产生了某些负面影响。

如何解释这种逻辑或者悖论呢？结合田野工作和研究分析，笔者认为，是农村税费改革和农村学校布局调整专项资金导致了前述几类地区的基础教育衰落，助推着农村学校规模小—教育质量差—经济效益低的自证预言，由此得出城镇学校规模大—办学水平高—经济效益高的逻辑推论，以及极力扩大农村地区规模办学的政策实践。而推进集中办学、提升规模经济，又导致了对前述地区学校的过度撤并，而对山区（或农村）基础教育发展的认识也出现了还原论（或窄化）的理解，把社会文化脉络中的山区（或农村）基础教育等同于教师、课堂加学生，或者在此基础上再加上宿舍和食堂，导致了对山区（或农村）教育秩序的过度建构或简化设计，由此引发了相关的教育社会问题和社会公平问题。所以，要切实实现这类农村地区基础教育的均衡发展、起点公平和基本公共服务均等化，还得从发展水平、社会秩序和人类文化的参差性、差异性和多样性出发，基于人的本质和教育的本质去创新教育社会政策的思路和实践。

一、税费改革、专项资金与自证预言

旨在从源头上、切实地减轻农民负担的农村税费改革，开始于2000年3月2日中共中央和国务院下发的农村税费改革试点工作通知，此项改革在废除农业税的同时，也取消了乡统筹费和村提留。而农村义务教育集资等专门面向农民征收的行政事业性收费也属于取消的对象，为了适应农村税费改革的需要，还要求适当合并乡村学校，整顿、压缩乡村教师队伍。到2001年3月20日，教育部和财政部联合下发《关于报送中小学布局结构调整规划的通知》，要求将农村学校布局调整与科教兴国战略、普及九年义制务教育、优化农村基础教育资源配置和提高办学效益等结合起来，为了更好地适应农村税费改革的要求，还将调整村小和教学点作为工作重点，把发展乡镇示范性中心小学作为突破口。2001年3月24日，《国务院关于进一步做好农村税费改革试点工作的通知》要求：必须相应改革农村义务教育管理体制，改变过去由乡级政府和当地农民集资办学的体制，改为由县级政府举办和管理农村义务教育，这就要求将农村义务教育经费纳入县级财政，农村基础教育的财政统筹和行政权限也随之上移至县。

但是，在县级教育财政没能迅速建立和增加的情况下，突然减少了乡统筹和农村教育集资，这对县级财政（尤其是西部地区的农业县）无疑是一大挑战。所以，进一步优化基础教育资源配置、合理布局调整农村校点和提高办学效益，就演化成为大规模撤并农村校点，坚决辞退代课教师、编制外的非教学人员和工勤人员等行动。由此，伴随着农村税费改革而起，无论是在财政压力推促之下、还是之后在城镇化冲动主导之下的山区（或农村）学校撤并运动，主要还是经济效率导向或节省公共支出的财政经济逻辑使然。[①] 换言之，农村税费改革开启了大规模撤并农村校点的社会政策实践。如果结合学校数量的变化，可以进一步看清农村学校布局调整政策所产生的重要影响，在1998年到2000年间，全国小学阶段学校数

① “逻辑”在这里是作一种狭义的理解和运用，即形式推理之学或者形式逻辑，因为它不一定去关心或者根本就不关心事件的实在基础，而只关心其某种认识基础而已。结合农村税费负担沉重和启动改革以及大规模撤点并校运动的选择性亲和，或者可以说成是某种财政逻辑的倒逼。如果进一步追问多民族山区撤点并校的政策理想目标应该是什么？然而其实际运行的意外后果又是个什么样子？这之间的认识基础与实在基础有何区别？哪些信息基础被忽略或者被遮蔽掉了？财政逻辑判断本身对于哪些问题不会给予考虑？而仅仅关注或者主要关注基于某种合理逻辑（集中办学、效率优先、规模经济等）的“正确性”和“无矛盾性”。参见［德］卡西尔：《人文科学的逻辑》，关之尹译，上海译文出版社2004年版，第16—17、133页；［德］韦伯：《社会科学方法论》，韩水法等译，中央编译出版社1998年版，第143、177页。

量分别是609626所、582291所和553622所，逐年分别减少了27335所和28669所；在2001年和2002年分别是491273所和456903所，逐年分别减少了62349所和34370所。[①] 其中，被撤并的又主要是农村校点。[②] 虽然地方政府在之前也进行着自发合并，但撤并力度相对较小，就是说，撤并校点的宏观政策起到了较强的助推作用。

为推进农村学校布局调整工作，财政部于2001年6月19日印发《中小学布局调整专项资金及项目管理暂行办法》，由中央财政安排专项资金支持和鼓励地方政府推进农村中小学布局调整工作，并明确规定该资金只能用于规范化、标准化和示范性的农村学校改扩建和设备购置，实行择优扶持等原则。2002年，又对该暂行办法进行了修订。2003年6月11日财政部印发的《中小学布局调整专项资金管理办法》，重申和明晰专项资金只能用于规范化、标准化、辐射性和示范性农村中小学的改扩建、教学用图书和仪器设备购置，不得用于偿还债务或其他用途。布局调整政策和专项资金使用规定不仅助推着地方政府的撤并运动，同时还导致一些规模较小但确有保留必要的山区（或农村）学校处于极为不利的生存处境。由于这类学校既不具备规范化、标准化、辐射性和示范性的特征，也不符合集中办学和规模经济的要求，因而得不到任何专项资金的支持。[③] 它们在既得不到政府部门支持，也得不到其他民间资源支持的境况下，甚至还因为不受重视而缺乏合适的师资配备和有效的学校管理，所以导致了学校管理不善、学校运作困难和教育教学水平的严重下滑。与其他学校的锦上添

① 数据来源：《中国统计年鉴·1999》，中国统计出版社1999年版，第637页；《中国统计年鉴·2010》，中国统计出版社2010年版，第752页。

② 吴亚林：《义务教育学校布局：10年来的政策回顾与思考》，《教育与经济》2011年第2期。邬志辉、史中宁：《农村学校布局调整的十年走势与政策议题》，《教育研究》2011年第7期。

③ 有不少学者的研究也注意到，"专项资金"和"项目治国"等作为统合中央、地方和基层的国家治理方式或管理体制，由于种种原因，其政策措施可能并没有上级所预期的效率，甚至出现了一些意外后果，如项目资金难以到达农村基层，导致中央政策和国家意图被歪曲，助长项目包装行为等问题。参见周飞舟：《财政资金的专项化及其问题——兼论"项目治国"》，《社会》2012年第1期；张良：《"项目治国"的成效与限度——以国家公共文化服务体系示范区（项目）为分析对象》，《人文杂志》2013年第1期；冯猛：《后农业税费时代乡镇政府的项目包装行为——以东北特拉河镇为例》，《社会》2009年第4期。

花、规模大—质量好—效益高相比，[①] 这类被忽视的校点则与所谓的规模小—质量差—效益低画上了等号，而这其实是农村学校布局调整政策实践、规模经济与规模效益预设，以及农村学校布局调整专项资金择优扶持等，共同导致了规模小—质量差—效益低变成了社会现实，即一种自证预言过程。由此，规模小—质量差—效益低的污名，又进一步推动了集中办学和规模经济追求，加剧了撤点并校运动。换言之，由于农村学校布局调整专项资金使用的范围限定和规范要求，山区（或农村）小规模校点在资金、师资、设备、校舍等方面日益得不到支持，导致办学质量下滑、生源流失和规模不足，进而愈益衰败和落伍，又由于它们规模小、质量差和效益低，所以，必须被撤并。而在获得多种资金支持的示范性学校，在规模扩大和集中办学的同时，不仅是硬件改善、班级增多和班额增大，也是相应的人力、物力和财力的积聚。这种差距的形成，虽然绝非由单一的规模因素所决定，但在规模经济的某种解读中，不仅实现了对小规模校点的污名化过程，而且也是自证预言过程，最终又为撤点并校运动提供了必要、合理、合法与有力的论证。进而，在把撤并运动与规模效益、质量提升、均衡发展等混乱地捏合在一起进行表述、宣传和阐释时，经常就忽略了过度撤并问题，甚至还给山区（或农村）学校布局不合理引发的突出问题戴上了某种防卫性的道德面纱。

二、集中办学、规模效益与过度撤并

如果说农村学校布局调整是适应经济社会发展、教育教学水平和人才培养水平提升、城乡基础教育均衡发展和起点公平等需要而进行的主动变革和积极调整，在本质上是对农村基础教育秩序的新建构；那么，农村学校布局调整的实践类型应该包括以下三种方式：扩散型，集中型，以及扩散与集中相结合型（在总体扩散的趋势下存在着局部地区的集中）。一般说来，在基础教育发展需要向广大农村或山区延伸和普及的过程中，主要

---

① 显然，在那些规模迅速扩大和集中化办学的校点，人力、物力和财力也相应地积聚起来。对于那些规模小和班额小的农村校点，不仅是财力和物力偏弱乃至是奇缺，教师编制也明显地偏少，师资条件也很薄弱。其冠冕堂皇的借口就是农村校点的班额小，不需要那么多人（教师）。参见袁桂林：《中国农村教育发展问题》，《社会科学论坛》2013 年第 3 期。

是以扩散或扩散与集中相结合的方式进行学校布局调整；而在工业化和城市化等进程中，随着农村人口的自然迁徙或减少，并日益向工业地区和城市地区聚集，一些乡村学校就会逐步被撤销或合并，形成以减少农村校点数量、集中办学为主的基础教育发展态势。当然，在以集中办学为主的发展趋势下，并不意味着可以无限制地扩大校点规模，取消所有的小规模学校，建设整齐划一的规范化学校。换言之，在农村学校布局调整过程中，校区合并、撤点并校和集中办学，是一种正常社会现象，也是受基础教育发展规律制约的社会政策实践。

在农村学校布局调整过程中，通过撤并规模较小的学校，从总体上减少农村学校数量，推进集中办学程度，扩大学校办学规模，实现规模效益——达到规模经济、经济效益和社会效益等多种效果的良好叠加，即在既有的校舍条件、教育教学和管理服务水平之下，在降低生均公共财政支出的情况下，还培育了更多和更优的人才。同时，学校还有效地实现了投入产出、消耗成果、费用效用三种比例的提高；这是集中办学和规模效益之间的一种理想状态或可能关系。但是，规模效益作为工业经济领域的一种理论预设也在提醒我们，在生产规模扩大的同时，还存在着另外一种可能性，即规模不经济或者说内在不经济，即因为规模扩大导致的协调困难、管理不善、成本上升、质量下滑和缺乏效率等问题。也就是说，在企业生产经营规模与经济效益之间存在着相关关系，即任何的生产经营都面临着适度规模议题或规模限度问题；在既有条件下将生产经营规模扩大，可能产生规模经济效应，也可能导致规模不经济。那么，在农村学校撤并运动之中，通过改建、扩建或新建一些学校，闲置、废弃另外一些建好的学校，通过扩大班级规模和学校规模，将一些农村学生集中到某些学校，在既有的教育教学和管理服务条件之下，第一，面临的是学生成分变得复杂，学生水平参差不齐，教学、管理和服务难度增加。第二，相应的协调管理难度增加，管理人员和管理成本也需要随之增加。第三，以培育人才为目的的基础教育活动与工业化的生产经营活动也有着较大的不同，它的对象是存在着差异性、参差性和多样性的低龄化人群，而这类人的成长需要比较多的亲情关怀、精神情感、本体安全和社会信任等方面的支持，这对于绝大多数的山区撤并校而言，其实难以有效去满足这些中间需要。第四，基础教育也依赖于家庭教育、社会教育和熟悉的社会文化环境等要素的积极支持，这些对于低龄段的学生，更是不可或缺。第五，如果没有相关管理和服务的跟进，对于广大的寄宿生而言，他们的基础教育就被窄化成了教室、宿舍和食堂，不利于学生的健康成长；而寄宿产生的恐惧、无聊、寂寞和煎熬，在没有适当支持系统和辅导工作帮助的情况下，还会导致厌学情绪和辍学情形。因而，在基础教育阶段借助集中办学形式实现人才培育目的和规模效益的兼得，可能需要增加相应的辅助人员和相关的专业人士，但这与规模经济相悖，也与控制人事编制相违。

所以，在居住分散地区、高寒山区、边远地区、边缘地区和少数民族聚居地区，由于自然地理条件、族群差异和社会文化多样性等的现实制约，过于关注节约成本而忽视基础教育发展中的公平性、可及性和可持续性，一味地宣扬和推进集中办学和规模经济，漠视经济社会文化等条件，不仅是在社会政策、理论思维和实践效果方面存在着较大局限性，也不利于城乡基础教育起点公平、均衡发展和基本公共服务均等化等目标的真正实现。进而言之，农村基础教育这一最为基本的公共服务，首要的前提应该是公平地可及，其次才是努力寻求水平与质量的提高，没有前者，哪来的后者？如果只愿看规模经济两层含义中的正面关系，不看其负面关系；那么，以经济效率为圭臬，以市场化或产业化为导向去推动农村基础教育发展，片面追求集中办学和规模经济，就会导致一刀切地建构理想教育秩序，导致过度撤并。由此，基于人的全面发展的教育社会政策，其原则和目的应该坚守不变，但政策细节应该灵活调整，在适合集中并有必要的地方，应该加大力度；在不适合撤并并确有必要保留的地方，应该差别对待和灵活处理。

三、社会文化脉络中的山区基础教育

教育作为一种培育人才的专门性社会实践活动，是在一定的社会文化脉络中得以实现的，而基础教育尤其如此，如果从社会政策学的角度对山区基础教育的发展与实现进行审视和解读，那么，至少应该包括以下三个方面：

第一，教育活动除了具有社会控制功能外，更为本质的功能是通过文化传承促进人的全面发展与实质自由，借助文化、知识、技能与智慧，自由地选择、处理、运用和驾驭知识，提升与拓展人的生产生活、社会行动、交往能力和活动空间，为推动经济发展、福祉改善和社会有序服务。但是，要培养出具有持续发展、良好学习习惯、持续学习能力，具有适应与应变能力，以及积极行动能力的人，需要积极关照人的生理和心理发展规律。而这些发展，在基础教育的早期阶段，总是与人所生活的特定社会时间和社会空间相连，这些发展甚至更多地是由家庭、社区、熟悉的社会文化环境、同伴群体等协同完成的。而学校教育活动仅仅只是其中的一个因素，而非其全部。换言之，在基础教育的早期阶段，人才培育和人的发展更是多种因素共同作用的结果，这不仅是现实，更是常识，具有重要意义。如果说是多种主体参与和完成了教育培养活动，那么，家庭、亲人和熟悉的社会文化环境，则是儿童健康成长中的很重要的一环，其奠基性或支撑性作用不容忽视。当然了，家庭的重要性在不同年龄段会有所差别，在婴幼、儿童和少年等阶段，对家庭和本体性安全感的需要和依赖程度也有区别。伴随着人的成长，个体的生活能力、调适能力、学习能力、自理自立自律能力、注意力、集中时间学习能力等也逐步发展。而随着对外界了解的增进、掌控外界的能力和信心的发展，以及本体性安全感的逐步扩展，对家庭的依赖也在逐步减小。随着自理自律自立能力的提升、学习能力的发展，学习时间也逐步增加甚或填满了大部分生活，而游戏、娱乐时间则随之逐步减少。由此，当以集中办学、规模经济、提升质量、均衡发展和起点公平等目标，把山区校点撤并后，把山区学童从学前班开始就集中到离家很远的校点寄宿学习，局限于狭小的校园围墙之内，一待就是十天，在没有相应基础设施、辅导人员和专业人员支持的情况下，要他们自动或自然地学会调适、适应和自理自律自立时，让他们从五六岁开始就做个小大人时，我们是否忽略了他们的一些中间需要，是否也忽视了儿童成长的身心规律。而这种简单的抽离机制，从恐惧、不安、不适应等问题到厌学、逃学和辍学等现象的反弹中，我们需要重视这类学童的身心需求与健康成长。

第二，基础教育作为一种社会现象，是在特定制度、法律和政策指引之下而进行的社会实践活动，是现代民族国家为了经济发展和社会有序而为国民提供的一种基本公共服务，是公民社会权利中受教育权的具体落实。但与此同时，基础教育也是一种消费性服务，不仅在国家公共财政层面需要支出，而且在个人和家庭层面也有着不同程度的支出。质言之，这种基本公共服务不仅要考虑到民众的现实需要，还要权衡民众的实际承受能力，提供的基点应该是公平与可及。如果山区基础教育发展取向主要以规模经济、经济效率为圭臬，以市场化、产业化方式把山区学校简单撤并，在城镇边缘改建、扩建或新建示范性的大规模学校，仅有外观的模仿而没有基础教育的理念、管理与服务水平的实质性提升，仅以器物现代化代替文化现代化，对山区（或农村）基础教育发展与实现进行某种还原化的理解。这对促进城乡基础教育的起点公平和均衡发展，可能并没有实质意义，有时还会影响到基础教育的公平与可及，进而损害均衡发展目标，危害山区（或农村）社会对基础教育的基本需求，也由于不可及而影响到起点公平。

第三，作为社会政策实践领域之一的基础教育政策，不仅仅是国家有目的、有计划和有组织地培育社会所需人才的活动，也是体现了某种政治价值和道德基础，是社会化和制度化的实践活动，是各级政府的基本公共服务职责之一，而绝不是政党、政府、行政部门的施舍和恩惠，令接受者感恩戴德或蒙受某种耻辱，而是政府赋予公民的法定的和应得的权利与福利，是提升人的可行能力、社会参与能力、人的可持续发展和全面发展的重要保障，能否平等地实现这种基本权利，不仅是基础教育均衡发展问题，也涉及社会公平正义问题，甚至还是关系或影响经济发展和社会有序的一个重要因素。所以，在借助学校布局调整政策推进山区（或农村）基础教育均衡发展的实践中，还有更多的实践路径可以探讨。如果通过配备免费便捷的校车接送系统，使山区（或农村）学童安全地往返于家校之间，那么，这是一种比较理想的撤并状况。如果是为了完成撤并目标，仅有校车接送的口头承诺，实际无力长期维系，但又要求学童到更远的地方就读，并从学前班就开始寄宿学校，又没有相应的辅助设施、辅导人员和专业人士，不考虑学童的身心成长需求，仅仅是口头承诺让山区（或农村）学童获得更好的教育教学条件和成长环境，那么，在山区（或农村）家庭付出了更多的经济、精神与安全等代价之后，一旦所获得的教育教学结果与口头承诺之间不一致时，甚至实际的教育教学结果还不如在山区（或农村）学校时的情形，再或者是导致意外与伤害事故发生时，就不仅是个农民灰心失望和公众信任流失的问题，甚至是群体性事件的爆发。

所以，从社会政策学的视野来看，社会文化脉络中的山区（或农村）基础教育发展与实现问题，不仅要关注地方性文化体系（常识），还要关注社会政策的思维方式、社会理论根源或主流文化体系，在二者的反观与审视中实现某种良性对话，而“对话的本质并非是用一种观点来反对另一种观点，也不是将一种观点强加于另一种观点之上，而是改变双方的观点，达到一种新的视界”。[①] 从而，为迈向一种基于人的全面发展的教育社会政策提供理论基础和想象空间。

四、基于人的全面发展的教育社会政策

在基础教育发展过程中，借助社会政策手段推进学校布局调整，通过优化基础教育资源配置，促进城乡基础教育的均衡发展、质量提升和起点公平，促进城乡基础教育这一基本公共服务的均等化，这是基础教育社会政策追求的理想目标。如果结合发达国家的基础教育政策实践，其宏观背景是工业化、城市化和现代化等多种因素导致的农村人口和农村学龄儿童自然减少，出现了合并重组农村校区的现实要求，但就是在这样的经济社会背景下，一旦学校布局调整的速度和力度超越了农村基础教育发展需要，也会出现相应的教育社会问题和社会公平正义问题，并影响到农村基础教育的良性发展。与此不同，在另一种情况下，即在财政经济压力下被迫削减教育财政支出、进行结构调整，以规模经济与经济效率目标优先，以市场化与产业化方式运作基础教育发展，基础教育基本公共服务的公平和可及，则退居其次，或基本被忽视与漠视，这就会凸显教育社会问题和社会公平正义问题。换言之，农村学校布局调整的理想目标和实践追求是促进城乡基础教育的均衡发展、质量提升和起点公平，而非反之。但是，当社会政策目标超越了社会存在和现实需要，就不仅会发生目标错位和目标漂移的问题，还会产生非预期后果与意外后果，进而危害到城乡基础教

① ［美］格里芬主编：《后现代精神》，王成兵译，中央编译出版社 2011 年版，第 7 页。

育的公平可及、起点公平与和谐发展。

回到中国社会语境中来，在基本普及基础教育之前，农村学校布局调整（包括多民族山区）的大趋势是扩散、扩散与撤并相结合，进入 21 世纪后，随着农村税费改革的完成，以县为主的农村义务教育财政体制和管理体制的实施，农村学校布局调整开启了单向度地向城镇集中的撤点并校运动过程，规模较小的校点迅速减少，乃至消失。改革开放以来，中国的经济社会发展迅速，工业化、城市化和现代化取得了明显成效；但是，这三化主要还是集中于东部发达地区、其他平原地区，或者说是广大的城市地区。而在广大的西部地区，尤其是西部的多民族山区，这三化几乎还没有起步。所以，在分析后述地区的基础教育发展与实现问题时，如果还是搬用从发达国家舶来，在某些发达地区基本可用的理论与预设，是不切合实际的。而以这种主流的话语体系作为西部山区基础教育发展与实现的社会政策依据，几乎不会去考虑多元均等路径或创新实践路径，也不利于提升山区基础教育的质量与水平。

基于此，如果说基础教育是为人的终身发展和幸福人生而施加的奠基性教育，在传授基本的知识与技能外，更要形成应对环境、自我、他人和社会的积极态度；以及良好习惯的养成，学习动力的持续，亮丽心灵的培育，幸福人生的向往，也同等重要，甚至是更加重要。那么，在广大农村地区解决了有学上并逐步向上好学迈进的过程中，提升城乡基础教育均衡发展和均等化水平，促进山区基础教育的起点公平，无疑也就成了新时期基础教育社会政策的重要目标。由此，借助社会政策手段对农村学校进行布局调整，以更好地实现基础教育均衡发展目标，也就是顺理成章的事情。但是，对山区学校的布局调整也可以有多种选择，在适合撤并并有必要合并的地方，当然是应该坚决地推进合并，但必须是为着促进基础教育发展和人的全面发展这一基本目标，而不是简单的效率优先、规模经济至上。如果偏离了教育发展和人的发展目标，其危害的就可能不只是基础教育发展，而是人的发展、人生幸福，乃至经济发展和社会有序。

所以，如果在集中办学和规模经济追求中，将减少公共财政支出、提升经济效率目标转变成了教育政策的根本原则和终极目的，将社会文化脉络中的学校教育简化为教师、课堂加学生，或者外加食堂和宿舍，忽视基础教育对家庭和社区等的重要依赖性，那么，这不仅是对教育概念的窄化，对人作为关系性存在的否定与漠视，从而也会漠视或否认寄宿生的中间需要，进而任意将学童从其熟悉的社会关系和文化场域中转移或抽离出来，在缺失相关支持体系的情况下，让学童自己去适应陌生的环境与新的交往关系。而后者，其实就是为了某种秩序建构的需要，虽然这还不能说成是对需要的专制，但可以说是对某些人的需要的任意规定和简单设计。虽然社会政策可以借助社会行动，解决社会问题，满足人类需要，缓解社会矛盾，提升人类福祉。但是，理想的社会政策目标的有效实现，其实脱逃不了人类社会生活与文化场域，所以，社会行动设计应该是尽可能地从社会内部、内化于社会，利用现有文化体系或社会资源，而非简单地从外部强加于社会。如此，不仅可以降低政策执行成本，也可以发挥多方面的社会合力，更好实现目标。进而言之，在社会政策日益关心和满足人类需要，在谈论和宣传理想目标后，更加重要的是能够切实落实。

同时，教育的基点是人，教育活动所要追求的本质目的是人的全面发展，而非仅仅达成其他的工具性目标。因为，学校教育如果仅发挥社会控制、文化传承、知识技能传授等功能，是远远不够的。从某种意义上说，如果学校教育缺失了某种超越性的目的，可能会连传授基本知识技能的工具性目标也难以有效地达成。进而言之，如果基于人的基点和人的全面发展目的，学校教育的功能就不应该仅限于文化知识和技术技能的传授，在增进人的行动能力、生活能力和生活素质等方面也应该发挥积极功能。也就是说，拥有知识与技能只是通往智慧的某种条件，具备了选择、处理、掌控和应用知识的能力，才能形成真正的智慧，提升判断能力和掌控能力，提升行动的能力、空间与自由，增进理解生活和追求生活的智慧，借助智慧积极迎接来自生活的挑战，并以创造性的生存方式应对生活挑战，面向未来生活，过一种充满学问、智慧与想象力的生活。

由此，后撤并时代的教育社会政策创新，无论是为着城乡基础教育均衡发展、教育教学质量提升，还是助推教育起点公平、教育基本公共服务均等化，在政策的原则与目的既定的情况下，不仅要关心权利获得认可的形式逻辑以及所采取的社会行动（即福利），还要关注社会问题的实际解决状况、人类需求的实际满足状况和目标群体生存状态的改善状况（即福祉），聚焦于福利行动达成的福祉状态，即人民群众从政策过程中获得切实的帮助与改善。因为，这样的政策理念、政策思维和社会行动，是为着人民群众更多的获得感与幸福感，为着增强发展动力和增进人民团结而奋力前行的。所以，这不仅可以助推统筹城乡义务教育一体化改革发展，为同步全面建成小康社会奠定教育基础，还可以促进社会有序和谐。

附录：国务院办公厅关于规范农村义务教育学校布局调整的意见

国务院办公厅关于规范农村义务教育学校布局调整的意见

国办发〔2012〕48号

省、自治区、直辖市人民政府，国务院各部委、各直属机构：

随着我国进城务工人员随迁子女逐年增加、农村人口出生率持续降低，农村学龄人口不断下降，各地对农村义务教育学校进行了布局调整和撤并，改善了办学条件，优化了教师队伍配置，提高了办学效益和办学质量。但同时，农村义务教育学校大幅减少，导致部分学生上学路途变远、交通安全隐患增加，学生家庭经济负担加重，并带来农村寄宿制学校不足、一些城镇学校班额过大等问题。有的地方在学校撤并过程中，规划方案不完善，操作程序不规范，保障措施不到位，影响了农村教育的健康发展。为进一步规范农村义务教育学校布局调整，努力办好人民满意的教育，经国务院同意，现提出如下意见。

一、农村义务教育学校布局的总体要求

保障适龄儿童少年就近入学是义务教育法的规定，是政府的法定责任，是基本公共服务的重要内容。农村义务教育学校布局，要适应城镇化深入发展和社会主义新农村建设的新形势，统筹考虑城乡人口流动、学龄人口变化，以及当地农村地理环境及交通状况、教育条件保障能力、学生家庭经济负担等因素，充分考虑学生的年龄特点和成长规律，处理好提高教育质量和方便学生就近上学的关系，努力满足农村适龄儿童少年就近接受良好义务教育需求。

二、科学制定农村义务教育学校布局规划

县级人民政府要制定农村义务教育学校布局专项规划，合理确定县域内教学点、村小学、中心小学、初中学校布局，以及寄宿制学校和非寄宿制学校的比例，保障学校布局与村镇建设和学龄人口居住分布相适应，明确学校布局调整的保障措施。专项规划经上一级人民政府审核后报省级人民政府批准，并由省级人民政府汇总后报国家教育体制改革领导小组备案。

农村义务教育学校布局要保障学生就近上学的需要。农村小学 1 至 3 年级学生原则上不寄宿，就近走读上学；小学高年级学生以走读为主，确有需要的可以寄宿；初中学生根据实际可以走读或寄宿。原则上每个乡镇都应设置初中，人口相对集中的村寨要设置村小学或教学点，人口稀少、地处偏远、交通不便的地方应保留或设置教学点。各地要根据不同年龄段学生的体力特征、道路条件、自然环境等因素，合理确定学校服务半径，尽量缩短学生上下学路途时间。

三、严格规范学校撤并程序和行为

规范农村义务教育学校撤并程序。确因生源减少需要撤并学校的，县级人民政府必须严格履行撤并方案的制定、论证、公示、报批等程序。要统筹考虑学生上下学交通安全、寄宿生学习生活设施等条件保障，并通过举行听证会等多种有效途径，广泛听取学生家长、学校师生、村民自治组织和乡镇人民政府的意见，保障群众充分参与并监督决策过程。学校撤并应先建后撤，保证平稳过渡。撤并方案要逐级上报省级人民政府审批。在完成农村义务教育学校布局专项规划备案之前，暂停农村义务教育学校撤并。要依法规范撤并后原有校园校舍再利用工作，优先保障当地教育事业需要。

坚决制止盲目撤并农村义务教育学校。多数学生家长反对或听证会多数代表反对，学校撤并后学生上学交通安全得不到保障，并入学校住宿和就餐条件不能满足需要，以及撤并后将造成学校超大规模或“大班额”问题突出的，均不得强行撤并现有学校或教学点。已经撤并的学校或教学

点，确有必要的由当地人民政府进行规划、按程序予以恢复。

四、办好村小学和教学点

对保留和恢复的村小学和教学点，要采取多种措施改善办学条件，着力提高教学质量。提高村小学和教学点的生均公用经费标准，对学生规模不足100人的村小学和教学点按100人核定公用经费，保证其正常运转。研究完善符合村小学和教学点实际的职称评定标准，职称晋升和绩效工资分配向村小学和教学点专任教师倾斜，鼓励各地采取在绩效工资中设立岗位津贴等有效政策措施支持优秀教师到村小学和教学点工作。加快推进农村教育信息化建设，为村小学和教学点配置数字化优质课程教学资源。中心学校要发挥管理和指导作用，统筹安排课程，组织巡回教学，开展连片教研，推动教学资源共享，提高村小学和教学点教学质量。

五、解决学校撤并带来的突出问题

加强农村寄宿制学校建设和管理。学校撤并后学生需要寄宿的地方，要按照国家或省级标准加强农村寄宿制学校建设，为寄宿制学校配备教室、学生宿舍、食堂、饮用水设备、厕所、澡堂等设施和聘用必要的管理、服务、保安人员，寒冷地区要配备安全的取暖设施。有条件的地方应为学校配备心理健康教师。要科学管理学生作息时间，培养学生良好生活习惯，开展符合学生身心特点、有益于健康成长的校园活动，加强寄宿制学校安全管理和教育。

各地人民政府要认真落实《校车安全管理条例》，切实保障学生上下学交通安全。要通过增设农村客运班线及站点、增加班车班次、缩短发车间隔、设置学生专车等方式，满足学生的乘车需求。公共交通不能满足学生上学需要的，要组织提供校车服务。严厉查处接送学生车辆超速、超员和疲劳驾驶等违法行为，坚决制止采用低速货车、三轮汽车、拖拉机以及拼装车、报废车等车辆接送学生。

高度重视并逐步解决学校撤并带来的“大班额”问题。各地要通过新建、扩建、改建学校和合理分流学生等措施，使学校班额符合国家标准。班额超标学校不得再接收其他学校并入的学生。对教育资源较好学校的

“大班额”问题，要通过实施学区管理、建立学校联盟、探索集团化办学等措施，扩大优质教育资源覆盖面，合理分流学生。

六、开展农村义务教育学校布局调整专项督查

省级人民政府教育督导机构要对农村义务教育学校布局是否制订专项规划、调整是否合理、保障措施是否到位、工作程序是否完善、村小学和教学点建设是否合格等进行专项督查，督查结果要向社会公布。对存在问题较多、社会反映强烈的地方，要责成其限期整改。对因学校撤并不当引起严重不良后果的，要依照法律和有关规定追究责任。县级人民政府要认真开展农村义务教育学校布局调整工作检查，及时发现并解决好存在的问题。教育部要会同有关部门加强对各地规范农村义务教育学校布局调整工作的督促指导。

国务院办公厅

2012年9月6日

参考文献

一、中文著作

[法] 阿尔都塞:《读〈资本论〉》,李其庆等译,中央编译出版社2001年版。

[德] 埃利亚斯:《个体的社会》,翟三江等译,译林出版社2006年版。

[英] 艾萨克斯主编:《麦克米伦百科全书》,郭建中等译,浙江人民出版社2002年版。

[瑞士] 艾蒂安:《反潮流发展战略》,李书红译,社会科学文献出版社2010年版。

[英] 埃利奥特、阿特金森:《不安全的时代》,曹大鹏译,商务印书馆2001年版。

[丹麦] 埃斯平-安德森:《福利资本主义的三个世界》,郑秉文译,法律出版社2003年版。

[丹麦] 埃斯平-安德森主编:《转型中的福利国家——全球经济中的国家调整》,杨刚译,商务印书馆2010年版。

[美] 昂格尔:《现代社会中的法律》,吴玉章等译,译林出版社2001年版。

[美] 奥肯:《平等与效率——重大抉择》,王奔洲等译,华夏出版社2010年版。

毕天云:《社会福利场域的惯习:福利文化民族性的实证研究》,中国社会科学出版社2004年版。

[英] 鲍曼:《全球化:人类的后果》,郭国良等译,商务印书馆2001

年版。

［英］鲍曼：《现代性与矛盾性》，邵迎生译，商务印书馆2003年版。

［英］鲍曼：《现代性与大屠杀》，杨渝东等译，译林出版社2008年版。

［英］波兰尼：《大转型：我们时代的政治与经济起源》，冯刚等译，浙江人民出版社2007年版。

［英］巴纳德：《人类学历史与理论》，王建民等译，华夏出版社2008年版。

［美］博德利：《人类学与当今人类问题》，周云水等译，北京大学出版社2010年版。

［英］波普尔：《历史主义贫困论》，何林等译，中国社会科学出版社1998年版。

［法］布尔迪约、帕斯隆：《继承人——大学生与文化》，邢克超译，商务印书馆2002年版。

［法］布迪厄：《实践感》，蒋梓骅译，译林出版社2009年版。

［法］布迪厄等：《实践与反思》，李猛等译，中央编译出版社1998年版。

［美］布劳：《社会生活中的交换与权力》，李国武译，商务印书馆2008年版。

［美］布林顿：《西方近代思想史》，王德昭译，华东师范大学出版社2005年版。

［美］布朗：《福柯》，聂保平译，中华书局2002年版。

［德］贝克：《风险社会》，何闻博译，译林出版社2004年版。

［美］布洛维：《公共社会学》，沈原等译，社会科学文献出版社2007年版。

蔡昉：《穷人的经济学：农业依然是基础》，社会科学文献出版社2007年版。

陈东林主编：《中华人民共和国史编年·1951年卷》，当代中国出版社2007年版。

陈柏峰：《乡村江湖：两湖平原“混混”研究》，中国政法大学出版社

2010年版。

陈嘉明:《现代性与后现代性十五讲》，北京大学出版社2013年版。

陈景磐:《中国近代教育史》，吕达等修订，人民教育出版社2003年版。

陈庆德等:《人类学的理论预设与建构》，社会科学文献出版社2006年版。

陈向明:《质的研究方法与社会科学研究》，教育科学出版社2011年版。

《辞海》(1989年版缩印本)，上海辞书出版社1990年版。

[英] 多德:《社会理论与现代性》，陶传进译，社会科学文献出版社2002年版。

[英] 蒂特马斯:《社会政策10讲》，江绍康译，商务印书馆（香港）有限公司1991年版。

[英] 迪安:《社会政策学十讲》，岳经纶等译，上海人民出版社2009年版。

[法] 德吕勒:《健康与社会：健康问题的社会塑造》，王鲲译，译林出版社2009年版。

东达人:《滇黔川边基督教传播研究（1840—1949）》，人民出版社2004年版。

董磊明:《宋村的调解：巨变时代的权威与秩序》，法律出版社2008年版。

[美] 杜赞奇:《文化、权力与国家》，王福明译，江苏人民出版社1996年版。

范先佐等:《中国中西部地区农村中小学合理布局结构研究》，中国社会科学出版社2009年版。

费孝通:《乡土中国　生育制度》，北京大学出版社1998年版。

费孝通:《江村经济：中国农民的生活》，商务印书馆2001年版。

费孝通主编:《中华民族多元一体格局》，中央民族大学出版社2003年版。

费孝通:《乡土中国》，北京出版社2004年版。

费孝通、张之毅:《云南三村》，社会科学文献出版社2006年版。

[美] 费特曼:《民族志：步步深入》，龚建华译，重庆大学出版社2011年版。

[英] 芬顿:《族性》，劳焕强等译，中央民族大学出版社2009年版。

[法] 福柯:《规训与惩罚：监狱的诞生》，刘北成等译，生活·读书·新知三联书店2003年版。

[法] 福柯:《知识考古学》，谢强等译，生活·读书·新知三联书店2003年版。

[爱尔兰] 弗拉纳根:《最伟大的教育家：从苏格拉底到杜威》，卢立涛等译，华东师范大学出版社2009年版。

[美] 弗罗姆:《占有还是生存：一个新社会的精神基础》，关山译，生活·读书·新知三联书店1989年版。

[英] 多亚尔、高夫:《人的需要理论》，汪淳波等译，商务印书馆2008年版。

[美] 格里芬主编:《后现代精神》，王成兵译，中央编译出版社2011年版。

[美] 格里芬主编:《后现代科学》，马季方译，中央编译出版社2004年版。

[瑞士] 戈丹:《何谓治理》，钟震宇译，社会科学文献出版社2010年版。

[美] 戈夫曼:《污名：受损身份管理札记》，宋立宏译，商务印书馆2009年版。

[美] 格尔兹:《文化的解释》，纳日碧力戈等译，上海人民出版社1999年版。

[英] 格兰德等:《社会问题经济学》，商务印书馆2006年版。

[美] 古塔、弗格森:《人类学定位：田野科学的界线与基础》，骆建建等译，华夏出版社2011年版。

[法] 古尔维奇:《社会时间的频谱》，朱红文等译，北京师范大学出版社2010年版。

[美] Gilbert、Terrell:《社会福利政策导论》，黄晨熹等译，华东理工

大学出版社2003年版。

关信平主编:《社会政策概论》,高等教育出版社2009年版。

郭忠华、刘训练主编:《公民身份与社会阶级》,江苏人民出版社2007年版。

[英] 哈耶克:《通往奴役之路》,王明毅等译,中国社会科学出版社2007年版。

[英] 哈耶克:《致命的自负》,冯克利等译,中国社会科学出版社2007年版。

[英] 哈尔、[美] 梅志里:《发展型社会政策》,罗敏等译,社会科学文献出版社2006年版。

[英] 哈萨德主编:《时间社会学》,朱红文等译,北京师范大学出版社2009年版。

何东昌主编:《中华人民共和国教育大事记(1949—1982)》,教育科学出版社1984年版。

何东昌主编:《中华人民共和国重要教育文献(1949—1997)》,海南出版社1998年版。

[匈] 赫勒:《现代性理论》,李瑞华译,商务印书馆2005年版。

[加] 豪利特、拉米什:《公共政策研究:政策循环与政策子系统》,庞诗等译,生活·读书·新知三联书店2006年版。

洪银兴:《发展经济学与中国经济发展》,高等教育出版社2001年版。

[德] 霍克海默、阿道尔诺:《启蒙辩证法:哲学断片》,渠敬东等译,上海人民出版社2003年版。

[英] 怀特海:《教育的目的》,徐汝舟译,生活·读书·新知三联书店2002年版。

贺雪峰:《新乡土中国:转型期乡村社会调查笔记》,广西师范大学出版社2003年版。

贺雪峰:《什么农村,什么问题》,法律出版社2008年版。

贺雪峰:《村治的逻辑:农民行动单位的视角》,中国社会科学出版社2009年版。

[美] 亨廷顿:《变化社会中的政治秩序》,王冠华等译,上海人民出

版社 2008 年版。

[美] 亨廷顿、哈里森主编:《文化的重要性：价值观如何影响人类进步》，程克雄译，新华出版社 2010 年版。

[美] 华勒斯坦等:《学科·知识·权力》，刘健芝等编译，三联书店 1999 年版。

黄海:《灰地：红镇“混混”研究：1981—2007》，生活·读书·新知三联书店 2010 年版。

[英] 吉登斯:《现代性的后果》，田禾译，译林出版社 2011 年版。

[美] 吉尔兹:《地方性知识：阐释人类学论文集》，王海龙等译，中央编译出版社 2000 年版。

[英] 吉登斯:《社会的构成：结构化理论大纲》，李康等译，三联书店 1998 年版。

[英] 吉登斯:《第三条道路：社会民主主义的复兴》，郑戈译，北京大学出版社 2000 年版。

姜文闵、韩宗礼主编:《简明教育辞典》，陕西人民出版社 1988 年版。

[英] 金斯伯格:《福利分化：比较社会政策批判导论》，姚俊等译，浙江大学出版社 2010 年版。

[德] 卡西尔:《人文科学的逻辑》，关之尹译，上海译文出版社 2004 年版。

[德] 卡西尔:《人论》，李琛译，光明日报出版社 2009 年版。

[美] 卡林内斯库:《现代性的五副面孔》，顾爱彬等译，商务印书馆 2002 年版。

[美] 凯尔纳、贝斯特:《后现代理论：批判的质疑》，张志斌译，中央编译出版社 2011 年版。

[德] 康德:《判断力批判》(下卷)，韦卓民译，商务印书馆 2011 年版。

[德] 考夫曼:《社会福利国家面临的挑战》，王学东译，商务印书馆 2004 年版。

[英] 科尔巴奇:《政策》，张毅等译，吉林人民出版社 2005 年版。

[英] 肯迪:《福利视角：思想、意识形态及政策争论》，周薇等译，

上海人民出版社 2011 年版。

[英] 莱顿:《他者的眼光:人类学理论导论》,罗攀等译,华夏出版社 2008 年版。

李华兴主编:《民国教育史》,上海教育出版社 1997 年版。

[法] 利奥塔尔:《后现代状态:关于知识的报告》,车槿山译,生活·读书·新知三联书店 1997 年。

林超民主编:《中国西南文献丛书》(总第 022 册),兰州大学出版社 2003 年版。

林超民主编:《中国西南文献丛书》(总第 028 册),兰州大学出版社 2003 年版。

[法] 列维–斯特劳斯:《野性的思维》,李幼蒸译,商务印书馆 1997 年版。

刘海藩主编:《历史的丰碑:中华人民共和国国史全鉴(教育卷)》,中央文献出版社 2004 年版。

[美] 罗尔斯:《正义论》,何怀宏等译,中国社会科学出版社 2003 年版。

[美] 罗蒂:《哲学和自然之镜》,李幼蒸译,商务印书馆 2003 年版。

[美] 罗蒂:《偶然、反讽与团结》,徐文瑞译,商务印书馆 2003 年版。

[美] 默顿:《社会研究与社会政策》,林聚任等译,生活·读书·新知三联书店 2001 年版。

《马克思恩格斯选集》(第 1 到 4 卷),人民出版社 1972 年版。

《马克思恩格斯全集》(第 42、47 卷),人民出版社 1979 年版。

《马克思恩格斯全集》(第 46 卷)[上],人民出版社 1979 年版。

《马克思恩格斯全集》(第 46 卷)[下],人民出版社 1979 年版。

马有良主编:《云南教育大观》,广西民族出版社 1997 年版。

[美] 麦格:《族群社会学:美国及全球视角下的种族和族群关系》,司马义译,华夏出版社 2007 年版。

[英] 希尔、[荷] 休普:《执行公共政策》,黄健荣等译,商务印书馆 2011 年版。

[美] 麦金泰尔:《伦理学简史》，龚群译，商务印书馆2003年版。

[美] 米尔斯:《社会学的想象力》，陈强等译，生活·读书·新知三联书店2005年版。

[美] 米格代尔:《社会中的国家：国家与社会如何相互改变与相互构成》，李扬等译，江苏人民出版社2013年版。

[英] 米勒:《社会正义原则》，应奇译，江苏人民出版社2005年版。

[美] 米奇利:《社会发展：社会福利视角下的发展观》，苗正民译，上海人民出版社2009年版。

[加] 米什拉:《资本主义社会的福利国家》，郑秉文译，法律出版社2003年版。

[法] 孟德拉斯:《农民的终结》，李培林译，社会科学文献出版社2005年版。

《毛泽东邓小平江泽民论教育》，中央文献出版社2002年版。

[美] 那格尔编著:《政策研究百科全书》，林明等译，科学技术文献出版社1990年版。

欧阳静:《策略主义：桔镇运作的逻辑》，中国政法大学出版社2011年版。

彭虹斌、刘剑玲:《流变与博弈：一个农村小镇30年的教育变迁》，重庆大学出版社2009年版。

潘维:《农民与市场：中国基层政权与乡镇企业》，商务印书馆2003年版。

[英] 佩恩:《当代社会工作理论：批判的导论》，周文琪等译，五南图书出版公司1995年版。

[德] 齐美尔:《社会是如何可能的：齐美尔社会学文选》，林荣远编译，广西师范大学出版社2002年版。

钱宁主编:《基督教与少数民族社会文化变迁》，云南大学出版社1998年版。

钱宁:《社会正义、公民权利和集体主义：论社会福利的政治与道德基础》，社会科学文献出版社2007年版。

司洪昌:《嵌入村庄的学校：仁村教育的历史人类学探究》，教育科学出版社 2009 年版。

[美] 萨巴蒂尔主编:《政策过程理论》，彭宗超译，生活·读书·新知三联书店 2004 年版。

[美] 萨林斯:《甜蜜的悲哀：西方宇宙观的本土人类学探讨》，王铭铭等译，生活·读书·新知三联书店 2000 年版。

[美] 施密特:《基督教对文明的影响》，汪晓丹等译，北京大学出版社 2004 年版。

石人炳:《人口变动对教育的影响》，中国经济出版社 2005 年版。

[美] 舒尔茨:《改造传统农业》，梁小民译，商务印书馆 2006 年版。

[美] 斯通:《政策悖论：政治决策中的艺术》(修订版)，顾建光译，中国人民大学出版社 2006 年版。

[英] 斯宾塞:《斯宾塞教育论著选》，胡毅等译，人民教育出版社 2004 年版。

[美] 斯科特:《农民的道义经济学：东南亚的反叛与生存》，程立显等译，译林出版社 2001 年版。

[美] 斯科特:《弱者的武器：农民反抗的日常形式》，郑广怀等译，译林出版社 2007 年版。

[美] 斯科特:《国家的视角：那些改善人类状况的项目是如何失败的》，王晓毅译，社会科学文献出版社 2008 年版。

[印度] 阿马蒂亚·森:《伦理学与经济学》，王宇等译，商务印书馆 2000 年版。

[印度] 阿马蒂亚·森:《贫困与饥荒》，王宇等译，商务印书馆 2001 年版。

[印度] 阿马蒂亚·森:《以自由看待发展》，任赜等译，中国人民大学出版社 2002 年版。

[美] 斯蒂尔曼二世:《公共行政学：概念与案例》，竺乾威译，中国人民大学出版社 2004 年版。

[日] 速水佑次郎、神门善久:《发展经济学：从贫困到富裕》，李周译，社会科学文献出版社 2009 年版。

[法] 涂尔干:《社会学与哲学》，梁栋译，上海人民出版社 2002

年版。

[法] 托克维尔:《旧制度与大革命》，冯棠译，商务印书馆 1997 年版。

田居俭主编:《中华人民共和国史编年·1949 年卷》，当代中国出版社 2004 年版。

[美] 瓦戈:《社会变迁》，王晓黎等译，北京大学出版社 2007 年版。

汪天文:《社会时间研究》，中国社会科学出版社 2004 年版。

汪天文:《时间理解论》，人民出版社 2008 年版。

王晓燕、谢云挺:《中国教育问道》，北京师范大学出版社 2009 年版。

[德] 韦伯:《社会科学方法论》，韩水法等译，中央编译出版社 1998 年版。

[德] 韦伯:《新教伦理与资本主义精神》，于晓等译，生活·读书·新知三联书店 1987 年版。

[德] 韦伯:《经济与社会》(上、下)，林荣远译，商务印书馆 1997 年版。

[德] 韦伯:《经济与历史:支配的类型》，康乐等译，广西师范大学出版社 2004 年版。

[德] 韦伯:《非正当性的支配——城市的类型学》，康乐等译，广西师范大学出版社 2005 年版。

[德] 韦伯:《社会学的基本概念》，顾忠华译，广西师范大学出版社 2005 年版。

[美] 威廉姆:《当今世界的社会福利》，解俊杰译，法律出版社 2003 年版。

[美] 沃尔泽:《正义诸领域:为多元主义与平等一辩》，褚松燕译，译林出版社 2002 年版。

[日] 武川正吾:《福利国家的社会学——全球化、个体化与社会政策》，李莲花等译，商务印书馆 2011 年版。

吴刚:《知识演化与社会控制:中国教育知识史的比较社会学分析》，教育科学出版社 2002 年版。

吴毅:《村治变迁中的权威与秩序:20 世纪川东双村的表达》，中国社会科学出版社2006年版。

吴国盛:《时间的观念》,中国社会科学出版社1996年版。

夏甄陶:《人是什么》,商务印书馆2000年版。

肖耀辉、刘鼎寅:《云南基督教史》,云南大学出版社2007年版。

[德]席美尔:《货币哲学》,朱桂琴译,光明日报出版社2009年版。

[英]希尔:《理解社会政策》,刘升华译,商务印书馆2003年版。

[美]希尔斯:《论传统》,傅铿等译,上海人民出版社2009年版。

[英]希克斯:《经济史理论》,厉以平译,商务印书馆2005年版。

《现代汉语词典(第五版)》,商务印书馆2007年版。

许宝强、汪晖主编:《发展的幻象》,中央编译出版社2000年版。

[德]雅斯贝斯:《时代的精神状况》,王德峰译,上海译文出版社2003年版。

姚鹏等主编:《中国思想宝库》,中国广播电视出版社1990年版。

袁锐锷:《外国教育史新编》,广东高等教育出版社2002年版。

翟泰丰主编:《马克思主义宝库》,中国广播电视出版社1992年版。

赵树凯:《乡镇治理与政府制度化》,商务印书馆2010年版。

赵树凯:《农民的政治》,商务印书馆2011年版。

赵树凯:《农民的新命》,商务印书馆2012年版。

张凤阳:《现代性的谱系》,江苏人民出版社2011年版。

张焕庭主编:《西方资产阶级教育论著选》,人民教育出版社1979年版。

张善余:《人口地理学概论》,华东师范大学出版社2004年版。

周予同:《中国现代教育史》,福建教育出版社2007年版。

《中国大百科全书(第二版)》(第6、8、11、12、28卷),中国大百科全书出版社2009年版。

中国民主同盟云南省委员会、云南大学编:《费孝通与云南:费孝通诞辰一百周年纪念文集》,云南大学出版社2011年版。

二、论文

白亮:《西部农村地区学校布局调整研究——基于甘肃省山丹县的调查

与分析》,《教育与经济》2012 年第 1 期。

卜文军、熊南风:《农村贫困地区中小学布局结构调整存在的问题与对策》,《教育与经济》2007 年第 4 期。

陈庆德:《试析民族理念的建构》,《民族研究》2006 年第 2 期。

崔多立:《应重新评估农村“撤点并校”的实效——黑龙江省农村学校布局调整后的调查》,《教育探索》2012 年第 3 期。

褚宏启、杨海燕:《教育公平的原则及其政策含义》,《教育研究》2008 年第 1 期。

褚卫中、张玉慧:《农村义务教育“撤点并校”负面影响分析》,《教学与管理》2012 年第 3 期。

范先佐:《农村中小学布局调整的原因、动力及方式选择》,《教育与经济》2006 年第 1 期。

范先佐等:《我国农村中小学布局调整的背景、目的和成效——基于中西部地区 6 省区 38 个县市 177 个乡镇的调查与分析》,《华中师范大学学报》(人文社会科学版) 2008 年第 4 期。

范先佐等:《云南省农村中小学布局结构调整的现状及改革建议》,《教育财会研究》2007 年第 5 期。

范铭、郝文武:《对农村学校布局调整三个“目的”的反思——以陕西为例》,《北京大学教育评论》2011 年第 2 期。

冯猛:《后农业税费时代乡镇政府的项目包装行为——以东北特拉河镇为例》,《社会》2009 年第 4 期。

高小强:《城乡中小学结构布局变化的比较和反思》,《中国教育学刊》2012 年第 8 期。

高光:《对农村中小学布局调整问题的新思考》,《教育理论与实践》2010 年第 3 期。

高学贵:《农村学校布局调整的效应及对策分析》,《中国教育学刊》2011 年第 5 期。

葛敬义:《实现规模办学提高办学效益——关于农村一般小学布局调整和学校建设问题的思考》,《教育理论与实践》1992 年第 5 期。

郭建如:《国家-社会视角下的农村基础教育发展:教育政治学分析》,

《北京大学教育评论》2005年第3期。

郭清扬:《我国农村中小学布局调整问题、原因及对策》,《华中师范大学学报》(人文社会科学版) 2008年第1期。

郭清扬:《农村中小学布局结构调整的实证研究与理论探讨》, 博士学位论文, 华中师范大学教育学院, 2008年。

郭清扬:《我国农村中小学布局调整的具体成效——基于中西部6省区的实证研究》,《教育与经济》2007年第2期。

贾勇宏:《农村中小学布局调整的预期和动力——基于中西部6省(区) 的调查与分析》,《教育发展研究》2007年第21期。

贾勇宏、曾新:《农村中小学布局调整对教育起点公平的负面影响——基于全国9省(区) 的调查》,《华中师范大学学报》(人文社会科学版) 2012年第3期。

江凤娟:《基层官员的政策目标再制定——以中小学布局调整政策为例》,《教育学术月刊》2012年第8期。

江凤娟:《基层官员教育政策执行行为分析——基于X省A县中小学布局调整政策执行的调查》,《教育学术月刊》2011年第4期。

康奥、张婷:《公共决策基本价值刍议》,《成都行政学院学报》2010年第3期。

雷万鹏、张婧梅:《构建公正的学校撤并程序——对民众参与度和满意度的实证调查》,《全球教育展望》2011年第7期。

雷万鹏:《义务教育学校布局: 影响因素与政策选择》,《华中师范大学学报》(人文社会科学版) 2010年第5期。

梁永丰:《新中国50年基础教育体制的变革》,《现代教育论丛》2003年第5期。

刘倩等:《正确应对农村中小学布局调整中产生的问题》,《教学与管理》2010年第8期。

刘善槐:《科学化·民主化·道义化——论农村学校布局调整决策模型的三重向度》,《教育研究》2012年第9期。

娄世桥:《基本公共服务均等化本质再思考: 以山区基础教育为例》,《农村经济》2013年第7期。

娄世桥、芮洋:《发展观的拓展与西部山区新农村建设的方向》,《创新》2008 年第 6 期。

卢晖临、李雪:《如何走出个案——从个案研究到扩展个案研究》,《中国社会科学》2007 年第 1 期。

马健生、鲍枫:《缩小学校规模:美国教育改革的新动向》,《比较教育研究》2003 年第 5 期。

庞丽娟:《当前我国农村中小学布局调整的问题、原因与对策》,《教育发展研究》2006 年第 4 期。

庞丽娟、韩小雨:《农村中小学布局调整的问题、原因及对策》,《教育学报》2005 年第 4 期。

彭玉生:《社会科学中的因果分析》,《社会学研究》2011 年第 3 期。

钱宁:《基督教在云南少数民族社会中的传播与影响》,《世界宗教研究》2000 年第 3 期。

秦玉友:《农村学校布局调整的认识、底线与思路》,《东北师大学报》(哲学社会科学版) 2010 年第 5 期。

秦玉友、孙颖:《学校布局调整:追求与限度》,《教育研究》2011 年第 6 期。

曲铁华、樊涛:《新中国农村基础教育政策的变迁及影响因素探析》,《东北师大学报》(哲学社会科学版) 2011 年第 1 期。

容中逵:《当前我国乡村学校布局调整问题研究》,《中国教育学刊》2009 年第 8 期。

石火学:《教育政策视角下的教育公平与效率问题研究》,《清华大学教育研究》2010 年第 5 期。

时家骏:《合理调整农村中小学布局努力提高投资整体效益》,《教育与经济》1991 年第 4 期。

石人炳:《用科学发展观指导中小学校布局调整》,《中国教育学刊》2004 年第 7 期。

石人炳:《国外关于学校布局调整的研究及启示》,《比较教育研究》2004 年第 12 期。

孙佳琳等:《民族地区农村小学布局结构调整研究报告——以云南省怒

江州贡山独龙族怒族自治县为个案研究》,《经营管理者》2010年第23期。

谭春芳:《公共政策视角下农村学校布局调整探析》,《中国教育学刊》2012年第10期。

滕星:《民族教育概念新析》,《民族研究》1998年第2期。

滕星、关凯:《教育领域中的国家整合与地方性知识》,《中南民族大学学报》(人文社会科学版)2007年第5期。

万明钢:《以促进教育公平和教育均衡发展的名义——我国农村"撤点并校"带来的隐忧》,《教育科学研究》2009年第10期。

万明钢、白亮:《"规模效益"抑或"公平正义"——农村学校布局调整中"巨型学校"现象思考》,《教育研究》2010年第4期。

王强:《20世纪美国农村"学校合并"运动述评》,《外国中小学教育》2007年第8期。

王建梁、帅晓静:《威尔士农村小规模学校布局调整的创新及启示》,《外国中小学教育》2012年第3期。

王建梁、陈瑶:《澳大利亚首都地区学校布局调整研究》,《中国教育学刊》2012年第3期。

王建梁、陈瑶:《21世纪新西兰农村学校布局调整的反思及启示》,《外国教育研究》2011年第6期。

王嘉毅、吕晓娟:《教育公平视野中的农村学校布局调整》,《甘肃社会科学》2007年第6期。

王海英:《农村学校布局调整的方向选择——兼谈农村学校"撤存"之争》,《东北师大学报》(哲学社会科学版)2010年第5期。

吴宏超:《农村中小学布局调整的困境与出路》,《华中师范大学学报》(人文社会科学版)2007年第2期。

邬志辉、史中宁:《农村学校布局调整的十年走势与政策议题》,《教育研究》2011年第7期。

邬志辉:《中国农村学校布局调整标准问题探讨》,《东北师大学报》(哲学社会科学版)2010年第5期。

吴亚林:《义务教育学校布局:10年来的政策回顾与思考》,《教育与经济》2011年第2期。

吴毅:《何以个案为何叙述——对经典农村研究方法质疑的反思》,《探索与争鸣》2007 年第 4 期。

肖川:《基础教育该为学生奠定怎样的基础》,《人民教育》2003 年第 24 期。

肖华:《从印度的教育布局说开去》,《新西部》2006 年第 5 期。

谢秀英:《农村中小学布局调整中的集体非理性分析》,《中国教育学刊》2011 年第 4 期。

熊向明:《对当前农村中小学布局调整的反思——河南中原地区农村中小学布局调整调查分析》,《教育与经济》2007 年第 2 期。

熊淳、魏体丽:《日本义务教育学校布局调整的背景、特点及其启示》,《教育与经济》2012 年第 2 期。

熊春文:《“文字上移”: 20 世纪 90 年代末以来中国乡村教育的新趋向》,《社会学研究》2009 年第 5 期。

杨璠、李莉萍:《滇西山区校点布局调整方法的思考——以福贡县知子罗、老姆登村为例》,《华中建筑》2013 年第 6 期。

杨兆山等:《加拿大学校布局调整研究及其启示——基于萨斯喀彻温省的个案分析》,《外国教育研究》2007 年第 12 期。

杨东平:《从权利平等到机会均等——新中国教育公平的轨迹》,《北京大学教育评论》2006 年第 2 期。

叶敬忠、孟祥丹:《对农村教育的反思——基于农村中小学布局调整影响的分析》,《农村经济》2010 年第 10 期。

于胜刚、邬志辉:《简述美国农村学区布局调整（1930—1998）》,《学术论坛》2010 年第 6 期。

袁同凯:《学校、社会与文化: 教育人类学的情景观》,《西北民族研究》2008 年第 3 期。

袁桂林:《中国农村教育发展问题》,《社会科学论坛》2012 年第 3 期。

袁桂林、李洪玲:《农村学校布局过度调整的弊端与解决思路》,《社会科学战线》2012 年第 5 期。

曾以禹、钱克明:《“集中资源办学”政策对贵州省边远少数民族贫困地区农村基础教育影响的调查》,《教育与经济》2005 年第 1 期。

张源源、邬志辉:《美国乡村学校布局调整的历程及其对我国的启示》,《外国中小学教育》2010 年第 7 期。

张源源、邬志辉:《美国学校布局调整的标准、结果及其改进原则》,《外国教育研究》2011 年第 3 期。

张良:《“项目治国”的成效与限度——以国家公共文化服务体系示范区(项目)为分析对象》,《人文杂志》2013 年第 1 期。

赵丹等:《农村学校撤并对学生上学距离的影响——基于 GIS 和 Ordinal Logit 模型的分析》,《教育学报》2012 年第 3 期。

赵丹、范先佐:《学校布局调整背景下农村教学点撤并的影响因素分析——区位理论的视角》,《现代教育管理》2012 年第 1 期。

周贝隆:《关于建国以来教育发展的反思和对策》,《辽宁教育研究》2000 年第 2 期。

周飞舟:《财政资金的专项化及其问题——兼论“项目治国”》,《社会》2012 年第 1 期。

周芬芬:《地方政府在农村中小学布局调整中的执行策略——基于模糊—冲突模型的分析》,《教育与经济》2006 年第 3 期。

周芬芬:《效率与公平:农村中小学布局调整的目标冲突与协调》,博士学位论文,华中师范大学教育学院,2008 年。

三、英文资料

Anthony Giddens. *Central Problems in Social Theory* . The Mcmillan Press Ltd, 1979.

Craig Howley and John Eckman. Sustainable Small Schools: A Handbook for Rural Communities. *Eric Cleaninghouse on Rural*. February 1, 1997.

Douglas Lehman. *Bringing the school to the Children: Shortening the Path to EFA*. World Bank, August, 2003.

Erik H. Erikson. *Childhood and Society* . New York: Norton, 1963.

Joe Bard, Clark Gardener, Gegi Wieland. *Rural School Consolidation Report: History, Research Sumary, Conclusions and Recommendations*. Prepared for the National Rural Education Association Executive Board, April 1-2, 2005.

Kathleen Cotton. *School Size, School Climate, and Student Performance*. May 1996.

G. Myrdal. What Is Development? *Journal of Economic Issues*, Vol. 8, no. 4 (1974).

Roger Barker and Paul Gump. *Big School, Small School: High School Size and Student Behavior*. Stanford, CA: Stanford University Press, 1964.

Thomas Lyson. What Does a School Mean to a Community? Assessing the Social and Economic Benefits of Schools to Rural Villages in New York. *Journal of Research in Rural Education* , Winter, 2002, Vol. 17, No. 3.

Thomas Gregory and Gerald Smith. Differences between Alternative and Conventional Schools in Meeting Students′ Needs. Apr 11, 1983.

Thomas Gregory and Gerald Smith. *High Schools as Communities: The Small School Reconsidered*. Phi Delta Kappa, PO Box 789, Bloomington, IN 47402, 1987.

四、年鉴、地方志、统计资料和内部资料

《禄劝彝族苗族自治县志》，云南人民出版社 1995 年版。

《禄劝年鉴·2007》，云南人民出版社 2007 年版。

《禄劝年鉴·2008》，云南人民出版社 2008 年版。

《禄劝年鉴·2009》，云南人民出版社 2009 年版。

《禄劝年鉴·2010》，云南人民出版社 2010 年版。

《禄劝年鉴·2011》，云南人民出版社 2011 年版。

《禄劝年鉴·2012》，云南人民出版社 2012 年版。

《昆明年鉴·1990》，新华出版社 1990 年版。

《昆明年鉴·2000》，云南科技出版社 2000 年版。

《昆明统计年鉴·1990》，中国统计出版社 1990 年版。

《昆明统计年鉴·2009》，中国统计出版社 2009 年版。

《昆明统计年鉴·2010》，中国统计出版社 2010 年版。

《昆明统计年鉴·2011》，中国统计出版社 2011 年版。

《曲靖年鉴·1996》，云南年鉴杂志社 1996 年版。

《武定县志》，天津人民出版社1990年版。

《新中国五十年统计资料汇编》，中国统计出版社1999年版。

《寻甸回族彝族自治县志》，云南人民出版社1999年版。

《寻甸年鉴·2011》，德宏民族出版社2011年版。

《寻甸年鉴·2012》，德宏民族出版社2012年版。

杨成彪主编:《楚雄彝族自治州旧方志全书·武定卷》，云南人民出版社2005年版。

《云南统计年鉴·1988》，中国统计出版社1988年版。

《云南统计年鉴·2000》，中国统计出版社2000年版。

《云南统计年鉴·2012》，中国统计出版社2012年版。

《中国统计年鉴·1986》，中国统计出版社1986年版。

《中国统计年鉴·2010》，中国统计出版社2010年版。

《中国教育统计年鉴·1990》，人民教育出版社1991年版。

《中国教育年鉴·2004》，人民教育出版社2004年版。

《中国2010年人口普查资料》(上册)，中国统计出版社2012年版。

《中国2010年人口普查资料》(中册)，中国统计出版社2012年版。

《禄劝年鉴（1991—1998）》，未刊稿，1999年。

《楼姓族谱》，内部资料，1964年。

龙秀良:《留给后人》，未刊稿，2005年。

王汉哲编:《柿花箐村史》，未刊稿，1990年。

后 记

本书是我的博士学位论文，是在许多老师点拨和亲朋好友鼓励之下完成的，虽然相较于原稿已经减少了近六万字，但却是我八年来从事社会政策与社会福利、社会工作与社会治理两个方向的学习探索的一份收获，更是促使我不断深入基层、持续关注人民群众获得感的动力，是进一步研究社会政策和人民福祉的起点，也是希望将现实关怀、科学关怀、人文关怀和政策关怀等方面结合起来的初步尝试，进而实践将学问真正写在中华大地之上，而不光是印刷在洁净单纯的纸张之上的职业理想。

我来自滇中彝、苗、汉等多民族和谐杂居的边远山区，年幼时几乎不能全部听懂汉语，除去上学的时光，从七周岁开始，我就身披那破旧的翅膀蓑衣或是羊皮褂子，扛着竹篮子或斧头弯刀，在大山里头孤独地赶着一群牛羊游荡，所以是天生的“泥腿子”和“土包子”，不仅富有与生俱来的淳朴率直和土里土气，并且资质一般，在知识杂乱无章的同时，也不能理解何为上学读书的目的意义所在。在中小学阶段，一直在将主要精力用于偷师学艺，渴望尽早成为一名“老客”，以改善那贫寒的家境状况。但是，1994 年 8 月考入省外重点中专广州铁路学校之后的短暂外出远行，彻底地改变了我之前的一些美好而幼稚的想法。在浪费了七拼八凑的六千元人民币后，也使我执意要进入高中课堂，考个大学念书。1997 年 9 月，高中毕业考入云南大学社会工作专业学习，结束了我的山野生活和野性思维，也萌生了有朝一日做个博士的纯真梦想。2005 年 8 月，在贵州民族学院社会学系从事了四年的教学、党团、学生和其他杂项工作之后，我进入了梦寐以求的华中科技大学社会学系〈中国乡村治理研究中心〉，攻读社会学专业的研究生，学习中国乡村治理的理论和方法，随后萌生了继续从事教育和学术的念头。2007 年 6 月，获得硕士学位后回校执教三年，于

2010 年 9 月进入云南大学公共管理学院学习，攻读民族社会学专业社会政策与社区发展方向的博士学位，并于 2014 年 6 月顺利毕业。以上这些过程都大大地得益于老师、朋友、同学和亲人等各方面人士的积极鼓励、重要支持和无私帮助，借此出版之机，在此一并致以最诚挚的谢意和最崇高的敬意！

首先要感谢的是吉林大学哲学博士、现代社会福利思想研究的开拓者、中国社会工作教育协会副会长、中国社会学会社会福利研究专业委员会副理事长——我的博士导师钱宁教授，是他在我最为艰难与彷徨的时候给予了支持、信心和方向，由此改变了我的人生轨迹。在入学之后，恩师根据我的知识状况、研究取向和现实关怀，在反复的讨论中帮助我确定了研究方向和探索主题。在研究过程中，从调研、开题到写作、修改及答辩，处处都倾注了恩师太多心血，贯串着恩师的殷切期望，展现着恩师的治学之道。所有这些，已经不仅是感谢二字所能表达和承受，唯有深深地铭记在心，勤勤恳恳地贯穿于行！更需要强调的是，恩师不仅思维缜密、理论深厚、治学严谨、要求严格，更富有宽广胸怀与自由的学术研究取向。在一次次的争论之中，恩师的宽厚态度是至关紧要和不可忽视的基础因素，他不仅允许我犯错误，还以极大的耐性和极高的修养容忍着我的年少轻狂和偏执己见，让我在讨论中更加努力地学会积极转变，学会多种理论视角的关照。但无一例外的是，在讨论过程中，恩师总是能在我的混乱思考和模糊困扰中给予迅速的理清，将死结予以解开。这背后无不彰显着恩师的深厚理论修养、精深哲学素养和严谨科学追求！

衷心感谢王文光教授、王彦斌教授、罗淳教授、郑凡研究员、白志红教授、毕天云教授和崔运武教授，您们的启发、点拨、批评、意见与建议，不仅给了我诸多的启发或启迪，让我的写作思路逐渐清楚起来，让写作过程少走了许多的弯路，使得本书真正成为了集体智慧的汇聚与融合。同时，要特别感谢白志红老师，在开题之后的一段时间里，您的积极鼓励、充分肯定、悉心点拨和建设性意见，对我帮助很大、启发很深，再次衷心地谢谢您！

衷心感谢中央民族大学管理学院院长李俊清教授的充分肯定和巧妙点拨，衷心感谢中山大学人类学系刘志扬教授的充分肯定和高度评价，衷心感谢西南民族大学民族研究院蒋彬教授的极为严厉的和完全批判性的评价。他们作为认真负责的评阅专家，不仅给该项研究的努力以高度肯定，给予文本以中肯而积极的建设性评价，同时也给予了诸多的鼓励、宽容、指引和严厉批判。毋庸讳言，您们的这些评价、意见、建议和批评，一定会对我往后的研究探索提供有益的帮助和指引。

衷心感谢我的硕士生导师、华中科技大学社会学系的吴毅教授，是您把我带入学术领域，是您的呵斥让我认识到我的不知，您的深刻点拨使我获益良多并终生受用，您的严厉批评让我迅速成长，您的极大宽容让我无限感动！衷心感谢华中科技大学中国乡村治理研究中心主任贺雪峰教授、北京师范大学哲学与社会学学院董磊明教授，是您们的无私帮助，让我渡过难关；是您们一如既往的鼓励、支持和鞭策，使我不敢稍有懈怠，更让我不断前行。此情此景，无不时常萦绕于心，也无不时时晃动于前，令我感动，令我自省，令我羞愧，催我奋进！

衷心感谢我的单位——贵州民族大学——提供的帮助和便利，此种恩德，我将永远地铭记于心，在以后的教书育人和科学研究等工作中给予积极报答。当然了，还有很多一如既往地关心我、关照我和关注我的人需要加以感谢，但因篇幅限制，在此不能逐一列出，唯有将你们永远地铭记在心。

家人的关爱是我学习、工作和研究中的最大动力，我的父母辛辛苦苦地培育我，将我拉扯长大成人，但自 18 岁离家后一直奔波于学业和生活，我还没有尽到孝道，是兄长等人给予了你们最多的关心与照顾，极大地减轻了我的后顾之忧。在这里，我要真诚而愧疚地说一声，“妈妈、爸爸，对不起！大哥您辛苦啦！”另外，在我和妻子同时读博期间，是岳父和岳母不辞辛劳地悉心照顾我们的乖女儿喜滋——我们全家人的开心果，使我们夫妻能安心于学习和研究。“爸爸、妈妈，您们辛苦了，深深地谢谢你们！”对于妻子，我要说：“亲爱的，你辛苦啦！”对于女儿，我要说：“亲爱的乖宝贝，你已经迅速地长高了，也越来越懂事了，你真的很棒！爸爸以你为最大的骄傲和满足！”

另外，在致谢的同时，还有三点粗浅的认识想加以呈现。其一，社会福利政策的前提是可能与可行的改变，唯有如此，社会福利状况、人民群众的获得感才会持续地增进。所以，在将社会政策视为社会福利学科并作整体性批判性研究时，在聚焦于相关的社会、经济、政治、地理等方面，分析影响人民福祉的福利体制与社会关系时，也就是在倡导社会政策的社会生活分析理念，甚至是重视政策过程中的社会基础和群众路线等重要问题。其二，虽然有多个学科都在分析研究社会政策，但多是从应然的角度进行形式分析；所以，自觉的行动取向和实践取效的社会政策学研究，实体分析亟待开创或者加强。否则，政策悖论、责任稀释、目标漂移、目标置换、选择性执行、社会治理内卷化等问题，不会得到有效的回应、遏制与解决。其三，社会政策学研究需要推进宏观、中观与微观三个层面的良性互动，将微观层面的基层运行、中观层面的公共行政与宏观层面的国家治理等结合起来，进而将社会工作、社会政策与国家治理连接起来，为福利社会的中国道路开创更多可能与宽广的实践空间。

人生有涯，而求知无垠，在有限之中追求无限，这是生命之河的真谛。完成博士学位论文，只是发现更多问题之开始，是对克服研究困难的意志品质的全面锻炼过程，也只是治学人生的一个全新开端，我深知“认识你自己”和“我只知道我什么都不知道”的极端重要性，但我愿借此文开启新的探索征程！

娄世桥

2017年8月于贵阳花溪寒舍